Die Geschäftsführung in der deutschen GmbH
und in der norwegischen AS

Europäische Hochschulschriften

European University Studies

Publications Universitaires Européennes

Reihe II **Rechtswissenschaft**

Series II Law

Série II Droit

Band/Volume **5859**

Pierre-André Brandt

Die Geschäftsführung in der deutschen GmbH und in der norwegischen AS

Eine rechtsvergleichende Betrachtung

PL ACADEMIC RESEARCH

Bibliografische Information der Deutschen Nationalbibliothek
Die Deutsche Nationalbibliothek verzeichnet diese Publikation in der Deutschen Nationalbibliografie; detaillierte bibliografische Daten sind im Internet über http://dnb.d-nb.de abrufbar.

Zugl.: Düsseldorf, Univ., Diss., 2015

D 61
ISSN 0531-7312
ISBN 978-3-631-67328-7 (Print)
E-ISBN 978-3-653-06569-5 (E-Book)
DOI 10.3726/978-3-653-06569-5

PL Academic Research ist ein Imprint der Peter Lang GmbH.
Peter Lang – Frankfurt am Main · Bern · Bruxelles · New York · Oxford · Warszawa · Wien

Diese Publikation wurde begutachtet.

www.peterlang.com

Meinen Eltern

Vorwort

Die vorliegende Arbeit wurde im Wintersemester 2015 von der rechtswissenschaftlichen Fakultät der Heinrich-Heine-Universität Düsseldorf als Dissertation angenommen.

Zu tiefem Dank verpflichtet bin ich meinem Doktorvater und Erstgutachter, Herrn Prof. Dr. Ulrich Noack, für die Betreuung der Arbeit sowie Herrn Prof. Dr. Michael Beurskens, LL.M (Gew. Rechtsschutz), LL.M. (University of Chicago), Rheinische Friedrich-Wilhelms-Universität Bonn, für die Erstellung des Zweitgutachtens.

Ebenso herzlich danke ich Frau Prof. Beate Sjåfjell, Institut für Privatrecht, Universität Oslo. Sie ermöglichte mir durch einen mehrmonatigen Forschungsaufenthalt an Ihrem Institut die nötigen Recherchen zur norwegischen Rechtsliteratur durchführen zu können. Ferner danke ich Morten Andre Gullhagen-Revling sowie Tore Fjørtoft für ihre Diskussionsbereitschaft und Hilfsbereitschaft in dieser Zeit.

Schließlich danke ich von ganzem Herzen meiner Familie und besonders meinen Eltern, Cordula und Per Einar Brandt, deren Vertrauen und bedingungsloser Beistand mir stets die Verwirklichung meiner Pläne ermöglicht haben. Ihnen ist diese Arbeit gewidmet.

Düsseldorf, im November 2015 Pierre-André Brandt

Inhaltsübersicht

Inhaltsverzeichnis

Literaturverzeichnis

Aarbakke, Magnus/Aarbakke, Asle/Knudsen, Gudmund/Ofstad, Tone/Skåre, Jan (Hrsg.): Aksjeloven og allmennaksjeloven, 3. Auflage, Oslo 2012, (zit.: *Aarbakke*, Aksjeloven & allmennaksjeloven)

Aarbakke, Magnus/Steiniger, Wolfgang: Das norwegische Aktienrecht, Frankfurt am Main 1983, (zit.: *Aarbakke/Steiniger*)

Aarbakke, Magnus: Innføring i norsk aksjeselskapsrett, Jussens Venner 1982, S. 243–272, (zit.: *Aarbakke*, JV, 1982, 243)

Alvensleben, Volker von/Haug, Isabel/Schnabel, Astrid: Der Fremdgeschäftsführer im Spannungsfeld zwischen Arbeitgeberposition und Arbeitnehmereigenschaft, BB 2012, S. 774–778, (zit.: *Alvensleben/Haug/Schnabel*, BB 2012, 774)

Andenæs, Mads Henry: Aksjeselskaper & Allmennaksjeselskaper, 2. Auflage, Oslo 2006, (zit.: *Andenæs*, Aksjeselskaper & Allmennaksjeselskaper)

– Selskapsrett, Oslo 2007, (zit.: *Andenæs*)

Armbrüster, Christian: Wettbewerbsverbote im Kapitalgesellschaftsrecht, ZIP 1997, S. 1269–1279, (zit.: *Armbrüster*, ZIP 1997, 1269)

Bartl, Harald/Bartl, Angela/Fichtelmann, Helmar/Koch, Detlef/Schlarb, Eberhard/Schmitt, Michaela (Hrsg.): GmbH-Recht, 7. Auflage, Heidelberg 2013, (zit.: *Bearbeiter*, in Heidelberger Kommentar GmbHG, § 37 Rn. 39)

Baumbach, Adolf/Hueck, Alfred (Hrsg.): Gesetz betreffend die Gesellschaft mit beschränkter Haftung, 20. Auflage, München 2013, (zit.: *Bearbeiter*, in Baumbach/Hueck, GmbHG)

Bråthen, Tore/Matre, Hugo: Norsk Lovkommentar Aksjeloven, Online-Ausgabe, Stand 06.04.2014, (zit.: *Bearbeiter*, in Norsk Lovkommentar, Aksjeloven)

Bråthen, Tore: Selskapsrett, 3. Auflage, Oslo 2008, (zit.: *Bråthen*)

Breithaupt, Joachim/Ottersbach, Jörg (Hrsg.): Kompendium Gesellschaftsrecht, München 2010, (zit.: *Bearbeiter*, in Breithaupt/Ottersbach, Kompendium Gesellschaftsrecht)

Bohlscheid, Markus: Ausländer als Gesellschafter und Geschäftsführer einer deutschen GmbH, RNotZ 2005, S. 505–536, (zit.: *Bohlscheid*, RNotZ 2005, 505, 508)

Bork, Reinhard: Pflichten der Geschäftsführung in Krise und Sanierung, ZIP 2011, S. 101–109, (zit.: *Bork*, ZIP 2011, 101)

Borgerud, Ingeborg Moen/Dalheim, Tron/Ytre-Arna, Rune (Hrsg.): Norsk Lovkommentar, Arbeidsmiljøloven, Online-Ausgabe, Stand 15.02.2013, (zit.: *Bearbeiter*, in Norsk Lovkommentar, Arbeidsmiljøven)

Beuthien, Volker/Gätsch, Andreas: Einfluß Dritter auf die Organbesetzung und Geschäftsführung bei Vereinen, Kapitalgesellschaften und Genossenschaften, ZHR 157 (1993), S. 483–512, (zit.: *Beuthien/Gätsch*, ZHR 157 (1993), 483)

Calliess, Christian/Ruffert, Matthias (Hrsg.): EUV/AEUV – Das Verfassungsrecht der Europäischen Union mit Europäischer Grundrechtcharta, 4. Auflage, München 2011, (zitiert: *Bearbeiter*, in Calliess/Ruffert, EU/AEUV)

Dauses, Manfred (Hrsg.): Handbuch des EU-Wirtschaftsrechts, Band 1 34. Ergänzungslieferung 2013, München 2014 (zit.: *Bearbeiter*, in Dauses, Hdb. EU-WirtschaftsR)

Eich, Theresa/Vetter, Stefan: Der EU-Binnenmarkt nach 20 Jahren – Erfolge, unerfüllte Erwartungen und weitere Potenziale Erschienen in: Deutsche Bank DB Research, EU-Monitor, Europäische Integration Abrufbar unter: https://www.dbresearch.de/PROD/DBR_INTERNET_DE-PROD/PROD0000000000320537/Der+EU-Binnenmarkt+nach+20+Jahren%3A+Erfolge,+unerf%C3%BCllte+Erwartungen+und+weitere+Potenziale.pdf Zuletzt abgerufen am: 16.04.2014 (zit.: *Eich/Vetter*, Der EU-Binnenmarkt nach 20 Jahren)

Eriksrud, Sven: Formuesoverføringer fra aksjeselskap til aksjonær. Høesteretts dom av 28. Juni 1995, TFF 1995, S. 76–80, (zit.: *Eriksrud*, TFF 1995, 76)

Fest, Timo: Gesetzliche Vertretung und Prozessfähigkeit einer führungslosen Gesellschaft nach dem MoMiG, NZG 2011, S. 130–32, (zit.: *Fest*, NZG 2011, 130)

Fleck, Hans-Joachim: Schuldrechtliche Verpflichtungen einer GmbH im Entscheidungsbereich der Gesellschafter, ZGR 1988, S. 104–139, (zit.: *Fleck*, ZGR 1988, 104)

Fleischer, Holger: Das unternehmerische Ermessen des GmbH-Geschäftsführers und seine GmbH-spezifischen Grenzen, NZG 2011, S. 521–527, (zitiert: *Fleischer*, NZG 2011, 521)

– Kartellrechtsverstöße und Vorstandsrecht, BB 2008, S. 1070–1076, (zit.: *Fleischer*, BB 2008, 1070)

– Reichweite und Grenzen der unbeschränkten Organvertretungsmacht im Kapitalgesellschaftsrecht, NZG 2005, S. 529–537, (zit.: *Fleischer*, NZG 2005, 529)

– Zur organschaftlichen Treuepflicht der Geschäftsleiter im Aktien- und GmbH-Recht, WM 2003, S. 1045–1058, (zit.: *Fleischer*, WM 2003, 1045)

Froesch, Daniel: Managerhaftung – Risikominimierung durch Delegation? DB 2009, S. 722–726, (zit.: *Froesch*, DB 2009, 722)

Geißler, Markus: Begrenzungen bei der Weisungsbindung des GmbH-Geschäftsführers, GmbHR 2009, S. 1071–1076, (zit.: *Geißler*, GmbHR 2009, 1071)

Germany Trade and Invest: Dänemark: Kapitalgesellschaftsreform in Kraft abrufbar unter: http://www.gtai.de/GTAI/Navigation/DE/Trade/Recht-Zoll/wirtschafts-und-steuerrecht,did=67050.html zuletzt abgerufen am 01.07.2014 (zit.: *Germany Trade and Invest*, Dänemark: Kapitalgesellschaftsreform in Kraft)

– Wirtschaftsdaten kompakt – Norwegen – November 2013 abrufbar unter: www.gtai.de/GTAI/Content/DE/Trade/Fachdaten/PUB/2012/11/pub20121121801211_159140.pdf zuletzt abgerufen am 01.07.2014 (zit.: *Germany Trade and Invest*, Wirtschaftsdaten kompakt – Norwegen – November 2013)

Goette, Wulf: Das Organverhältnis des GmbH-Geschäftsführers in der Rechtsprechung des Bundesgerichtshofs, DStR 1998, S. 938–943, (zit.: *W. Goette*, DStR 1998, 938)

Grabitz, Eberhard/Hilf, Meinhard/Nettesheim, Martin (Hrsg.): Das Recht der europäischen Union, Band 2, 52. Ergänzungslieferung, Stand Januar 2014, München 2014 (zit.: *Bearbeiter*, in Grabitz/Hilf/Nettesheim)

Granden, Gro: Styrearbeid – en håndbok for ansatte i selskap og konsern, 7. Auflage, Oslo 2009, (zit.: *Granden*)

Grossfeld, Bernhard/Brondics, Klaus: Die Stellung des fakultativen Aufsichtsrates (Beirat) in der Gesellschaft mit beschränkter Haftung und in der GmbH & Co. KG, AG 1987, S. 293–309, (zit.: *Grossfeld/Brondics*, AG 1987, 293)

Gummert, Hans/Weipert, Lutz (Hrsg.): Münchener Handbuch des Gesellschaftsrechts Band 2: Kommanditgesellschaft, GmbH & Co. KG, Publikums-KG, Stille Gesellschaft, 4. Auflage, München 2014, (zit.: *Bearbeiter*, in MünchHdb. GesR II)

Haagensen, Thorbjørn Riise/Lie, Markus Hoel: Inhabilitet for daglig leder og styremedlem i aksjeselskap og allmennaksjeselskap, Bergen 2004, (zit.: *Haagensen/Lie*)

Habersack, Mathias: Gesteigerte Überwachungspflichten des Leiters eines „sachnahen" Vorstandsressorts, WM 2005, S. 2360–2364, (zit.: *Habersack*, WM 2005, 2360, 2363)

Härer, Ralf-Dietmar: Erscheinungsformen und Kompetenzen des Beirats in der GmbH, Frankfurt am Main 1991, (zit.: *Härer*)

Halen, Curt Christian van: Das internationale Gesellschaftsrecht nach dem Überseering-Urteil des EuGH, WM 2003, S. 571–578, (zit.: *van Halen*, WM 2003, 571)

Hansen, Jesper Lau: Nordic Company Law – the Regulation of Public companies in Denmark, Finland, Iceland, Norway and Sweden, 1. Auflage, Copenhagen 2003, (zit.: *Hansen*)

Hammen, Horst: Zur Begründung von (organschaftlichen) Rechten Dritter im Gesellschaftsvertrag einer GmbH – Zugleich ein Beitrag zur Anwendung von § 328 Abs. 1 BGB im Kapitalgesellschaftsrecht –, WM 1994, S. 765–775, (zit.: *Hammen*, WM 1994, 765)

Henssler, Martin/Strohn, Lutz: Gesellschaftsrecht, 2. Auflage, München 2014, (zit.: *Bearbeiter*, in Henssler/Strohn, Gesellschaftsrecht)

Hirte, Heribert: Kapitalgesellschaftsrecht, 7. Auflage, Köln 2012, (zit.: *Hirte*)

Hölters, Wolfgang: Aktiengesetz, 2. Auflage 2014, (zit.: *Bearbeiter*, in Hölters, AktG)

– Der Beirat der GmbH und GmbH & Co. KG, Köln 1979, (zit.: *Hölters)*

Hofbauer, Peter: Die Kompetenzen des (GmbH-) Beirats: Unter besonderer Berücksichtigung der Rückfallzuständigkeit der Gesellschafterversammlung einer GmbH bei Funktionsunfähigkeit eines statuarischen Beirats, Köln 1996, (zit.: *Hofbauer*)

Hommelhoff, Peter: Unternehmensführung in der mitbestimmten GmbH, ZGR 1978, S. 119–155, (zit.: *Hommelhoff*, ZGR 1978, 119)

Hopt, Klaus: Comparative corporate governance: the state of the art and international regulation, in: Fleckner, Andreas/Hopt, Klaus (Hrsg.), Comparative Corporate Governance – A functional and international analysis, Cambridge 2013, S. 3–102, (zit.: *Hopt*, in Fleckner/Hopt, Comparative Corporate Governance)

Hov, Jo: Avtaleloven, Norsk Lovkommentar, Onlineausgabe, Stand: 14.12.2010, (zit.: *Bearbeiter*, in Norsk Lovkommentar, Avtaleloven)

Huber, Herwart: Der Beirat – Praxisratgeber für Gesellschaften, Beiräte und ihre Berater, Köln 2004, (zit.: *Huber*)

– Beirat und Beiratsmitglied – praxisrelevante Aspekte für ihre Tätigkeit, GmbHR 2004, S. 772–777, (zit.: *Huber*, GmbHR 2004, 772)

Jauernig, Othmar (Hrsg.): Bürgerliches Gesetzbuch, 15. Auflage, München 2014, (zit.: *Bearbeiter*, in Jauernig, BGB)

Johansen, Atle Sønsteli/Stueland, Einar: Arbeidsmiljøloven; Kommentarer og praksis, 1. Auflage, Oslo 2011, (zit.: *Johansen/Stueland*, Arbeidsmiljøloven)

Knudsen, Gudmund: Forenkling og modernisering av den norske aksjeloven, NTS 2010, S. 43–50, (zit.: *Knudsen*, NTS 2010, 43)

– Forenkling og modernisering av aksjeloven, Abschlussbericht im Auftrag des norwegischen Justiz- und Polizeiministerium, Januar 2011, Abrufbar unter: http://www.regjeringen.no/upload/JD/Vedlegg/Rapporter//Forenkling_av_aksjeloven_web.pdf, zuletzt abgerufen am 01.07.2014 (zit.: *Knudsen*, Forenkling og modernisering av den norske aksjeloven)

Konzen, Horst: Geschäftsführung, Weisungsrecht und Verantwortlichkeit in der GmbH und der GmbH & Co KG,NJW 1989, S. 2977–2987, (zit.: Konzen, NJW 1989, 2977)

Kornblum, Udo: Bundesweite Rechtstatsachen zum Unternehmens- und Gesellschaftsrecht (Stand: 01.01.2013), GmbHR 2013, S. 693–703, (zit.: *Kornblum*, GmbHR 2013, 693)

Kort, Michael: Die Änderung der Unternehmenspolitik durch den GmbH-Geschäftsführer, ZIP 1991, S. 1274–1279, (zit.: *Kort*, ZIP 1991, 1274)

Leuering, Dieter/Dornhegge, Stefanie: Geschäftsverteilung zwischen GmbH-Geschäftsführern, NZG 2010, S. 13–17, (zit.: *Leuering/Dornhegge*, NZG 2010, 13)

Leyens, Patrick: Deutscher Aufsichtsrat und U.S.-Board: ein- oder zweistufiges Verwaltungssystem? Zum Stand der rechtsvergleichenden Corporate Governance-Debatte, RabelsZ Bd. 67 (2003), S. 57–105, (zit.: *Leyens*, RabelsZ 67 (2003), 57)

Loges, Rainer: Lässt sich eine GmbH nach dem „Board-System" organisieren?, ZIP 1997, S. 437–444 (zit.: *Loges*, ZIP 1997, 437)

Lohr, Martin: Die Amtsniederlegung des GmbH-Geschäftsführers – Voraussetzungen der Niederlegung und Folgen für das Anstellungsverhältnis, DStR 2002, S. 2173–2182, (zit.: *Lohr*, DStR 2002, 2173)

– Die Beschränkung der Innenhaftung des GmbH-GF, NZG 2000, 1204–1213, (zit.: *Lohr*, NZG 2000, 1204)

Lutter, Marcus/Hommelhoff, Peter (Hrsg.): GmbH-Gesetz, 18. Auflage, Köln 2012, (zit.: *Bearbeiter* in Lutter/Hommelhoff, GmbHG)

Lutter, Marcus,/Bayer, Walter/Schmidt, Jessica (Hrsg.): Europäisches Unternehmens- und Kapitalmarktrecht – Grundlagen, Stand und Entwicklung nebst Texten und Materialien, 5. Auflage, Berlin/Boston 2012, (zit.: *Lutter/Bayer/J. Schmidt*, EuropUR)

Lutter, Marcus/Ulmer, Peter/Zöllner, Wolfgang (Hrsg.): Festschrift 100 Jahre GmbH-Gesetz, Köln 1992, (zit.: *Bearbeiter*, in FS 100 Jahre GmbH-Gesetz)

Lutter, Marcus: „Überseering" und die Folgen, BB 2003, S. 7–10, (zit.: *Lutter*, BB 2003, 7)

Mathisen, Pål: Forbudet mot godtgjørelse fra andre enn aksjeselskapet: Reglene i aksjelovgivningen om forbudet mot og begrensingen fra andre enn aksjeselskapet, TFF 2003, S. 316–378, (zit.: *Mathisen*, TFF 2003, 316)

Mennicke, Petra: Zum Weisungsrecht der Gesellschafter und er Folgepflicht des GF in der mitbestimmungsfreien GmbH, NZG 2000, S. 622–626, (zit.: *Mennicke*, NZG 2000, 622)

Michalski, Lutz: Kommentar zum Gesetz betreffend die Gesellschaften mit beschränkter Haftung (GmbH-Gesetz), Band I, 2. Auflage, München 2010, (zit.: *Bearbeiter*, in Michalski, GmbHG)

Michalski, Lutz: Kommentar zum Gesetz betreffend die Gesellschaften mit beschränkter Haftung (GmbH-Gesetz), Band II, 2. Auflage, München 2010, (zit.: *Bearbeiter*, in Michalski, GmbHG)

Mörsdorf, Roland: Daglig leder i norsk og tysk selskaps- og arbeitdsrett, NTS 2009, S. 70–78, (zit.: *Mörsdorf*, NTS 2009, 70)

– Ledelse og corporate governance i tyske og norske allmennaksjeselskaper, NTS 2008, S. 85–92, (zit.: *Mörsdorf*, NTS 2008, 85)

– Minstekrav til aksjekapital og modellvedtekter, TfF 2011, S. 17–36, (zit.: *Mörsdorf*, in TfF 2011, 17)

Monsen, Erik: Vinningsavståelseskrav – etalternativ til erstatningskrav ved overtredelse av konkurransebegrensningsavtale?, TfF 2006, S. 157–175, (zit.: *Monsen*, TfF 2006, 157)

Moss, Giuditta Cordero: Norsk internasjonal selskapsrett: noen bemerkninger i lys av europeisk rett in: Selskap, kontrakt, konkurs og rettskilder – Festkrift til Mads Henry Andenæs 70 år, S. 221–231, Oslo 2010, (zit.: *Moss*, Festskrift til Mads Henry Andenæs 70 år, S. 221)

Müller, Klaus J./Wolff, Reinmar: Verlagerung von Zuständigkeiten auf den Beirat der GmbH, GmbHR 2003, S. 810–817, (zit.: *Müller/Wolf*, GmbHR 2003, 810)

Müller, Welf/Winkeljohann, Norbert: Beck'sches Handbuch der GmbH, 4. Auflage, München 2009, (zitiert: *Bearbeiter*, in Müller/Winkeljohann, Beck GmbH-HdB)

Münch, Christof: Amtsniederlegung, Abberufung und Geschäftsunfähigkeit des Geschäftsführers einer GmbH, DStR 1993, S. 916–921, (zit.: *Münch*, DStR 1993, 916)

Münchener Kommentar: Münchener Kommentar zum Aktiengesetz Band 7, SE-VO, SEBG 3. Auflage 2012, München 2012 (zit.: *Bearbeiter*, in MüKo, AktG)

Münchener Kommentar: Münchener Kommentar zum BGB Band 1, 6. Auflage 2012, München 2012, (zit.: *Bearbeiter*, in MüKo, BGB)

Münchener Kommentar: Münchener Kommentar zum GmbHG Band 1, §§ 1-34, München 2010, Band 2, §§ 35–52, München 2012 (zit.: *Bearbeiter*, in MüKo, GmbHG)

Nägele, Stefan: Der Anstellungsvertrag des Geschäftsführers, BB 2001, S. 305–312, (zit.: Nägele, BB 2001, 305)

Neher, Florian: Innergesellschaftliche Haftung für die Verletzung von Sorgfaltspflichten und Durchgriffshaftung bei Kapitalgesellschaften – Ein deutsch-nordischer Rechtsvergleich (DK, N, S), Baden-Baden 2011, (zit.: *Neher*)

Nergård, Gry/Lunde, Tore: Markedføringsloven Norsk Lovkommentar, Stand 13.03.2013, (zit.: *Bearbeiter*, in Norsk Lovkommentar, Markedføringsloven)

Nießen, Tobias/Kempermann, Maximiliane: Der Beirat in der GmbH als Gestaltungsinstrument, NJW-Spezial 2012, S. 271–272, (zit.: *Nießen/Kempermann*, NJW-Spezial 2012, 271)

Norheim, Jan Eivind: Formuerettslig representasjon etter aksjelovgivningen, NTS 2003, S. 382–398, (zit.: Norheim, NTS 2003, 382)

Normann, Kristin: Medvirkeransvaret i aksjeloven og allmennaksjeloven § 17-1 (2) (asl., asal.) – Særlig om medvirkeransvar i konsernforhold, in: Selskap, kontrakt, konkurs og rettskilder – Festkrift til Mads Henry Andenæs 70 år, S. 233–253, Oslo 2010, (zitiert: *K. Normann*, Festskrift til Mads Henry Andenæs 70 år)

Oppenländer, Frank/Trölitzsch, Thomas: Praxishandbuch der GmbH-Geschäftsführung, 2. Auflage, München 2011, (zit.: *Bearbeiter*, in Oppenländer/Trölitzsch, GmbH-Geschäftsführung)

Perland, Olav: Styreansavar etter de nye aksjelovene – har ansvaret blitt skjerpet?, TFF 1999, S. 125–159, (zit.: *Perland*, TFF 1999, 125)

Peters, Oliver: Ressortverteilung zwischen GmbH-Geschäftsführern und ihre Folgen, GmbHR 2008, 682–687, (zit.: *Peters*, GmbHR, 682)

Pettersen, Bernt Jacob: Kann godtgjørelse for styrearbeid mottasa fra andre enn seskapet? – anvendelsesområde for aksjeloven § 6–17, TFF 2001, S. 33–37, (zit.: *Pettersen*, TFF 2001, 33)

Preis, Ulrich/Sagan, Adam: Der GmbH-Geschäftsführer in der arbeits- und diskriminierungsrechtlichen Rechtsprechung des EuGH, BGH und BAG, ZGR 2013, S. 26–75, (zit.: *Preis/Sagan*, ZGR 2013, 26)

Reiersen, Hedvig/Sjåfjell, Beate: NUF-kaoset i norsk rett - et bidrag til oppklaring, TfR 2010, S. 423–463, (zit.: *Reiersen/Sjåfjell*, TfR 2010, 423)

Ries, Peter: Der ausländische Geschäftsführer, NZG 2010, 298–300, (zit.: *Ries*, NZG 2010, 298)

Robertz, Franz-Joachim: Der Beirat als freiwilliges Organ der Gesellschaft, MittRhNotK 1991, 239–252, (zit.: MittRhNotK 1991, 239)

Römermann, Volker (Hrsg.): Münchener Anwaltshandbuch GmbH-Recht, 3. Auflage, München 2014, (zit.: *Bearbeiter*, in Römermann, MAH GmbH-Recht)

Rohleder, Michael: Die Übertragbarkeit von Kompetenzen auf GmbH-Beiräte, Köln 1991, (zit.: *Rohleder*)

Roth, Günter H./Altmeppen, Holger: Gesetz betreffend die Gesellschaften mit beschränkter Haftung (GmbHG) 7. Auflage, München 2012 (zit.: *Bearbeiter*, in Roth/Altmeppen, GmbHG)

Rowedder, Heinz/Schmidt-Leithoff, Christian: Gesetz betreffend die Gesellschaften mit beschränkter Haftung (GmbHG), 4. Auflage, München 2002, (zit.: *Bearbeiter*, in Rowedder/-Schmidt-Leithoff, GmbHG)

Rudersdorf, Martin: Wettbewerbsverbote in Gesellschafts- und Unternehmenskaufverträgen, RNotZ 2011, S. 509–530, (zit.: *Rudersdorf*, RNotZ 2011, 509)

Rørvik, Andreas: Ny aksjelovgivning (nou 1996: 3), TfF 1996, S. 72–77, (zit.: *Rørvik*, TfF 1996, 72)

Schmolke, Klaus Ulrich: Geschäftsleiterpflicht zur Offenlegung begangenen Fehlverhaltens? RIW 2008, S. 365–373, (zit.: *Schmolke*, RIW 2008, 365)

Scholz, Franz (Hrsg.): GmbHG – Kommentar zum GmbH-Gesetz, II. Band §§ 35-52 11. Auflage, Köln 2014 (zit.: *Bearbeiter*, in Scholz, GmbHG)

Schüppen, Matthias/Schaub, Bernhard: Münchener Anwaltshandbuch Aktienrecht, 2. Auflage, München 2010, (zit.: *Bearbeiter*, in Schüppen/Schaub, MAH Aktienrecht)

Schulze, Marc-Oliver/Hintzen, Martina: GmbH-Geschäftsführer als Arbeitnehmer?, ArbRAktuell 2012, S. 263–267, (zit.: *Schulze/Hintzen*, ArbRAktuell 2012, 263)

Sudhoff, Heinrich: GmbH & Co. KG, 6. Auflage, München 2005, (zit.: *Bearbeiter*, in Sudhoff, GmbH & Co. KG)

Sjåfjell, Beate: Vår europeiske selskapsrett, Nytt i privatretten Nr. 4 2010, S. 1–2, (zit.: *Sjåfjell*, NIP 2010, 1)

Sjåfjell, Beate/Kjelland, Cecilie: Corporate Governance: Country Report for Norway (International Congress on Comparative Law, Washington 2010), abrufbar unter: http://papers.ssrn.com/sol3/papers.cfm?abstract_id=1705665, zuletzt abgerufen am: 06.07.2014 (zit.: *Sjåfjell/Kjelland*, CG Country Report)

Smith Ulseth, Terese: Daglig Leders Stillingsvern, Oslo 2006, (zit.: *Smith Ulseth*)

Spahlinger, Andreas/Wegen, Gerhard: Internationales Gesellschaftsrecht in der Praxis, München 2005, (zit.: *Bearbeiter*, in Spahlinger/Wegen, Int. GesR)

Spindler, Gerald/Kepper, Katrin: Funktionen, rechtliche Rahmenbedingungen und Gestaltungsmöglichkeiten des GmbH-Beirats (Teil I), DStR 2005, S. 1738–1743, (zit.: *Spindler/Kepper*, DStR 2005, 1738)

– Funktionen, rechtliche Rahmenbedingungen und Gestaltungsmöglichkeiten des GmbH-Beirats (Teil II), DStR 2005, S. 1775–1779, (zit.: *Spindler/Kepper*, DStR 2005, 1775)

Spindler, Gerald/Stilz, Eberhard: Kommentar zum Aktiengesetz, Band 1, §§ 1-149, 2. Auflage, München 2010, (zit.: *Bearbeiter*, in Spindler/Stilz, AktG)

Staudinger, Julius von (Begr.): Kommentar zum Bürgerlichen Gesetzbuch mit Einführungsgesetz und Nebengesetzen Erstes Buch: Allgemeiner Teil (§§ 164-240), Neubearbeitung 2004, Berlin 2004 (zit.: *Bearbeiter*, in Staudinger, BGB)

Stück, Volker: Der GmbH-Geschäftsführer zwischen Gesellschafts- und Arbeitsrecht im Spiegel aktueller Rechtsprechung, GmbHR 2006, S. 1009–1018, (zit.: *Stück*, GmbHR 2006, 1009)

Teichmann, Christoph: ECLR Corporate Governance in Europa, ZGR 2001, S. 645–679, (zit.: *Teichmann*, ZGR 2001, 645)

Turner, George: Der Beirat als fakultatives Organ im sog. Ein-Kammer-System, DB 1996, 1609–1610, (zit.: *Turner*, DB 1996, 1609)

Ulmer, Peter/Habersack, Mathias/Winter, Martin: Gesetz betreffend die Gesellschaften mit beschränkter Haftung (GmbHG) – Großkommentar, Band II, §§ 29 bis 52, Tübingen 2006, (zit.: *Bearbeiter*, in *Ulmer*, GmbHG)

Venrooy, Gerd J. van: Widersprüchliche Ausübung des arbeitsrechtlichen Direktionsrechts durch mehrere GmbH-Geschäftsführer, GmbHR 2001, S. 7–18, (zit.: *van Venrooy*, GmbHR 2001, 7)

Voormann, Volker: Der Beirat im Gesellschaftsrecht, 2. Auflage, Köln 1990, (zit.: *Voormann*)

Wegmann, Bernd: Rechtsfolgen einer Überschreitung der Geschäftsführungs- und Vertretungsbefugnisse eines GmbH-Geschäftsführers, DStR 1992, S. 866–870, (zit.: *Wegmann*, DStR 1992, 866)

Weiss, Gunther A.: Beratungsverträge mit Aufsichtsrats- und Beiratsmitgliedern in der Aktiengesellschaft und der Gesellschaft mit beschränkter Haftung, BB 2007, S. 1853–1859, (zit.: *Weiss*, BB 2007, 1853)

Weller, Marc-Philippe: Niederlassungsfreiheit via völkerrechtlicher EG-Assoziierungsabkommen – Zugleich Besprechung der Entscheidung BGH NJW 2005, 3351, ZGR 2006, S. 748–768, (zit.: *Weller*, ZGR 2006, 748)

Wicke, Hartmut: Gesetz betreffend die Gesellschaften mit beschränkter Haftung (GmbHG), 2. Auflage, München 2011, (zit.: *Wicke*, GmbHG)

– Die Europäische Aktiengesellschaft – Grundstruktur, Gründungsformen und Funktionsweise, MittBayNot 2006, 196–205, (zit.: *Wicke*, MittBayNot 2006, 196)

Wiker, Håvard: Norsk Lovkommentar, Lov om gjeldsforhandling og konkurs (konkursloven), Online-Ausgabe, Stand 16.12.2013, (zit.: *Bearbeiter*, in Norsk Lovkommentar, konkursloven)

Woxholth, Geir: Avtalerett, 5. Auflage, Oslo 2005, (zit.: *Woxholth*, Avtalerett)

– Selskapsrett, 3. Auflage, Oslo 2010, (zit.: *Woxholth,* Selskapsrett)

– Avtalelovens § 36 i selskapsforhold, JV 1993, S. 149–165, (zit.: *Woxholth*, JV 1993, 149)

Yanli, Veliye: Stichwort: Der Beirat in der GmbH, DStR 1991, S. 1352–1355, (zit.: *Yanli,* DStR 1991, 1352)

Zöllner, Wolfgang: GmbH und GmbH & Co KG in der Mitbestimmung, ZGR 1977, S. 319–354, (zit.: *Zöllner*, ZGR 1977, 319)

Abkürzungsverzeichnis

Abs.	Absatz
AEUV	Vertrag über die Arbeitsweise der Europäischen Union
AG	Aktiengesellschaft; Die Aktiengesellschaft – Zeitschrift für das gesamte Aktienwesen, für deutsches, europäisches und internationales Kapitalmarktrecht
Agl	Agenturloven
AGG	Allgemeines Gleichbehandlungsgesetz
AktG	Aktiengesetz
a. F.	Alte Fassung
Aml	Arbeidsmiljøloven
Art.	Artikel
AS	Aksjeselskap
ASA	Allmennaksjeselskap
Asal	Allmenaksjeloven
Asl	Aksjeloven
Avtl	Avtaleloven
BB	Betriebs Berater
BGB	Bürgerliches Gesetzbuch
BGH	Bundesgerichtshof
BRAO	Bundesrechtsanwaltsordnung
CG	Corporate Governance
DB	Der Betrieb
DrittelbG	Drittelbeteiligungsgesetz
Ds	Departementsserien
DStR	Deutsches Steuerrecht
Ebda	ebenda
EFTA	European Free Trade Association (Europäische Freihandelsassoziation)
EG	Europäische Gemeinschaft
Emgll	Eiendomsmeglingsloven
EU	Europäische Union
EuGH	Gerichtshof der Europäischen Union
EUV	Vertrag über die Europäische Union in der Fassung von Lissabon
EWR	Europäischer Wirtschaftsraum

EWRA	Abkommen über den Europäischen Wirtschaftsraum
ff.	die folgenden
FS	Festschrift
GmbH	Gesellschaft mit beschränkter Haftung
GmbHG	Gesetz betreffend die Gesellschaften mit beschränkter Haftung
GmbHR	GmbH-Rundschau
Hdb.	Handbuch
Hdb. EU-WirtschaftsR	Handbuch des EU-Wirtschaftsrechts
HGB	Handelsgesetzbuch
Hrsg.	Herausgeber
Innst.	Innstilling
Innst. O.	Instillinga til Odelstinget
InsO	Insolvenzordnung
i.S.d	im Sinne des
i.V.m.	in Verbindung mit
JV	Jussens Venner
Kap.	Kapitel
Kkl	Konkursloven
LG	Landgericht
Mfl	Markedføringsloven
MitbestG	Mitbestimmungsgesetz
MittBayNot	Mitteilungen des Bayerischen Notarvereins, der Notarkasse und der Landesnotarkammer Bayern
MittRhNotK	Mitteilungen der Rheinischen Notarkammer
m.w.N.	mit weiteren Nachweisen
MoMiG	Gesetz zur Modernisierung des GmbH-Rechts und zur Bekämpfung von Missbräuchen
MontanMitbestG	Montan-Mitbestimmungsgesetz
Mrd.	Milliarde
MüKo AktG	Münchener Kommentar zum Aktiengesetz
MüKo BGB	Münchener Kommentar zum Bürgerlichen Gesetzbuch
MüKo GmbHG	Münchener Kommentar zum Gesetz betreffend die Gesellschaften mit beschränkter Haftung
N.F.	Neue Fassung
NIP	Nytt i privatretten
NJW	Neue Juristische Wochenschrift

NJW-RR	Neue Juristische Wochenschrift; Rechtsprechungs-Report Zivilrecht
NOK	Norwegische Krone
NOU	Norges offentlige utredninger
NTS	Nordisk Tidsskrift for Selskapsrett
NZG	Neue Zeitschrift für Gesellschaftsrecht
NZA	Neue Zeitschrift für Arbeitsrecht
OHG	Offene Handelsgesellschaft
OLG	Oberlandesgericht
Ot. prp.	Odelstingproposisjon
Prokl	Prokuraloven
Prop.	Proposisjon
RabelsZ	Rabels Zeitschrift für ausländisches und internationales Privatrecht
Revl	Revisorloven
RG	Rettens Gang
RIW	Recht der internationalen Wirtschaft
Rn.	Randnummer
RNotZ	Rheinische Notar-Zeitschrift
Rt.	Norsk Retstidende
S.	Seite
SE	Societas Europaea
TfF	Tidsskrift for Foretningsjus
TfR	Tidsskrift for Rettsvitenskap
u.U.	unter Umständen
UmwG	Umwandlungsgesetz
vgl.	Vergleiche
VO (EG)	Verordnung der Europäischen Gemeinschaft
Vphl	Verdipapirhandelloven
WIB	Wirtschaftliche Beratung
WM	Wertpapier-Mitteilungen
ZGR	Zeitschrift für Unternehmens- und Gesellschaftsrecht
ZHR	Zeitschrift für das gesamte Handelsrecht und Wirtschaftsrecht
ZIP	Zeitschrift für Wirtschaftsrecht
Zit.	Zitiert

Im Übrigen wird verwiesen auf ***Kirchner, Hildebert,*** **Abkürzungsverzeichnis der Rechtssprache,** 7. Auflage, Berlin 2013.

Kapitel 1 Einleitung

§ 1 Allgemeine Einführung in die Thematik

Europa wächst mehr und mehr zusammen; der europäische Binnenmarkt erfährt eine immer stärkere Verflechtung und ist heute der Binnenmarkt mit der größten Wirtschaftsleistung weltweit.[1] Aus ökonomischer Sicht soll die Verwirklichung des EU-Binnenmarktes den innereuropäischen Handel und den Wettbewerb zwischen den Mitgliedstaaten der EU fördern, um somit den Unionsbürgern den Zugang zu neuen Märkten zu ermöglichen. Aus rechtlicher Sicht stellen in diesem Zusammenhang die europäischen Grundfreiheiten das Kernstück des Binnenmarkts dar.[2] Nach dem Scheitern einer Vereinbarung über eine gesamtwesteuropäische Freihandelszone wurde 1960 die Europäische Freihandelsassoziation (EFTA) ins Leben gerufen, die sich heute aus den Ländern Island, Liechtenstein, Norwegen und der Schweiz zusammensetzt.[3] Die EFTA bildet für ihre Mitglieder, mit Ausnahme der Schweiz, die Grundlage für die Teilnahme am Europäischen Wirtschaftsraum (EWR), wodurch ihre Mitglieder an den europäischen Binnenmarkt angeschlossen sind.[4]

Basierend auf einem regen Handelsverkehr zwischen Norwegen und Deutschland, der sich nicht zuletzt aufgrund der Verwirklichung eines gemeinsamen europäischen Binnenmarktes in den letzten Jahren stets positiv entwickelt hat, hat sich der norwegische Markt zu einem bedeutenden Absatzmarkt für die deutsche Exportwirtschaft entwickelt. Insbesondere als Handelspartner für den Automobil- und Maschinenbausektor spielt Norwegen eine immer größere Rolle.[5] Umgekehrt ist Deutschland für Norwegen neben Schweden und Großbritannien einer der wichtigsten Handelspartner weltweit. Hier liegt der Schwerpunkt vor allem beim Export von Gas und Öl, der einen Anteil von 76 % am Gesamtexportvolumen einnimmt.[6] In absoluten Zahlen betrug das deutsche Exportvolumen circa 8,5 Mrd.

1 *Eich/Vetter*, Der EU-Binnenmarkt nach 20 Jahren, S. 2.

2 *Kahl*, in Calliess/Ruffert, EUV/AEUV, Art. 26 AEUV Rn. 14; *Sjåfjell*, NIP 2010, 1, 1.

3 *Hummer*, in Dauses, Hdb. EU-WirtschaftsR, K. III., Rn. 283; *Eich/Vetter*, Der EU-Binnenmarkt nach 20 Jahren, S. 2.

4 *Hummer*, in Dauses, Hdb. EU-WirtschaftsR, K. III., Rn. 286; *Eich/Vetter*, Der EU-Binnenmarkt nach 20 Jahren, S. 3, *Weller*, ZGR 2006, 748, 753.

5 *Germany Trade & Invest*, Wirtschaftsdaten kompakt: Norwegen, Stand November 2013.

6 Mitteilung der norwegischen Botschaft vom 04.02.2014, Samhandelen mellom Norge og Tyskland, abrufbar unter http://www.norwegen.no/Norsk/Okonomi-og-naringsliv/

Euro im Jahr 2012, und der Import von norwegischen Gütern nach Deutschland nahm ein Volumen von circa 26,2 Mrd. Euro ein.[7]

Durch die immer engere wirtschaftliche Verflechtung und den daraus folgenden grenzüberschreitenden Handel zwischen Deutschland und Norwegen rückt auch die Frage der Gründung von Tochtergesellschaften in den Fokus deutscher und norwegischer Unternehmer. So kann eine Tochtergesellschaft gemäß dem jeweiligen nationalen Gesellschaftsrecht, unter dem die wirtschaftliche Betätigung erfolgt, und gemäß den darin vorgesehenen Gesellschaftsformen gegründet werden. Alternativ zur Gründung einer Tochtergesellschaft nach dem für den deutschen bzw. norwegischen Unternehmer jeweils fremden nationalen Recht besteht auch die Möglichkeit der Gründung einer Tochtergesellschaft nach nationalem Gesellschaftsrecht, wodurch auf bekannte Organisationsstrukturen zurückgegriffen werden kann. Aufgrund der Mitgliedschaft Norwegens in der EFTA und der daraus folgenden Teilnahme am EWR können sich norwegische Gesellschaften mit Verwaltungssitz in Deutschland auf die Niederlassungsfreiheit berufen.[8] Die Geltung der Niederlassungsfreiheit führt dazu, dass das Gesellschaftsstatut von EWR-Gesellschaften sich nach der Gründungstheorie richtet und die Gesellschaft unabhängig vom Ort ihres Verwaltungssitzes in allen EWR-Vertragsstaaten, also auch in Deutschland, als solche anzuerkennen ist.[9] Umgekehrt gilt dies auch für die Niederlassung einer nach deutschem Recht gegründeten Gesellschaft in Norwegen.[10]

Vor diesem rechtlichen und wirtschaftlichen Hintergrund ist es das Ziel der vorliegenden Arbeit, sich mit den Regelungen zur Geschäftsführung in der deutschen Gesellschaft mit beschränkter Haftung (GmbH) und in der norwegischen Aksjeselskap (AS) auseinanderzusetzen. Dies geschieht vor dem Hintergrund, dass die GmbH mit 1.098.222 registrierten Gesellschaften die am weitesten verbreitete Unternehmensform in Deutschland darstellt und das norwegische Pendant zur GmbH, die AS, mit etwa 268.000 von circa 922.700 registrierten

---

Samhandelen-mellom-Norge-og-Tyskland/#.U05-8eZ_uj4; zuletzt abgerufen am 01.07.2014.

7 *Germany Trade and Invest*, Wirtschaftsdaten kompakt – Norwegen – November 2013.

8 BGH, ZIP 2005, 1869; *Spahlinger*, in Spahlinger/Wegen, Int. GesR, B.III., Rn. 227 f.; *Weller*, ZGR 2006, 748, 749.

9 *Weller*, ZGR 2006, 748, 751.

10 *Wicke*, GmbHG, § 4a Rn. 11; *Wamser*, in Henssler/Strohn, Gesellschaftsrecht, § 4a GmbHG Rn. 1; *Moss*, Festskrift til Mads Henry Andenæs 70 år, S. 221, 227 f.; *Reiersen/Sjåfjell*, TfR 2010, 423, 440; *Sjåfjell*, NIP 2010, 1, 2.

Gesellschaften die am weitesten verbreitete Form der Kapitalgesellschaft in Norwegen ist.[11]

Die Untersuchung wird anhand eines Vergleichs der gesetzlichen Regelungen im deutschen GmbH-Gesetz und im norwegischen Aksjeloven, der sich sowohl mit den Gemeinsamkeiten als auch mit den Unterschieden der beiden Gesellschaftsformen im Bereich der Geschäftsführung auseinandersetzt, durchgeführt.

§ 2 Gegenstand der Arbeit

Ausgangspunkt für einen rechtlichen Vergleich der Regelungen im GmbH-Gesetz und im Aksjeloven und in diesem Zusammenhang deshalb besonders erwähnens- und damit untersuchenswert ist, dass sich der norwegische Gesetzgeber ursprünglich bei der Entwicklung des norwegischen Aksjeloven auch am deutschen Kapitalgesellschaftsrecht und hierbei insbesondere am GmbH-Recht orientiert hat.[12] Die in den jeweiligen Kapiteln untersuchten Normen des Aksjeloven sollen daher auch dahingehend untersucht werden, ob sie unter Umständen eine Weiterentwicklung des deutschen GmbH-Rechts darstellen oder ob eine unabhängige, eigene Rechtsfortbildung und Rechtsentwicklung stattgefunden hat. Vor diesem Hintergrund ist es von besonderer Relevanz, dass das norwegische Gesellschaftsrecht durch mehrere Reformen und Reformüberlegungen im Laufe der Zeit durch das Recht der übrigen skandinavischen Länder beeinflusst und gemeinsam fortgeschrieben worden ist und heutzutage das Ergebnis einer gemeinsamen skandinavischen Rechtsentwicklung darstellt.[13] Diese gemeinsame Weiterentwicklung der jeweiligen nationalen Kapitalgesellschaftsrechte hat jedoch nicht dazu geführt, dass es einen Gleichlauf der gesellschaftsrechtlichen Normen in Skandinavien gibt. Daher bezieht sich die vorliegende Untersuchung ausschließlich auf das norwegische Recht, und die Ergebnisse der Arbeit lassen sich nicht ohne weiteres auf das schwedische und dänische Recht übertragen.[14] Insbesondere das dänische Kapitalgesellschaftsrecht hat sich durch den Beitritt

---

11 *Kornblum*, GmbHR 2013, 693, 703; *Thoresen*, Eierrollen, Styrerollen og Daglig Lederrollen i små og mellomstore bedrifter; abrufbar unter https://www.lederkilden.no/tema/styrearbeid/v-styrearbeid/eierrollen-styrerollen-og-daglig-lederrollen-i-sma-og-mellomstore-bedrifter; zuletzt abgerufen am 01.07.2014.

12 NOU 1992: 29, S. 23 f.; *Bråthen*, S. 49.

13 Innst. O. nr. 50 (1975–1976), S. 1; NOU 1992: 29, S. 12 f.; *Aarbakke*, Aksjeloven & allmenaksjeloven, Innledning, Rn. 2; *Hansen*, S. 21 ff.; *Smith Ulseth*, S. 39; *Bråthen*, S. 49.

14 Innst. O. nr. 50 (1975–1976), S. 1; *Aarbakke*, Aksjeloven & allmenaksjeloven, Innledning, Rn. 2; Smith Ulseth, S. 39.

Dänemarks zur EG im Jahre 1973 sowie eine Reform im Jahre 2010 von den gemeinsamen skandinavischen Prinzipien und Grundsätzen entfernt, wenngleich weiterhin viele Gemeinsamkeiten der gemeinsamen Rechtsentwicklung im Kapitalgesellschaftsrecht vorhanden sind.[15]

Das norwegische Kapitalgesellschaftsrecht folgt hinsichtlich des Aufbaus der für die Verwaltung der Gesellschaft zuständigen Organe weder dem angloamerikanischen Board-System noch dem dualistischen System des deutschen Kapitalgesellschaftsrechts, sondern stellt insoweit eine Mischform dar. Unter einem dualistischen System versteht man, wenn es neben einem Geschäftsführungsorgan ein hiervon funktionell und personell unabhängiges Aufsichtsorgan gibt.[16] Eine derartige Ausgestaltung findet sich primär in den Regelungen zur deutschen Aktiengesellschaft wieder, die dem Vorstand die Aufgaben der Geschäftsführung zuweist und den Aufsichtsrat mit der Überwachung des Vorstands betraut.[17] Ebenso folgt das GmbH-Gesetz dem Grunde nach dem dualistischen System.[18] Im monistischen Board-System des angloamerikanischen Raums liegt die gesamte Verwaltung der Gesellschaft hingegen bei einem Organ.[19] Systemkennzeichnend ist somit die funktionale und personelle Zusammenführung von Unternehmensführung und -überwachung in einem einheitlichen Leitungsorgan, dem Board of Directors.[20]

Das norwegische Kapitalgesellschaftsrecht beschreitet, gemeinsam mit dem schwedischen und dänischen Gesellschaftsrecht, mit dem skandinavischen Gesellschaftsrechtsmodell einen eigenen, dritten Weg und übernimmt hierbei sowohl Teile des angloamerikanischen monistischen als auch des dualistischen, insbesondere des deutschen Rechtssystems.[21] Dies wird vor allem dadurch deutlich, dass im Bereich der Geschäftsführung das norwegische Kapitalgesellschaftsrecht zwei Organe vorsieht, die für die Geschäftsführung der Gesellschaft

---

15 *Germany Trade and Invest*, Dänemark: Kapitalgesellschaftsreform in Kraft; *Neher*, S. 44.

16 *Henssler*, in Henssler/Strohn, Gesellschaftsrecht, § 111 AktG Rn. 2; *Erle/Berberich*, in Müller/Winkeljohann, Beck GmbH-HdB, § 1, Rn. 126; *Spindler/Kepper*, DStR 2005, 1775, 1777.

17 siehe hierzu insbesondere die §§ 76 ff. AktG sowie § 111 AktG.

18 *Hopt*, in Fleckner/Hopt, Comparative Corporate Governance, S. 3, 32.

19 *Spindler*, in MüKo, GmbHG, § 52 Rn. 702; *Hopt*, in Fleckner/Hopt, Comparative Corporate Governance, S. 3, 31.

20 *Hopt*, in Fleckner/Hopt, Comparative Corporate Governance, S. 3, 30 f.

21 *Aarbakke*, Aksjeloven & allmenaksjeloven, Innledning, Rn. 2; *Smith Ulseth*, S. 55; *Sjåfjell/Kjelland*, CG Country Report, S. 10; *Mörsdorf*, NTS 2008, 85, 86.

verantwortlich sind, das Styre[22] und der Daglig Leder[23], wobei das Styre gegenüber dem Daglig Leder auch Überwachungsaufgaben wahrnimmt. Daneben sieht das norwegische Kapitalgesellschaftsrecht auch die Möglichkeit der Bestellung eines Aufsichtsrats vor, so dass es in der norwegischen AS möglich ist, zwei Überwachungsorgane – nämlich den Aufsichtsrat und den Verwaltungsrat – sowie zwei Geschäftsführungsorgane – den Verwaltungsrat sowie den Geschäftsleiter – zu bestellen.[24] Das norwegische Recht stellt damit eine Hybridform aus dem monistischen und dem dualistischen System der Unternehmensverwaltung dar, wobei es je nach Ausgestaltung der Satzung entweder mehr dem monistischen System im angloamerikanischen Recht oder dem dualistischen kontinentaleuropäischen System gleichen kann.[25]

Um die rechtsvergleichende Untersuchung auf eine breitere Grundlage zu stellen, wird neben dem Geschäftsführer als originärem, durch das GmbH-Gesetz vorgesehenem Geschäftsführungsorgan auch die Möglichkeit der Bestellung eines Beirats als geschäftsführendes Gesellschaftsorgan der GmbH in Betracht gezogen und in die Arbeit aufgenommen, so dass auch insoweit eine ausführliche Auseinandersetzung mit dem Beirat als Organ einer GmbH stattfindet. Dies soll es ermöglichen, eine bessere Vergleichbarkeit der beiden Systeme zu erreichen und Gemeinsamkeiten sowie Unterschiede klarer herauszuarbeiten.

§ 3 Gang der Untersuchung

Nach einem Überblick über das norwegische Recht der Aksjeselskap, der sich insbesondere neben der Entstehung und Entwicklung des Aksjeloven auch mit der Organisationsverfassung, den Kapitalmaßnahmen sowie der Gründung und Beendigung der AS auseinandersetzt, befasst sich die vorliegende Arbeit in Kapitel 3 mit der Organstellung der geschäftsführenden Organe in der jeweiligen Gesellschaft. Hierbei werden in wechselseitiger Betrachtung die Bestellung der geschäftsführenden Organe sowie die Beendigung der Organstellung in der jeweiligen Gesellschaft untersucht. Den Abschluss von Kapitel 3 bildet eine überblicksartige Betrachtung des Anstellungsverhältnisses der einzelnen Mitglieder der geschäftsführenden Organe.

---

22 Zur Begriffserläuterung siehe unten S. 7.

23 Zur Begriffserläuterung siehe unten S. 7.

24 NOU 1992: 29, S. 145; *Smith Ulseth*, S. 55.

25 NOU 1992: 29, S. 145; so auch das Verständnis in den schwedischen Gesetzesmaterialien zur Umsetzung der SE-Verordnung, vgl. hierzu Ds 2003: 15 Europabolag, S. 19.

Im Anschluss daran wird in Kapitel 4 die Verteilung der Geschäftsführungs- und Vertretungsbefugnis auf die jeweiligen Organe der GmbH sowie der AS untersucht. Hierbei werden zum einen der dem jeweiligen Geschäftsführungsorgan zustehende Umfang der Geschäftsführungs- und Vertretungsbefugnis und die damit einhergehenden Grenzen dieser Befugnis untersucht. Zum anderen wird auf die Zusammenarbeit innerhalb und zwischen den jeweiligen Geschäftsführungsorganen eingegangen. Daran anschließend legt Kapitel 5 den Fokus auf die übrigen Pflichten der geschäftsführenden Organe der GmbH und der AS.

Jedes der zuvor genannten Kapitel beginnt zunächst mit der Darstellung der Regelungen im deutschen GmbH-Recht. Anschließend wird die rechtliche Situation in der norwegischen AS zum jeweiligen Themenschwerpunkt des einzelnen Kapitels, Abschnittes oder Unterpunktes untersucht. Den Abschluss eines jeden Abschnittes bildet eine vergleichende Analyse des vom jeweiligen Gesetzgeber gewählten rechtlichen Lösungsansatzes.

Abschließend werden in Kapitel 6 die wesentlichen Ergebnisse thesenartig zusammengefasst, und es wird die Frage behandelt, ob es sinnvoll erscheint, bestimmte Lösungsansätze aus dem norwegischen Aksjeloven in das deutsche GmbH-Recht zu transferieren. Weiterhin wird erörtert, ob dies eine positive Auswirkung auf die rechtliche Gestaltungspraxis der GmbH in Deutschland haben könnte.

§ 4 Begriffserläuterungen

Um zu verhindern, dass es beim Lesen dieser Arbeit zu Missverständnissen aufgrund von Fachbegriffen aus dem norwegischen Recht kommt, werden die wichtigsten Fachtermini aus dem Norwegischen ins Deutsche übersetzt bzw. an aus dem deutschen Recht bekannte Begrifflichkeiten angepasst. Hierdurch soll insbesondere der Gefahr vorgebeugt werden, dass durch die Fachbegriffe des norwegischen Rechts eine wissenschaftliche Auseinandersetzung mit den in dieser Arbeit aufgeworfenen Frage- und Problemstellungen erschwert wird.

Unter der Generalforsamling ist die Gesellschafterversammlung zu verstehen. Das Styre oder Styret wird im Folgenden mit dem Begriff Verwaltungsrat bezeichnet. Der Begriff darf jedoch nicht mit einem Beirat in der GmbH, der in der Literatur auch als Verwaltungsrat bezeichnet wird, gleichgesetzt werden.[26] Ebenso wenig ist er im Sinne eines Verwaltungsrats in der SE[27] oder eines Verwaltungsrats im

26 *Henssler*, in Henssler/Strohn, Gesellschaftsrecht, § 52 GmbHG Rn. 41; *Spindler*, in MüKo, GmbHG, § 52 Rn. 642; *Weiss*, BB 2007, 1853, 1859.

27 *Reichert/Brandes*, in MüKo, AktG, VO (EG) 2157/2001 Art. 43 Rn. 8; *Wicke*, MittBayNot 2006, 196, 203

Schweizer Kapitalgesellschaftsrecht[28] zu verstehen, sondern stellt ein hiervon sich unterscheidendes Geschäftsführungsorgan der Aksjeselskap dar.

Für den Begriff Daglig Leder wird der Begriff des Geschäftsleiters verwendet, nicht der des Geschäftsführers. Dies soll insbesondere vermeiden, dass es zu Verwechslungen mit dem Begriff des GmbH-Geschäftsführers bei der am Ende jedes Kapitels erfolgenden vergleichenden Betrachtung kommt. Voranzustellen ist zudem, dass der Begriff des Daglig Leder nicht mit dem Geschäftsführer einer deutschen GmbH gleichgesetzt werden kann bzw. darf, da die Aufgabenbereiche sowie die rechtliche Stellung eine andere sind.

Die Bedriftsforsamling ist ein dem deutschen Aufsichtsrat weitgehend entsprechendes Aufsichts- und Kontrollorgan in der AS und wird in der vorliegenden Arbeit aus diesem Grund auch als Aufsichtsrat bezeichnet.

Die Begriffe Aksjeselskap (AS) sowie Aksjeloven (Asl) werden nicht übersetzt, da eine Übersetzung keinen Mehrwert schaffen, sondern allenfalls Unklarheit verbreiten würde. Weitere Begrifflichkeiten, die einer Übersetzung bedürfen – jedoch nicht von einer derart zentralen Wichtigkeit sind wie die vorgenannten Begriffe – werden an der jeweiligen Stelle in der Arbeit kenntlich gemacht.

§ 5 Norwegische Rechtsquellen und Gesetzesmaterialien

Bei der Bearbeitung dieser Arbeit wurden neben der Kommentarliteratur, diversen Aufsätzen sowie Monographien vor allem auch die Gesetzesmaterialien zum Aksjeloven zu Rate gezogen. Für das Verständnis der Regelungen im Aksjeloven kommt den Gesetzesmaterialien eine erhebliche und nicht zu unterschätzende Bedeutung zu. Gerade aufgrund der Tatsache, dass die norwegische Jurisdiktion im Vergleich zur deutschen Jurisdiktion kleiner ist, ist der Fundus, sowohl was Rechtsprechung als auch Literatur angeht, eher als gering anzusehen. Umso bedeutender sind daher die Gesetzesmaterialien und die Gesetzesmotive. Diese lassen sich in verschiedene Kategorien unterteilen. Als wichtigste Rechtsquelle in diesem Zusammenhang gelten Norges offentlige utredninger (NOU). Hierbei handelt es sich um Ausführungen bzw. Vorschläge von durch die Regierung oder die einzelnen Ministerien eingesetzten Ausschüssen oder Arbeitsgruppen.

NOU-Vorschläge werden oft zur Grundlage von Regierungsentwürfen, die dann dem Storting, dem norwegischen Parlament, zugeleitet werden. In die Kategorie der Gesetzesmaterialien fallen zudem die Proposisjon (prop.) und die

28 Siehe hierzu die Art. 707 ff. Obligationenrecht (Bundesgesetz betreffend die Ergänzung des Schweizerischen Zivilgesetzbuches. Fünfter Teil: Obligationenrecht vom 30. März 1911; Stand 01. Januar 2013).

Innstilling (Innst.), wobei Erstere einer Gesetzesvorlage/Regierungsvorlage und Letztere einem Vorschlag eines Ausschusses, etwa des Rechtsausschusses, an das Parlament entspricht. Die Gesetzesvorlage wurde bis zum 1.10.2009 als odelstingproposisjon (Ot. prp.) bezeichnet, so dass sich auch diese Begrifflichkeit in der Arbeit wiederfinden wird. Weitere Rechtsquellen sind die Protokolle der Beratungen des Parlaments und der Ausschüsse sowie Stellungnahmen aus der Wirtschaft durch Interessenverbände sowie aus der Wissenschaft und Rechtspraxis, wobei diese eine eher untergeordnete Rolle bei der Auslegung und dem Umgang mit dem Aksjeloven darstellen.

Kapitel 2 Überblick über die norwegische Aksjeselskap

§ 1 Entstehung und Entwicklung des Aksjeloven

Das norwegische Kapitalgesellschaftsrecht kannte bis zum Jahre 1996 nur eine Form der Kapitalgesellschaft, die Aksjeselskap.[29] Erst im Zuge der Reform des Kapitalgesellschaftsrechts im Jahr 1997 wurde das damals geltende Kapitalgesellschaftsrecht in das Aksjeloven und in das Allmennaksjeloven[30] aufgeteilt, so dass es erstmals eigene Gesetze für die Allmennaksjeselskap (ASA) und die Aksjeselskap gab.[31] Hierbei orientierte sich der norwegische Gesetzgeber insbesondere am Aufbau und der Struktur des deutschen Aktien- und GmbH-Gesetzes.[32] Die Aksjeselskap ähnelt der deutschen GmbH und sonstigen personalistisch geprägten Kapitalgesellschaften, wobei die Allmennaksjeselskap das norwegische Pendant zur AG darstellt. Beide Gesetze sind strukturell gleich aufgebaut und stimmen insbesondere im Hinblick auf die Gesellschaftsorgane und ihre Funktionen inhaltlich überein. Das Aksjeloven 1997 ist am 1. Januar 1999 in Kraft getreten und ist das derzeit geltende Recht.[33]

Das geltende Aksjeloven lässt sich auf das Aksjeloven aus dem Jahr 1910, mit grundlegenden Reformen in den Jahren 1957 und 1976, zurückführen.[34] Nach der großen Reform im Jahr 1996 wurde im Juli 2010 der Rechtsanwalt Gudmund Knudsen damit beauftragt, das norwegische Kapitalgesellschaftsrecht wettbewerbsfähiger zu gestalten, um angesichts des immer stärker ineinandergreifenden europäischen Binnenmarktes und des daraus folgenden Wettkampfs der Rechtsordnungen konkurrenzfähig zu bleiben.[35] Im Zuge der durch die Rechtsprechung des EuGH zur Niederlassungsfreiheit ergangenen Urteile hatten sich in Norwegen – ebenso wie in Deutschland – die Rahmenbedingungen für den Zuzug

---

29 *Aarbakke*, Aksjeloven & allmenaksjeloven, Innledning, Rn. 1.1; *Aarbakke/Steiniger*, S. 14; *Aarbakke*, JV, 1982, 243, 245; *Rørvik*, TfF 1996, 72, 73.

30 Lov om Allmennaksjeselskaper (allmennaksjeloven) vom 01.01.1999; (Das Recht der norwegischen Aktiengesellschaft).

31 *Aarbakke*, Aksjeloven & allmenaksjeloven, Innledning, Rn. 1.2 ff.; *Bråthen*, S. 53 f.; *Rørvik*, TfF 1996, 72, 73.

32 NOU 1992: 29, S. 23.

33 *Bråthen*, S. 47.

34 siehe hierzu die Ausführungen bei NOU 1992: 29, S. 15 f.

35 *Knudsen*, Forenkling og Modernisierung av den norske aksjeloven.

ausländischer Gesellschaftsformen grundlegend geändert.[36] Obwohl Norwegen kein Mitglied der EU ist, findet die Rechtsprechung des EuGH in Norwegen als Mitglied des EWR-Abkommens über Artikel 6 EWRA Anwendung.[37] Infolgedessen kam es zu einer verstärkten Niederlassung von ausländischen Gesellschaften mit beschränkter Haftung, und hier insbesondere der englischen Private Limited Company.[38] Aus diesem Grund wurde das norwegische Aksjeloven mit Wirkung zum 1. Januar 2012 dahingehend reformiert, dass Vorschriften zur Gründung, zur Kapitalerhaltung, zur inneren Struktur sowie zu den Prüfungspflichten vereinfacht wurden und das Mindeststammkapital der AS herabgesetzt wurde.[39] Durch diese Vereinfachung und Modernisierung des norwegischen Aksjeloven sollte die AS wettbewerbsfähiger gemacht werden, um nicht etwa von der englischen Private Limited Company oder anderen europäischen Gesellschaftsformen vom norwegischen Markt verdrängt zu werden, sondern im Wettbewerb der Rechtsordnungen bestehen zu können.[40] Anzumerken ist daher, dass nicht nur Deutschland mit den Auswirkungen der EuGH-Urteile „Daily Mail“[41], „Centros“[42], „Überseering“[43] und „Inspire Art“[44] sowie „Cartesio“[45] und der daraus resultierenden Entwicklung zu kämpfen hatte, sondern dass auch der norwegische Gesetzgeber – ebenso wie der deutsche Gesetzgeber bereits zum 1. November 2008 mit dem Gesetz zur Modernisierung des GmbH-Rechts und zur Bekämpfung von Missbräuchen (MoMiG) – diesem Problem durch eine weitreichende Reform des geltenden Rechts zu begegnen versucht.

Mit Wirkung zum 1. Juli 2013 wurde das Aksjeloven wiederum in Teilbereichen reformiert, wobei hier insbesondere die Erfahrungen aus den letzten eineinhalb Jahren seit der letzten Reform berücksichtigt wurden. Insbesondere

---

36 *van Halen*, WM 2003, 571, 571 ff.; *Lutter*, BB 2003, 7, 7 f; *Knudsen*, NTS 2010, 43, 44.

37 *Leible*, in Michalski, GmbHG, Systematische Darstellung 2 Internationales Gesellschaftsrecht, Rn. 60; *Vöneky/Beylage-Haarmann*, in Grabitz/Hilf/Nettesheim, Art. 217 AUEV Rn. 73.

38 Prop. 148 L (2010–2011), S. 15 f.; *Aarbakke*, Aksjeloven & allmenaksjeloven, Innledning, Rn. 1.4; *Knudsen*, NTS 2010, 43, 44.

39 Prop. 148 L (2010–2011), S. 6 ff.; *Aarbakke*, Aksjeloven & allmenaksjeloven, Innledning, Rn. 1.4; *Mörsdorf*, RIW 2012, 211, 212; ders., TfF 2011, 17, 17.

40 Prop. 148 L (2010–2011), S. 6; *Aarbakke*, Aksjeloven & allmenaksjeloven, Innledning, Rn. 1.4; *Knudsen*, NTS 2010, 43, 44; *Mörsdorf*, in TfF 2011, 17, 18 f.

41 EuGH, NJW 1989, 2186.

42 EuGH, NJW 1999, 2027.

43 EuGH, NJW 2002, 3614.

44 EuGH, BB 2003, 2195.

45 EuGH, NJW 2009, 569.

wurden Änderungen in den Bereichen der Gesellschaftsgründung, der Kapitalerhaltungsvorschriften und der Organisationsverfassung vorgenommen, um die Aksjeselskap noch wettbewerbsfähiger zu machen.[46]

§ 2 Die Gründung der AS

Die Gründung der AS richtet sich nach den Regelungen des 2. Kapitels des Aksjeloven. Gemäß § 2-1 Abs. 1 Asl bedarf die Gründung einer AS zunächst der Unterzeichnung einer Gründungsurkunde, die neben der Satzung auch Angaben zu den Gründungsgesellschaftern, zur Anzahl der ausgegebenen Geschäftsanteile, zum Ausgabebetrag sowie den Zeitpunkt, zu dem die Einlagen zu leisten sind, enthalten muss, vgl. § 2-3 Abs. 1 Nr. 1 bis Nr. 4 Asl. Die der Gründungsurkunde beizufügende Satzung muss die Firma, den Sitz der Gesellschaft, den Gegenstand des Unternehmens und den Betrag des Stammkapitals sowie den Nennbetrag der Geschäftsanteile enthalten, vgl. § 2-2 Abs. 1 Asl.

Die Gründung einer AS kann durch einen einzelnen oder durch mehrere Gesellschafter vollzogen werden, wobei diese sowohl norwegische als auch nicht norwegische natürliche und juristische Personen sein können.[47] Die AS kann nach der im Januar 2012 umgesetzten Reform nunmehr mit einem Stammkapital von NOK 30.000,– (ca. EUR 3.619,–[48]) gegründet werden, § 3-1 Abs. 1 Asl. Hierzu bedarf es – anders als im deutschen GmbH-Recht – nicht einer notariellen Beurkundung.[49]

Mit Unterzeichnung der Gründungsurkunde durch die Gründungsgesellschafter entsteht die AS als juristische Person.[50] Die AS muss innerhalb von drei Monaten nach Unterzeichnung der Gründungsurkunde beim norwegischen zentralen Handelsregister angemeldet und in dieses eingetragen werden, vgl. § 2-18 Abs. 1 Asl. Bis zu dem Zeitpunkt, in dem die Gesellschaft im Handelsregister eingetragen ist, darf sie nur diejenigen Rechtsgeschäfte eingehen, die in der Gründungsurkunde oder durch Gesetz ausdrücklich zugelassen sind, vgl. § 2-20 Abs. 1 Asl. Sofern die Gründungsgesellschafter oder ein anderes Organ

---

46 Prop. 111 L (2012–2013), S. 5 ff.; Innst. 347 L (2012–2013), S. 1 ff.

47 *Andenæs*, Aksjeselskaper & Allmennaksjeselskaper, Kap. 9, Rn. 9.1.2; *Bråthen*, in Norsk Lovkommentar, Aksjeloven, § 2–3 Rn. 89 ff.

48 Wechselkurs NOK – EUR vom 07.03.2014; abgerufen unter http://de.reuters.com/news/currencies?srcAmt=30000.00&srcCurr=NOK&destAmt=&destCurr=EUR

49 *Mörsdorf*, RIW 2012, 211, 212.

50 *Andenæs*, Aksjeselskaper & Allmennaksjeselskaper, Kap. 9, Rn. 9.5; *Bråthen*, in Norsk Lovkommentar, Aksjeloven, § 2-9 Rn. 154.

der Gesellschaft andere als die zuvor genannten Rechtsgeschäfte vor Eintragung im Namen der Gesellschaft eingehen, haften sie für die hieraus hervorgehenden Verpflichtungen persönlich als Gesamtschuldner.[51] Im Zeitpunkt der Eintragung der Gesellschaft im Handelsregister gehen die Rechte und Pflichten aus dem Rechtsgeschäft auf die Gesellschaft über.[52]

§ 3 Die Organe der AS und ihre Aufgaben

Die norwegische AS hat in der Regel vier Gesellschaftsorgane. Dies sind die Gesellschafterversammlung, der Verwaltungsrat, der Geschäftsleiter und der Revisor[53], wobei der Verwaltungsrat und der Geschäftsleiter für die Verwaltung des Unternehmens zuständig sind. Weiteres Gesellschaftsorgan ist der Aufsichtsrat als Aufsichtsorgan der Gesellschaft. Lediglich die Gesellschafterversammlung, der Verwaltungsrat sowie der Abschlussprüfer sind für alle Größen der AS zwingend vorgesehen.[54] § 6-2 Abs. 1 Satz 1 Asl sieht vor, dass die Gesellschaft einen Geschäftsleiter bestellen kann. Bis zum 1. Juli 2013 sah das Aksjeloven vor, dass bei einer AS mit einem Stammkapital von unter NOK 3.000.000,– (ca. EUR 361.900,–) die Bestellung eines Geschäftsleiters nicht zwingend war, da § 6-2 Abs. 1 Satz 1 Asl a. F. dispositiv war und somit von den Gesellschaftern in der Satzung abbedungen werden konnte. Die damalige gesetzliche Regelung war jedoch dahingehend zu verstehen, dass die Gesellschafter ausdrücklich durch Beschluss auf die Bestellung eines Geschäftsleiters verzichten mussten.[55] In der Praxis war und ist es – ohne hierbei die Auswirkungen der letzten Reform bewerten zu können – jedoch üblich, dass ein Geschäftsleiter auch bei Gesellschaften mit geringerem Stammkapital bestellt wurde.[56]

Wie bereits in der Einleitung erwähnt, stimmen die Regelungen über den Aufbau bzw. die Organisation der geschäftsführenden Organe in der AS weder mit den Leitungssystemen im monistischen noch im dualistischen System überein, sondern folgen einem eigenen rechtlichen System.[57] Sofern die Gesellschaft

51 *Aarbakke*, Aksjeloven & allmenaksjeloven, § 2–20 Rn. 2.1.

52 *Aarbakke*, Aksjeloven & allmenaksjeloven, § 2–20 Rn. 2.2.

53 Im folgenden wird der Begriff „Revisor“ mit Abschlussprüfer bzw. Wirtschafsprüfer übersetzt werden.

54 *Andenæs*, Aksjeselskaper & Allmennaksjeselskaper, Kap. 22, Rn. 22.1.1.

55 *Andenæs*, Aksjeselskaper & Allmennaksjeselskaper, Kap. 22, Rn. 22.1.1.

56 *Andenæs*, Aksjeselskaper & Allmennaksjeselskaper, Kap. 22 Rn. 22.1.1; *Woxholth*, Selskapsrett, S. 182.

57 NOU 1992: 29, S. 143; *Mörsdorf*, NTS 2008, 85, 86; siehe hierzu bereits die Ausführungen auf S. 3.

lediglich einen Verwaltungsrat und einen Geschäftsleiter und keinen Aufsichtsrat bestellt hat, ähnelt sie ihrem Aufbau nach dem dualistischen System, da der Geschäftsleiter die laufende Geschäftsführung innehat und der Verwaltungsrat diesen bei seiner Aufgabenerfüllung überwacht.[58] Zu beachten ist hierbei jedoch, dass dem Verwaltungsrat neben der Überwachungsfunktion insbesondere auch noch die Leitung des Unternehmens obliegt, so dass jedenfalls nicht von einem dualistischen System im Sinne des deutschen Kapitalgesellschaftsrechts gesprochen werden kann, das insbesondere im Aktienrecht eine klare Trennung zwischen Verwaltung und Überwachung vornimmt.[59] Ferner kann eine norwegische Aksjeselskap derart ausgestaltet sein, dass sie dem klassischen Board-System des angloamerikanischen Rechtskreises entspricht.[60] Dies ist der Fall, wenn die Gesellschaft lediglich einen Verwaltungsrat bestellt.[61] Diesem obliegen in diesem Fall neben der Unternehmensleitung auch die Führung der täglichen Geschäfte sowie die Überwachung der eigenen Tätigkeit im Bereich der laufenden Geschäftsführung.[62]

Das Aksjeloven enthält zwar keine expliziten Rechtsgrundlagen für die Bestellung weiterer Gesellschaftsorgane, dennoch ist die Möglichkeit zur Bestellung weiterer Organe – ebenso wie in der GmbH – allgemein anerkannt.[63] Diese Organe können so ausgestaltet werden, dass sie eine Kontrollfunktion ähnlich der eines Aufsichtsrats ausüben, für die Verteilung des erwirtschafteten Jahresüberschusses zuständig sind oder über die Auswahlkompetenz hinsichtlich der Wahl der Verwaltungsratsmitglieder verfügen.[64] Demnach können ihnen sowohl Kompetenzen im beratenden als auch im vorbereitenden oder kontrollierenden Bereich der Angelegenheiten der Gesellschaft eingeräumt werden.[65] Es besteht jedoch nicht die Möglichkeit, neben den gesetzlich vorgeschriebenen Organen

---

58 NOU 1992: 29, S. 143.

59 NOU 1992: 29, S. 143; *Leyens*, RabelsZ 67 (2003), 57, 80; *Teichmann*, ZGR 2001, 645, 657.

60 *Leyens*, RabelsZ 67 (2003), 57, 69.

61 NOU 1992: 29, S. 143.

62 NOU 1992: 29, S. 143.

63 *Aarbakke*, Aksjeloven & allmennaksjeloven, Innledning Kap. 6, Rn. 1.4; *Andenæs*, Aksjeselskaper & Allmennaksjeselskaper, Kap. 22, Rn. 22.1.2.

64 *Aarbakke*, Aksjeloven & allmennaksjeloven, Innledning Kap. 6, Rn. 1.4; *Andenæs*, Aksjeselskaper & Allmennaksjeselskaper, Kap. 22, Rn. 22.1.2.

65 *Aarbakke*, Aksjeloven & allmennaksjeloven, Innledning Kap. 6, Rn. 1.4; *Andenæs*, Aksjeselskaper & Allmennaksjeselskaper, Kap. 22, Rn. 22.1.2.

weitere Organe, wie etwa einen geschäftsführenden Beirat, mit Verwaltungs- bzw. Geschäftsführungskompetenz auszustatten.[66]

Sofern ein zusätzliches Organ bestellt werden soll, liegt die Bestellungs- und die Abberufungskompetenz bei dem Gesellschaftsorgan, das einen Teil seiner Kompetenz auf das neu zu bestellende Organ überträgt.[67] Die Kompetenzübertragung findet dort ihre Grenzen, wo die Kompetenz des gesetzlich vorgeschriebenen Organs endet, so dass insbesondere nicht die Möglichkeit besteht, die Kompetenzen eines anderen Gesellschaftsorgans zu beschränken.[68] Ferner bleibt das delegierende Gesellschaftsorgan im Innenverhältnis zur Gesellschaft dasjenige, das die Verantwortung trägt und somit bei Fehlverhalten gegenüber der Gesellschaft haftet.[69]

Schließlich können ebenso wie in der GmbH auch in der AS beratende Gremien bzw. Ausschüsse gebildet werden, ohne dass diesen eine Organstellung zuteilwird.[70]

A. Die Gesellschafterversammlung

Das oberste Organ der AS ist – wie bei der GmbH – die Gesellschafterversammlung.[71] Die Gesellschafterversammlung dient der Wahrnehmung der Rechte und Interessen der Gesellschafter.[72] Sie darf in allen Angelegenheiten der Gesellschaft Beschlüsse fassen, sofern nicht durch Gesetz oder Satzung anderen Organen die Entscheidungs- und Beschlusskompetenz zugewiesen ist.[73] Sie ist zuständig für Beschlüsse, die im Interesse der Gesellschaft getroffen werden müssen, insbesondere also für Satzungsänderungen, die Veränderung des Gesellschaftskapitals, Zusammenschlüsse mit anderen Gesellschaften sowie die Auflösung der Gesellschaft.[74]

---

66 *Aarbakke*, Aksjeloven & allmennaksjeloven, Innledning Kap. 6, Rn. 1.4; *Andenæs*, Aksjeselskaper & Allmennaksjeselskaper, Kap. 22, Rn. 22.1.2; *Bråthen*, S. 117.

67 *Aarbakke*, Aksjeloven & allmennaksjeloven, Innledning Kap. 6, Rn. 1.4; *Andenæs*, Aksjeselskaper & Allmennaksjeselskaper, Kap. 22, Rn. 22.1.2.

68 *Aarbakke*, Aksjeloven & allmennaksjeloven, Innledning Kap. 6, Rn. 1.4; *Andenæs*, Aksjeselskaper & Allmennaksjeselskaper, Kap. 22, Rn. 22.1.2.

69 *Aarbakke*, Aksjeloven & allmennaksjeloven, Innledning Kap. 6, Rn. 1.4; *Andenæs*, Aksjeselskaper & Allmennaksjeselskaper, Kap. 22, Rn. 22.1.2.

70 *Bråthen*, S. 118; *Mörsdorf*, RIW 2012, 211, 217.

71 Prop. 111 L (2012–2013), S. 90; *Andenæs*, Aksjeselskaper & Allmennaksjeselskaper, Kap. 22, Rn. 22.1.1; *Aarbakke/Steiniger*, S. 18.

72 *Aarbakke*, Aksjeloven & allmenaksjeloven, Kap. 5, Innledning, Rn. 1; *Andenæs*, Aksjeselskaper & Allmennaksjeselskaper, Kap. 22, Rn. 22.1.1.

73 *Aarbakke*, Aksjeloven & allmenaksjeloven, § 5-1 Rn. 1.2.

74 *Aarbakke*, Aksjeloven & allmenaksjeloven, Kap. 5, Innledning, Rn. 2.

Ferner ist sie zuständig für Beschlüsse, die das Interesse der Gesellschafter betreffen, wie zum Beispiel die Verwendung des Jahresüberschusses, den Austausch von Mitgliedern der Geschäftsführung, die Bestellung und Abberufung von Aufsichtsratsmitgliedern sowie die Geltendmachung von Ansprüchen gegen diese.[75] Ihre Beschlüsse fassen die Gesellschafter entweder in der ordentlichen oder der außerordentlichen Gesellschafterversammlung.[76] Ebenfalls als Folge der Reform ist es den Gesellschaftern nunmehr möglich, eine vereinfachte Gesellschafterversammlung gemäß § 5-7 Asl abzuhalten.

Die vereinfachte Gesellschafterversammlung kann nur durch einstimmigen Beschluss aller Gesellschafter einberufen werden. Folge eines derartigen Beschlusses nach § 5-7 Asl ist, dass von den Regelungen der §§ 5-8 bis 5-16 abgewichen bzw. abgesehen werden kann, wodurch auf bestimmte Formalien hinsichtlich der Einberufung und der Durchführung der Gesellschafterversammlung verzichtet werden kann.[77]

Das Gesetz sieht grundsätzlich kein festes Quorum für die Beschlussfähigkeit der Gesellschafterversammlung vor, so dass die Zahl der erschienenen Gesellschafter ebenso wie im deutschen GmbH-Recht keine Auswirkung auf die Beschlussfähigkeit hat.[78] Für bestimmte Beschlüsse der Gesellschafterversammlung wird jedoch die Teilnahme aller Gesellschafter verlangt. Dies sind etwa Beschlüsse, bei denen die Pflichten der Gesellschafter gegenüber der Gesellschaft erweitert werden sollen oder wenn Satzungsregelungen bezüglich des Erwerbs weiterer eigener Anteile an der Gesellschaft oder die Satzung hinsichtlich der Regelungen zur Amortisation von Geschäftsanteilen geändert werden sollen.[79]

Neben den zuvor erwähnten Beschlusskompetenzen steht der Gesellschafterversammlung ein Weisungsrecht allgemeiner und besonderer Art gegenüber dem Verwaltungsrat zu. Ebenso können die Gesellschafter verlangen, dass bestimmte Angelegenheiten vor der Behandlung durch den Verwaltungsrat auch der Gesellschafterversammlung vorgelegt werden.[80]

---

75 Prop. 111 L (2012–2013), S. 90; *Aarbakke*, Aksjeloven & allmenaksjeloven, Kap. 5, Innledning, Rn. 2.

76 *Aarbakke*, Aksjeloven & allmenaksjeloven, Kap. 5, Innledning, Rn. 2 f.

77 Vgl. hierzu die Gesetzesmotive zur Reform vom 01.07.213 bei Prop. 111 L (2012–2013), S. 98 f.

78 *Aarbakke*, Aksjeloven & allmenaksjeloven, § 5-17 Rn. 1.1.

79 § 5-20 Abs. 1 Asl; vgl. hierzu auch *Aarbakke*, Aksjeloven & allmenaksjeloven, § 5-17 Rn. 1.1 m.w.N. und weiteren Fallgestaltungen.

80 *Aarbakke*, Aksjeloven & allmenaksjeloven, § 5-1 Rn. 1.3; siehe hierzu ausführlich unten S. 92.

B. Der Verwaltungsrat

Der Verwaltungsrat ist verantwortlich für die umfassende Leitung der Geschäfte der Gesellschaft. Dies umfasst sowohl die Festlegung der Unternehmensstrategie und der internen Organisation, die finanzielle Strukturierung der Gesellschaft sowie eine Übersicht über das Risikomanagement und die internen Kontrollmechanismen. Bis zur Gesetzesreform vom 1. Juli 2013 sollte nach § 6-1 Abs. 1 Asl a. F. jede Aksjeselskap einen Verwaltungsrat mit mindestens drei Verwaltungsratsmitgliedern haben, sofern sie ein Stammkapital von über drei Millionen Kronen besaß. Bei einem geringeren Stammkapital sah das Gesetz vor, dass auch lediglich ein oder zwei Verwaltungsratsmitglieder bestellt werden konnten.[81] Für den Fall, dass weniger als drei Verwaltungsratsmitglieder bestellt wurden, bedurfte es zwingend der Bestellung mindestens eines stellvertretenden Verwaltungsratsmitglieds. Grund hierfür war, dass der norwegische Gesetzgeber verhindern wollte, dass die Gesellschaft im Falle des Ausfalls von Verwaltungsratsmitgliedern führungslos und somit beschlussunfähig wird.[82] Die neue Fassung des § 6-1 Abs. 1 Asl sieht vor, dass die Gesellschaft einen Verwaltungsrat mit mindestens einem oder auch mehreren Verwaltungsratsmitgliedern haben soll. Hierdurch wird auch den Gesellschaften mit einem Stammkapital von mehr als NOK 3.000.000 die Möglichkeit eingeräumt, einen Verwaltungsrat mit lediglich einem oder zwei Mitgliedern zu bestellen. Dies soll es gerade kleineren Gesellschaften, an denen oft lediglich ein oder zwei Gesellschafter beteiligt sind, ermöglichen, die AS als Gesellschaftsform zu wählen, ohne dass sie externe Dritte in die Verwaltung der

---

81 *Aarbakke*, Aksjeloven & allmennaksjeloven, § 6-1 Rn. 1.2.

82 Siehe hierzu Prop. 111 L (2012–2013), S. 102. Der Gesetzgeber begründet seine Entscheidung dahingehend, dass in der Praxis gerade kleinere Ein-Mann-Gesellschaften durch diese Regelung gezwungen wurden häufig Dritte in die Gesellschaft als Vertretungsorgan aufzunehmen, welche weder die Gesellschaft als solche noch ihre Arbeits- und Funktionsweise nachvollziehen konnten, da alles Wissen in der Person des einzigen Gesellschafters vereint war. Zudem gab es selbst durch die Bestellung eines Stellvertreters keine absolute Sicherheit, dass die Führungslosigkeit der Gesellschaft im Ernstfall verhindert werden konnte, da diesem das Recht zustand sich von seiner Stellung zu lösen. Aufgrund der wirtschaftlichen Interessenlage der Gesellschafter an dem Wohl der Gesellschaft ist die Führungslosigkeit eben dieser auch eher ein wissenschaftliches Problem, da in der Praxis durch die Neubestellung eines Verwaltungsratsmitglieds in aller Regel zeitig entgegengewirkt wird, so dass auch nicht die Gefahr der Zwangsauflösung der Gesellschaft nach § 16-15 Asl droht.

Gesellschaft einbeziehen oder das Stammkapital auf NOK 3.000.0000 begrenzen müssen.[83]

Eine obere Grenze sieht das Gesetz jedoch nicht vor, so dass die Größe des Verwaltungsrats individuell durch Satzungsregelung ausgestaltet werden kann.[84] Sofern die Gesellschaft einen Aufsichtsrat hat, muss der Verwaltungsrat gemäß § 6-1 Abs. 3 Asl aus mindestens fünf Mitgliedern bestehen. Jeder Verwaltungsrat muss einen Verwaltungsratsvorsitzenden bestimmen. Sofern dieser nicht durch die Gesellschafterversammlung bestimmt wird, obliegt es dem Verwaltungsrat selbst, einen Vorsitzenden zu wählen.[85] Im Falle des Bestehens eines Aufsichtsrats obliegt diesem das Recht zur Bestellung des Verwaltungsratsvorsitzenden.[86] Der Verwaltungsratsvorsitzende hat die Sitzungen des Verwaltungsrats einzuberufen und zu leiten.[87] Ferner trägt er die Verantwortung dafür, dass die Zusammenarbeit im Verwaltungsrat zweckmäßig und ordnungsgemäß erfolgt und die dem Verwaltungsrat übertragenen Aufgaben erfüllt werden.[88] Bei Stimmengleichheit in einer Verwaltungsratssitzung wird dem Verwaltungsratsvorsitzenden zudem ein Stichentscheid zugebilligt.[89] Ferner können dem Verwaltungsratsvorsitzenden weitere Rechte eingeräumt werden, die nicht gesetzlich vorgeschrieben sind, etwa die Ausarbeitung der Unternehmensstrategie und die alleinige Verhandlungsführung bei Geschäftsabschlüssen oder bei Fusionsgesprächen. Hierbei ist jedoch zu beachten, dass die endgültige Entscheidungsgewalt weiterhin beim Verwaltungsrat als Kollegialorgan liegt, so dass die Ausübung der derart eingeräumten Rechte lediglich einen vorbereitenden Charakter hat. Zudem ist stets an das Spannungsverhältnis zwischen dem Aufgabenbereich des Verwaltungsrats und dem des Geschäftsleiters zu denken, so dass die Stellung des Verwaltungsratsvorsitzenden nicht derart ausgestaltet werden kann, dass er de facto die Aufgaben des Geschäftsleiters übernimmt und ausführt.[90]

C. Der Geschäftsleiter

Der Geschäftsleiter steht als Geschäftsführungsorgan der täglichen bzw. laufenden Geschäftsführung vor. Sofern die Gesellschaft keinen Geschäftsleiter bestellt,

83 Prop. 111 L (2012–2013), S. 101 f.
84 *Aarbakke*, Aksjeloven & allmennaksjeloven, § 6-1 Rn. 1.2.
85 *Aarbakke*, Aksjeloven & allmennaksjeloven, § 6-1 Rn. 2.2 f.
86 *Aarbakke*, Aksjeloven & allmennaksjeloven, § 6-1 Rn. 3.2.
87 *Aarbakke*, Aksjeloven & allmennaksjeloven, § 6-19 Rn. 3.1.
88 *Aarbakke*, Aksjeloven & allmennaksjeloven, § 6-1 Rn. 2.6; Ders. § 6-20 Rn. 1.1.
89 *Aarbakke*, Aksjeloven & allmennaksjeloven, § 6-25 Rn. 1.3.
90 *Aarbakke*, Aksjeloven & allmennaksjeloven, § 6-1 Rn. 2.7.

ist der Verwaltungsrat in Person des Verwaltungsratsvorsitzenden für die tägliche Geschäftsführung in der Gesellschaft verantwortlich.[91] Durch Satzungsregelung kann von der vorgenannten Regelung dergestalt abgewichen werden, dass der Verwaltungsrat als Ganzes für die tägliche Geschäftsführung verantwortlich sein soll.[92]

Durch die letzte Reform des Aksjeloven ist nunmehr ausdrücklich im Gesetz geregelt, dass mehrere Geschäftsleiter bestellt werden können, vgl. § 6-2 Abs. 1 Satz 2 Asl.[93] Sofern die Gesellschaft von Anfang an mehrere Geschäftsleiter haben soll oder das Recht zur Bestellung mehrerer Geschäftsleiter dem Verwaltungsrat oder dem Aufsichtsrat eingeräumt werden soll, bedarf dies – anders als vor der Reform – der Regelung in der Satzung der Gesellschaft.[94] Für den Fall, dass mehrere Geschäftsleiter bestellt werden, besteht die Möglichkeit, dass diesen einzelne Geschäfts- bzw. Aufgabenbereiche zugeteilt werden oder dass diese als Kollegialorgan die Aufgaben der täglichen Geschäftsführung wahrnehmen.[95] Insofern ist in der Satzung anzugeben, ob eine Gestaltung in Form eines Kollegialorgans gewollt ist, vgl. nunmehr § 6-2 Abs. 1 Satz 3 Asl. Eine derartige Ausgestaltung der Ausführung der täglichen Geschäftsführung muss – ebenso wie vor der Kodifizierung – aus Publizitäts- und Haftungsgründen in der Satzung niedergelegt werden.[96]

In der Praxis stellt es jedoch eher eine Ausnahme dar, dass eine Gesellschaft mehrere Geschäftsleiter bestellt.[97] Aus den Gesetzgebungsmaterialien des Jahres 1996 geht hervor, dass als Grund hierfür unter anderem angeführt wurde, dass die dem Verwaltungsrat obliegende Aufsichtsfunktion es schwierig mache, mehrere Geschäftsleiter zu bestellen, da der Verwaltungsrat dann nicht nur eine, sondern mehrere Personen beaufsichtigen müsste, um seinen gesetzlichen Verpflichtungen nachzukommen. Dies führe in der Praxis zu einer eher restriktiven Bestellungspolitik hinsichtlich der Anzahl der Geschäftsleiter, da die Mitglieder des Verwaltungsrats sich hierdurch vor einer etwaigen Haftung schützen wollten.[98] Ebenso

---

91 *Bråthen*, in Norsk Lovkommentar, Aksjeloven, § 6-2 Rn. 966.

92 *Bråthen*, in Norsk Lovkommentar, Aksjeloven, § 6-2 Rn. 966.

93 Vgl. zur alten Gesetzeslage Ot. prp. Nr. 23 (1996–1997), S. 67 sowie zur Begründung der Änderungen vom 01.07.2013, Prop. 111 L (2012–2013), S. 105 f.

94 Vgl. zur alten Gesetzeslage Ot. prp. Nr. 23 (1996–1997), S. 67 sowie zur Begründung der Änderungen vom 01.07.2013, Prop. 111 L (2012–2013), S. 105 f.

95 Prop. 111 L (2012–2013), S. 105 f., Ot. prp. Nr. 23 (1996–1997), S. 67.

96 Prop. 111 L (2012–2013), S. 105 f., Ot. prp. Nr. 23 (1996–1997), S. 67.

97 *Bråthen*, S. 150.

98 NOU 1996: 3, S. 55.

sei mit der Bestellung einer Mehrzahl von Geschäftsleitern ein Verlust von Verantwortungsbewusstsein des einzelnen Geschäftsleiters zu befürchten, was sich negativ auf die Geschäftsführung auswirken würde und somit zu einer Bestellung lediglich eines Geschäftsleiters führe.[99] In der Literatur wird hingegen die Auffassung vertreten, dass dies vielmehr davon abhänge, wie die Geschäftsführung bei den Geschäftsleitern in der jeweiligen Gesellschaft organisiert sei, ob also eine Einzel- oder eine Gesamtgeschäftsführungsbefugnis in der Satzung vorgesehen sei.[100] Ob sich bei der Bestellungspraxis nach der letzten Reform des Aksjeloven, wonach die Bestellung mehrerer Geschäftsleiter nunmehr ausdrücklich im Gesetz vorgesehen ist, etwas ändern wird, bleibt abzuwarten. Für die Bestellung mehrerer Geschäftsleiter spricht vor allem, dass der Verwaltungsrat hierdurch einen besseren Zugang zu Informationen über die tägliche Geschäftsführung erhält. Zudem können sich die Geschäftsleiter untereinander besser kontrollieren und Aufgaben durch Allokation der Tätigkeitsfelder effektiver erledigen, als dies ein einzelner Geschäftsleiter leisten könnte.[101]

D. Der Aufsichtsrat

Ein Aufsichtsrat ist immer dann durch die Gesellschafterversammlung zu bestellen, wenn die Gesellschaft mehr als 200 Angestellte hat, § 6-35 Abs. 1 Asl. Der Aufsichtsrat muss hierbei aus mindestens zwölf Mitgliedern bestehen, wobei die Anzahl der Mitglieder stets durch drei teilbar sein muss, § 6-35 Abs. 1 Asl. § 6-35 Abs. 1 Asl verweist auf eine entsprechende Anwendung der §§ 6-35 bis 6-40 Asal, so dass die Regelungen des norwegischen Allmennaksjeloven auch auf den Aufsichtsrat in einer AS Anwendung finden. Es besteht ferner die Möglichkeit, einen Aufsichtsrat freiwillig zu bestellen.[102] Der Aufsichtsrat setzt sich zusammen aus Mitgliedern, die von der Gesellschafterversammlung sowie den Arbeitnehmern gewählt werden. Nach § 6-35 Abs. 1 Asl i. V. m. § 6-35 Abs. 3 Asal werden zwei Drittel der Mitglieder des Aufsichtsrats durch die Gesellschafterversammlung und nach § 6-35 Abs. 1 Asl i. V. m. § 6-35 Abs. 4 Asal ein Drittel durch und aus dem Kreis der Arbeitnehmer gewählt. Hauptaufgabe des Aufsichtsrats ist es, als weiteres Entscheidungsorgan sowohl die Gesellschafter als auch die Angestellten in einzelnen Angelegenheiten, die von besonderem Interesse für die Angestellten und die Gesellschaft sind, zu repräsentieren und die Geschäftsführung des

---

99 NOU 1996: 3, S. 55.
100 *Smith Ulseth*, S. 64.
101 In diese Richtung auch *Smith Ulseth*, S. 64.
102 *Aarbakke*, Aksjeloven & allmennaksjeloven, Innledning Kap. 6, Rn. 1.1.

Verwaltungsrats und des Geschäftsleiters zu überwachen und zu kontrollieren.[103] Nach § 6-35 Abs. 1 Asl i. V. m. § 6-37 Abs. 1 Asal steht dem Aufsichtsrat das Recht zu, die Mitglieder des Verwaltungsrats zu wählen. Sofern die Gesellschaft einen Aufsichtsrat besitzt, obliegt diesem – und nicht der Gesellschafterversammlung – die Kompetenz, über Investitionen von großem Umfang bzw. von hoher Bedeutung für die Gesellschaft zu entscheiden, vgl. § 6-35 Abs. 1 Asl i. V. m. § 6-37 Abs. 4 Asal.

E. Der Abschlussprüfer

Nach § 7-1 Asl muss jede Aksjeselskap auch einen Abschlussprüfer haben, der durch die Gesellschafterversammlung bestellt wird. Der Abschlussprüfer ist ebenfalls ein Organ der Gesellschaft.[104] Neben den Regelungen im 7. Kapitel des Aksjeloven findet ferner das norwegische Revisorloven (Revl)[105] auf den Abschlussprüfer Anwendung. Nach § 2-1 Abs. 1 Revl ist jede Aksjeselskap verpflichtet, seine Buch- und Rechnungsführung von einem Abschlussprüfer prüfen zu lassen. § 7-6 Abs. 1 Asl sieht einen Ausnahmetatbestand vor, bei dem die Gesellschafterversammlung den Verwaltungsrat ermächtigen kann, festzustellen, dass die Gesellschaft von den Prüfungspflichten durch einen Abschlussprüfer befreit sein soll. Demnach kann der Verwaltungsrat sich für die Befreiung entscheiden, wenn die Gesellschaft weniger als NOK 5.000.000[106] an Umsatzerlösen erzielt, die Bilanzsumme unter NOK 20.000.000[107] liegt und die Gesellschaft weniger als zehn Arbeitnehmer hat. Sofern eine der Voraussetzungen wegfällt, ist die Gesellschaft ab dem folgenden Geschäftsjahr automatisch prüfungspflichtig, § 7-6 Abs. 3 Asl.

---

103 *Aarbakke*, Aksjeloven & allmennaksjeloven, § 6-37 Asal Rn. 1.1; *Andenæs*, Aksjeselskaper & Allmennaksjeselskaper, Kap. 22, Rn. 22.1.1.

104 Ot. prp. nr. 23 (1996–97), S. 152; *Bråthen*, S. 117; *Mörsdorf*, RIW 2012, 211, 223.

105 Lov om revisjon og revisorer (revisorloven) vom 01.08.1999; (Das Revisorloven enthält sowohl Regelungen zur Rechnungsprüfung als auch berufsrechtliche Regelungen für den Abschluss- bzw. Wirtschaftsprüfer. Da es ein entsprechendes Gesetz in Deutschland nicht gibt, sondern entsprechende Regelungen u.a. sowohl im HGB als auch in der Wirtschaftsprüferordnung enthalten sind, wird vorliegend der Begriff des Revisorloven beibehalten.)

106 Circa EUR 605.204,-.

107 Circa EUR 2.420.817,-.

§ 4 Die Geschäftsführung und die Vertretung in der AS

In der norwegischen AS obliegt die Geschäftsführung der Gesellschafterversammlung, dem Verwaltungsrat und dem Geschäftsleiter.[108] Eine Auseinandersetzung und detaillierte Darstellung zur Geschäftsführung und zur Vertretung in der AS findet in Kapitel 4 statt, wobei der Schwerpunkt der Untersuchung die Geschäftsführungs- und Vertretungskompetenz des Verwaltungsrats und des Geschäftsleiters bildet. Eine nähere Auseinandersetzung mit den Geschäftsführungsaufgaben der Gesellschafterversammlung findet, sofern nicht für das Gesamtverständnis erforderlich, in dieser Arbeit hingegen nicht statt.

§ 5 Kapitalmaßnahmen in der AS

Kapitalmaßnahmen sind grundsätzlich durch die Gesellschafterversammlung gemäß § 10-1 Abs. 1 Asl zu beschließen.[109] Ausnahmsweise kann auch der Verwaltungsrat gemäß § 10-17 Abs. 1 Asl eine Kapitalerhöhung beschließen, wenn er hierzu durch die Gesellschafterversammlung ermächtigt wurde.[110] Eine Kapitalerhöhung kann gegen Einlagen durchgeführt werden, wobei der Gesellschaft neues Eigenkapital zugeführt wird.[111] Daneben besteht die Möglichkeit, eine Kapitalerhöhung aus Gesellschaftsmitteln vorzunehmen, bei der die gebildeten Rücklagen in Stammkapital umgewandelt werden.[112] Sowohl die effektive als auch die nominelle Kapitalerhöhung kann durch die Ausgabe neuer Geschäftsanteile oder durch die Aufstockung des Nennwerts der bereits vorhandenen Geschäftsanteile durchgeführt werden.[113] Den Gesellschaftern steht ein Bezugsrecht an den neuen Geschäftsanteilen im Verhältnis ihrer bisherigen Beteiligung an der Gesellschaft zu.[114]

---

108 *Andenæs*, Aksjeselskaper & Allmennaksjeselskaper, Kap. 28, Rn 28.1.1; *Bråthen*, S. 133 f.

109 *Matre*, in Norsk Lovkommentar, Aksjeloven, Innledning § 10, Rn. 1577; *Andenæs*, in Aksjeselskaper & Allmennaksjeselskaper, Kap. 39, Rn. 39.3.1; *Bråthen*, S. 173.

110 *Matre*, in Norsk Lovkommentar, Aksjeloven, § 10-1 Rn. 1586; *Andenæs*, in Aksjeselskaper & Allmennaksjeselskaper, Kap. 39, Rn. 39.3.1.

111 *Matre*, in Norsk Lovkommentar, Aksjeloven, Innledning § 10, Rn. 1577; *Bråthen*, S. 172.

112 *Matre*, in Norsk Lovkommentar, Aksjeloven, Innledning § 10, Rn. 1577; *Bråthen*, S. 172.

113 *Matre*, in Norsk Lovkommentar, Aksjeloven, Innledning § 10, Rn. 1577; *Bråthen*, S. 172.

114 *Andenæs*, in Aksjeselskaper & Allmennaksjeselskaper, Kap. 39, Rn. 39.6.1.

Bei einer Beschlussfassung durch die Gesellschafterversammlung über eine Kapitalherabsetzung muss angegeben werden, um welchen Betrag das Kapital herabgesetzt und wofür das freigewordene Kapital verwendet werden soll. Eine Kapitalherabsetzung ist zu Sanierungszwecken, wenn eine Deckung von Verlusten anderweitig nicht aufgefangen werden kann, sowie zum Zweck der Auszahlung von Gesellschaftsvermögen an die Gesellschafter möglich. Ferner besteht die Möglichkeit zur Kapitalherabsetzung, wenn durch Beschluss der Gesellschafterversammlung ein zweckgebundener Fond gebildet werden soll, um schneller auf eintretende wirtschaftliche Änderungen, die die Gesellschaft betreffen, reagieren zu können.[115]

§ 6 Die Beendigung der Gesellschaft

Ebenso wie bei der GmbH wird bei der AS zwischen Auflösung und Beendigung der Gesellschaft unterschieden.[116] Die AS kann auf unterschiedliche Arten aufgelöst werden: zum einen durch einen mit satzungsändernder Mehrheit zu treffenden Beschluss der Gesellschafterversammlung, § 16-1 Abs. 1 Asl, zum anderen durch Beschluss oder Urteil eines Gerichts, § 16-15 Abs. 1 Asl. Hauptanwendungsfall ist die Auflösung der Gesellschaft durch Beschluss der Gesellschafterversammlung.[117] Es muss kein spezieller Beendigungsgrund für die Wirksamkeit des Auflösungsbeschlusses vorliegen, wobei der Beschluss nicht zu rechtsmissbräuchlichen Zwecken gefasst werden darf.[118]

Im Anschluss an den Auflösungsbeschluss, der dem zentralen Handelsregister zu melden ist, hat die Gesellschafterversammlung einen Liquidationsverwaltungsrat zu bestellen, der die Abwicklung der Gesellschaft übernimmt und an die Stelle des ordentlich bestellten Verwaltungsrats und des Geschäftsleiters tritt.[119] Die Mitglieder des Liquidationsverwaltungsrats können mit denen des ordentlich bestellten Verwaltungsrats übereinstimmen, und es muss nicht zu einem Austausch der Verwaltungsratsmitglieder kommen.[120] Auch wenn das Gesetz dem

115 *Andenæs*, in Aksjeselskaper & Allmennaksjeselskaper, Kap. 41, Rn. 41.2.1 ff.; *Bråthen*, S. 178 f.

116 *Matre,* in Norsk Lovkommentar, Aksjeloven, § 16 Rn. 2324.

117 *Andenæs,* Aksjeselskaper & Allmennaksjeselskaper, Kap. 45, Rn. 45.2.1.

118 *Andenæs,* Aksjeselskaper & Allmennaksjeselskaper, Kap. 45, Rn. 45.2.1.

119 *Andenæs,* Aksjeselskaper & Allmennaksjeselskaper, Kap. 45, Rn. 45.2.2.; *Matre,* in Norsk Lovkommentar, Aksjeloven, § 16-2 Rn. 2341 sowie § 16-3 Rn. 2351; *Bråthen,* S. 181.

120 *Andenæs,* Aksjeselskaper & Allmennaksjeselskaper, Kap. 45, Rn. 45.2.2.; *Matre,* in Norsk Lovkommentar, Aksjeloven, § 16-2 Rn. 2343; *Bråthen*, S. 181.

Liquidationsverwaltungsrat die Kompetenz beider Geschäftsführungsorgane im Abwicklungsstadium der Gesellschaft zuweist, kann durch die Bestellung des vormaligen Geschäftsleiters zum Mitglied des Liquidationsverwaltungsrats auch hinsichtlich dieses Aufgabenbereichs Personenidentität erreicht werden, ohne dass der Geschäftsleiter jedoch als solcher im Rechtsverkehr auftritt.[121] Die Gesellschaft kann nach dem Auflösungsbeschluss ihren Unternehmenszweck weiter verfolgen bzw. ihrer Tätigkeit nachgehen, solange dies dem Ziel der Abwicklung nicht zuwiderläuft.[122] Die AS hat nach dem Auflösungsbeschluss den Zusatz „in Liquidation" zusätzlich zur Firma zu führen, § 16-5 Abs. 1 Asl. Das Ziel der Abwicklung ist es, zunächst die Gläubiger der Gesellschaft zu befriedigen, bevor das verbliebene Vermögen an die Gesellschafter ausgekehrt wird.[123] Im Anschluss daran hat der Liquidationsverwaltungsrat der Gesellschafterversammlung eine Schlussrechnung vorzulegen, nach deren Prüfung die Gesellschafterversammlung dem Handelsregister die Beendigung der Gesellschaft mitzuteilen hat.[124]

---

121 *Andenæs,* Aksjeselskaper & Allmennaksjeselskaper, Kap. 45, Rn. 45.2.2.

122 *Andenæs,* Aksjeselskaper & Allmennaksjeselskaper, Kap. 45, Rn. 45.2.3; *Bråthen*, S. 181.

123 *Bråthen*, S. 182.

124 *Andenæs,* Aksjeselskaper & Allmennaksjeselskaper, Kap. 45, Rn. 45.2.4.

Kapitel 3 Die Organstellung der geschäftsführenden Organe in der GmbH und der AS

Im Folgenden wird die Organstellung der geschäftsführenden Organe der GmbH und der AS untersucht und verglichen. Hierbei wird ein Schwerpunkt auf die verschiedenen Bestellungs- und Beendigungsalternativen der Geschäftsführungsorgane in der jeweiligen Gesellschaft gelegt und die persönlichen Voraussetzungen bzw. Anforderungen, die das jeweilige Recht an ein Mitglied eines der geschäftsführenden Organe stellt, werden untersucht.

Auch wenn die Gesellschafterversammlung durch das ihr nach § 37 Abs. 1 GmbHG zustehende Weisungsrecht sowie aufgrund von – im Einzelfall – durch Satzung zugeteilten Befugnissen an der Geschäftsführung teilhaben und diese auch lenken kann, wird im Folgenden nicht auf die Organstellung der Gesellschafterversammlung näher eingegangen. Zudem setzt das Teilnahmerecht an der Gesellschafterversammlung den Erwerb der Mitgliedschaft in der GmbH – also die Stellung als Gesellschafter – voraus und ist somit anders als die Organstellung des Geschäftsführers oder der Mitglieder eines Beirats nicht von einer rechtsgeschäftlichen Bestellung abhängig. Gleiches gilt für die Gesellschafterversammlung in der AS, so dass auch diese keine nähere Betrachtung erfährt. Abschließend wird das Anstellungsverhältnis der jeweiligen Gesellschaftsorgane, das von der Organstellung zu unterscheiden ist, überblicksartig untersucht.

§ 1 Bestellung der geschäftsführenden Organe

Nachfolgend wird zunächst die Zuständigkeit für die Bestellung der Mitglieder der geschäftsführenden Organe in der GmbH und der AS untersucht, bevor auf die persönlichen Voraussetzungen, die das Gesetz bzw. die Satzung der jeweiligen Gesellschaft an die Mitglieder der geschäftsführenden Organe stellt, eingegangen wird.

A. Zuständigkeit für die Bestellung der Geschäftsführungsorgane

Sowohl für die GmbH als auch für die AS ist das jeweilige Recht hinsichtlich der Bestellungskompetenz der Mitglieder der geschäftsführenden Organe in weiten Teilen dispositiv. So können diese etwa durch die Gesellschaftersammlung, durch weitere Organe der Gesellschaft oder durch Dritte bestellt werden. In einigen wenigen Fällen – so etwa im Anwendungsbereich von Mitbestimmungsregelungen zu Gunsten der Arbeitnehmer – sieht das jeweilige Recht jedoch eine zwingende gesetzliche Regelung hinsichtlich der Zuständigkeit eines festgelegten Gesellschaftsorgans vor.

I. Zuständigkeit für die Bestellung des Geschäftsführers

1. Die Bestellung durch die Gesellschafterversammlung, die Gesellschafter und weitere Gesellschaftsorgane

Das GmbH-Recht sieht in § 46 Nr. 5 GmbHG das Recht der Gesellschafter vor, in der Gesellschafterversammlung die Geschäftsführer zu bestellen. Da die Zuständigkeit bzw. die Befugnis zur Bestellung aufgrund des weitestgehend dispositiven GmbH-Rechts – siehe hierzu § 45 Abs. 1 GmbHG – grundsätzlich zur Disposition der Gesellschaft bzw. der Gesellschafter steht, kann die Satzung die Befugnis der Bestellung der Geschäftsführer auch auf ein anderes Gesellschaftsorgan dauerhaft übertragen.[125]

Unter anderem kann durch Satzung bestimmt werden, dass einzelnen Gesellschaftern ein Sonderrecht zur Bestellung der Geschäftsführer eingeräumt wird.[126] Ferner besteht die Möglichkeit, per Satzung ein Gremium zu berufen, das für die Bestellung der Geschäftsführer zuständig sein soll.[127] Auch einem fakultativen Beirat oder Aufsichtsrat kann die Zuständigkeit übertragen werden.[128]

2. Die Bestellung durch gesellschaftsfremde Dritte

Ob die Bestellung durch Gesellschaftsfremde – wie zum Beispiel ehemalige (Gründungs-)Gesellschafter, Kreditgeber oder sonstige Dritte – durch die Satzung bestimmt werden kann, ist hingegen umstritten und bislang nicht höchstrichterlich entschieden.[129] Diejenigen Stimmen in der Literatur, die eine derartige

---

125 *Zöllner*, in Baumbach/Hueck, GmbHG, § 46 Rn. 35; *Bayer*, in Lutter/Hommelhoff, GmbHG, § 46 Rn. 23; *Lenz*, in Römermann, MAH GmbH-Recht, Teil C, § 8, Rn. 1; *Härer*, S. 62; *Beuthien/Gätsch*, ZHR 157 (1993) 483, 493.

126 *Hueck/Fastrich*, in Baumbach/Hueck, GmbHG, § 6 Rn. 30; *Roth*, in Roth/Altmeppen, GmbHG, § 6 Rn. 19; *Liebscher*, in MüKo, GmbHG, § 46 Rn. 178.

127 *Hueck/Fastrich*, in Baumbach/Hueck, GmbHG, § 6 Rn. 30; *Liebscher*, in MüKo, GmbHG, § 46 Rn. 178; *Lenz*, in Römermann, MAH GmbH-Recht, Teil C, § 8, Rn. 1.

128 *Hueck/Fastrich*, in Baumbach/Hueck, GmbHG, § 6 Rn. 30; *Bayer*, in Lutter/Hommelhoff, GmbHG, § 46 Rn. 23; *Lenz*, in Römermann, MAH GmbH-Recht, Teil C, § 8, Rn. 1; *Härer*, S. 62; *Beuthien/Gätsch*, ZHR 157 (1993) 483, 493.

129 *Zöllner*, in Baumbach/Hueck, GmbHG, § 46 Rn. 97; *Mollenkopf*, in Henssler/Strohn, Gesellschaftsrecht, § 46 GmbHG Rn. 20; *Bayer*, in Lutter/Hommelhoff, GmbHG, § 46 Rn. 23; *Römermann*, in Michalski, GmbHG, § 46 Rn. 223.

Übertragung auf Dritte für möglich halten, begründen dies damit, dass für eine solche Kompetenz zum einen ein gewisses praktisches Bedürfnis bestehe und zum anderen aus gesellschaftsrechtlicher Sicht eine solche Verlagerung der Bestellungskompetenz aufgrund des Prinzips der Satzungsfreiheit aus § 45 Abs. 1 GmbHG möglich sei.[130]

Hinsichtlich der dogmatischen Begründung und der tatsächlichen rechtlichen Umsetzung der Übertragbarkeit werden wiederum unterschiedliche Ansätze vertreten. Nach einer Auffassung ist die Ausübung der Bestellungskompetenz durch den Dritten organschaftliches Handeln, jedoch lediglich auf der Grundlage einer persönlichen schuldrechtlichen Verpflichtung des Dritten.[131] Dem Dritten soll nach dieser Auffassung ein schuldrechtliches Weisungsrecht gegenüber der Gesellschafterversammlung zustehen.[132] Dogmatisch wird dies dergestalt hergeleitet, dass sich die Gesellschaft als rechts- und geschäftsfähige Körperschaft durch den Geschäftsführer als ihr zuständiges Geschäftsführungs- und Vertretungsorgan schuldrechtlich bindet.[133] Folge dieser schuldrechtlichen Verpflichtung ist, dass sich die Gesellschaft zur Vornahme innerkorporativer Akte verpflichtet und die Gesellschafterversammlung bzw. dass durch die Satzung für die Bestellung der Geschäftsführer zuständige Organ nicht mehr seine ihm durch Gesetz und/oder Satzung zugewiesene Kompetenz ausüben kann, ohne eine Vertragsverletzung im Verhältnis zu dem Dritten zu begehen.[134]

Gegen eine solche schuldrechtliche Bindung der Gesellschafterversammlung bzw. des für die Bestellung zuständigen Organs wird angeführt, dass eine derartige faktische Bindung, auch wenn sie die Gesellschaft nur schuldrechtlich verpflichtet, bereits das Prinzip der Verbandssouveränität verletze, da das zuständige Organ in seiner Willensbildung und Willensausübung unfrei werde.[135] Unter dem Prinzip der Verbandssouveränität versteht man, dass eine Beschränkung der Selbstbestimmung der Gesellschaft unzulässig ist, wenn der Einfluss gesellschaftsfremder Dritter derart stark ist, dass eine Selbstbestimmung in Form einer durch die

130 *Liebscher*, in MüKo, GmbHG, § 46 Rn. 180; *Fleck*, ZGR 1988, 104, 122.

131 *Hueck/Fastrich*, in Baumbach/Hueck, GmbHG, § 6 Rn. 31; *Beuthien/Gätsch*, ZHR 157 (1993) 483, 487.

132 *Beuthien/Gätsch*, ZHR 157 (1993) 483, 487.

133 *Beuthien/Gätsch*, ZHR 157 (1993) 483, 488.

134 *Beuthien/Gätsch*, ZHR 157 (1993) 483, 487 f.

135 *Beuthien/Gätsch*, ZHR 157 (1993) 483, 488.

Gesellschafter ausgeübten Willensbildung sowie Willensbetätigung nicht mehr gewährleistet ist.[136]

Eine andere Auffassung begründet die Wirksamkeit einer solchen Übertragung damit, dass der außenstehende Dritte durch die Übertragung der Bestellungskompetenz des Geschäftsführers ebenfalls zum Gesellschaftsorgan werde bzw. zumindest organschaftliche Kompetenz übertragen bekomme und hieraus verpflichtet sei, die Gesellschaftsinteressen zu wahren.[137] Der Dritte hat somit die Pflichten und die Verantwortlichkeit, die aus der Stellung als Gesellschaftsorgan folgen, zu übernehmen.[138] Eine derartige Übertragung von Rechten auf Dritte macht diese zu einem faktischen Gesellschaftsorgan, wodurch diese Dritten nunmehr nicht mehr als Dritte, sondern als Teil der Gesellschaft behandelt werden. Das GmbHG duldet eine solche Übertragung von Kompetenzen auf ein fakultatives Gesellschaftsorgan, so dass ein Verstoß gegen körperschaftliche Grundsätze nicht vorliegen kann.[139] Dass das Selbstbestimmungsrecht der Gesellschaft auch im Falle einer solchen Kompetenzverlagerung gewahrt bleibt, wird dadurch sichergestellt, dass der Gesellschafterversammlung oder einem anderen Gesellschaftsorgan die Kompetenz zur Abberufung der durch Dritte bestellten Geschäftsführer nach § 38 Abs. 2 GmbHG zumindest im Falle eines wichtigen Grundes als unentziehbares und uneinschränkbares Recht zusteht.[140] Zudem wird als ein weiteres Argument für die Möglichkeit der Übertragbarkeit angeführt, dass die Gesellschafter als *ultima ratio* immer noch eine Satzungsänderung ohne die Zustimmung des Dritten bestimmen und durchführen könnten und so die Letztentscheidungskompetenz bei den Gesellschaftern liege.[141]

Dagegen führt die wohl überwiegende Meinung in der Literatur an, dass durch eine solche Übertragung der Bestellungskompetenz auf Dritte – wobei hier nur die schuldrechtliche Übertragung gemeint sein kann, da anderenfalls der Dritte eine Organstellung in der Gesellschaft einnimmt – das Prinzip der Verbandssouveränität

---

136 *Zöllner*, in Baumbach/Hueck, GmbHG, § 46 Rn. 97; *Römermann*, in Michalski, GmbHG, § 46 Rn. 223; *Liebscher*, in MüKo, GmbHG, § 45 Rn. 41; *Zöllner*, in FS 100 Jahre GmbH-Gesetz, S. 85, 119.

137 *Römermann*, in Michalski, GmbHG, § 46 Rn. 223; *Fleck*, ZGR 1988, 104, 121.

138 *Schmidt*, in Scholz, GmbHG, § 45 Rn. 15; *Fleck*, ZGR 1988, 104, 121.

139 *Schmidt*, in Scholz, GmbHG, § 45 Rn. 15.

140 *Hueck/Fastrich*, in Baumbach/Hueck, GmbHG, § 6 Rn. 31; *Mollenkopf*, in Henssler/Strohn, Gesellschaftsrecht, § 46 GmbHG Rn. 20; *Fleck*, ZGR 1988, 104, 121 f.

141 *Hueck/Fastrich*, in Baumbach/Hueck, GmbHG, § 6 Rn. 31; *Römermann*, in Michalski, GmbHG, § 46 Rn. 223; *Liebscher*, in MüKo, GmbHG, § 46 Rn. 180; *Fleck*, ZGR 1988, 104, 122.

verletzt werde.[142] Folge einer derartigen Übertragung der Bestellungskompetenz sei, dass der notwendige Zusammenhang zwischen Entscheidungsmacht und Verantwortlichkeit bedroht werde. Dies sei selbst dann der Fall, wenn der Gesellschafterversammlung oder einem anderen Gesellschaftsorgan die Abberufungskompetenz zustehe.[143] Dies gelte insbesondere für den Fall, dass einem Dritten die Kompetenz zugesprochen werde, von der GmbH zu verlangen, dass die Gesellschafter eine beliebige Person seiner Wahl zum Geschäftsführer bestellen muss.[144] Dies würde für die Dauer der schuldrechtlichen Vereinbarung dazu führen, dass diese Verlagerung anders als eine dahingehende Kompetenzverlagerung in der Satzung endgültig wäre, da sie nicht durch eine Satzungsänderung, sondern nur durch eine Beendigung der schuldrechtlichen Vereinbarung rückgängig gemacht werden könnte.[145] Dies stelle ein erhebliches Risiko für die Gesellschaft dar und verstoße jedenfalls gegen die Verbandssouveränität der Gesellschaft. Aus diesem Grund dürfe die Bestellung von Mitgliedern der Organe der Geschäftsführung nicht von Dritten vorgenommen werden.[146]

Gegen einen Verstoß gegen das Prinzip der Verbandssouveränität spricht jedoch die Tatsache, dass sich die Gesellschafterversammlung als originär für die Bestellung der Geschäftsführer zuständiges Organ bewusst für eine derartige schuldrechtliche Übertragung der Bestellungskompetenz entscheidet und dies nicht etwa durch Dritte forciert wird. Vielmehr können aus der Sicht der Gesellschaft wirtschaftlich vernünftige Gesichtspunkte dafür sprechen, dass sich die Gesellschafter freiwillig ihrer Kompetenz entledigen. Warum eine solche auf privatautonomen Willen gestützte Handlung gegen das Prinzip der Verbandssouveränität verstoßen soll, ist nicht nachvollziehbar. Ferner sieht das GmbH-Gesetz eine weitgehende Gestaltungsautonomie der Gesellschafter in § 45 Abs. 1 GmbHG vor, welche durch den Einwand des Verstoßes gegen die Verbandssouveränität konterkariert wird. Ein weiteres Argument für die Möglichkeit der Übertragung an Dritte durch eine schuldrechtliche Vereinbarung stellt die generelle Möglichkeit der Übertragung der Geschäftsführungsbestellungskompetenz gemäß § 46 Nr. 5 GmbHG dar, da diese anders als etwa die Kompetenz im Bereich

142 *Schmidt*, in Scholz, GmbHG, § 46 Rn. 72; *Hüffer*, in Ulmer, GmbHG, § 46 Rn. 77; *Zöllner*, in FS 100 Jahre GmbH-Gesetz, S. 85, 119 f.; *Hammen*, WM 1994, 765, 767.

143 *Fleck*, ZGR 1988, 104, 122.

144 *Fleck*, ZGR 1988, 104, 122 f.

145 *Liebscher*, in MüKo, GmbHG, § 46 Rn. 180; *Schneider*, in Scholz, GmbHG, § 6 Rn. 49 ff.; *Fleck*, ZGR 1988, 104, 122 f.

146 *Zöllner*, in Baumbach/Hueck, GmbHG, § 46 Rn. 97.

der Strukturänderungen, wie etwa Satzungsänderungen, übertragbar ist und somit nicht der zwingenden Zuständigkeit der Gesellschafter unterliegt.

Zu folgen ist somit der erstgenannten Ansicht, die eine schuldrechtliche Übertragung der Bestellungskompetenz auch auf gesellschaftsfremde Dritte zulässt. Hierfür spricht insbesondere, dass den Gesellschaftern in jedem Fall das Abberufungsrecht nach § 38 Abs. 1 GmbHG zusteht und durch ein solches Recht der Privatautonomie der Gesellschafter in vollem Umfang entsprochen werden kann. Eine Verletzung der Verbandssouveränität wird mithin nicht durch die Einräumung eines derartigen Bestellungsrechts impliziert.

3. *Die Bestellung durch die Geschäftsführer*

Ferner ist umstritten, ob auch Geschäftsführern das Recht zur Bestellung von ihren Mitgeschäftsführern übertragen werden darf.[147] Dies hätte zur Folge, dass sich die Geschäftsführung stets selbst ergänzen bzw. bestellen würde.

Gegen die Übertragbarkeit des Rechts spricht der Einwand, dass die zweigliedrige Organisationsstruktur der GmbH eine derartige Entmachtung nicht vorsehe, da einer solchen Satzungsregelung die Gefahr immanent sei, dass es zu einer unkontrollierten Selbstverwaltung durch die Geschäftsführer komme.[148] Es bestehe lediglich die Möglichkeit, den Geschäftsführern ein Vorschlagsrecht einzuräumen.[149]

Die Möglichkeit der Übertragbarkeit der Bestellungskompetenz auf die Geschäftsführung selbst wird jedoch damit begründet, dass dies mit der im GmbH-Gesetz vorgesehenen Möglichkeit der Gesellschafter, sich ihrer wesentlichen Machtbefugnisse zu begeben, in Einklang stehe.[150] Insbesondere aufgrund der in § 45 Abs. 2 GmbHG verankerten Dispositivität des § 46 Nr. 5 GmbHG bedürfte es daher einer besonderen Begründung, zum Beispiel einer spezifischen Gefahrenlage für die Gesellschaft, um eine Ermächtigung der Geschäftsführer zu unterbinden.[151] Insbesondere vor dem Hintergrund, dass die Gesellschafter die Geschäftsführer bei einem Verstoß gegen die ihnen obliegenden Pflichten abberufen können, ist eine Gefahrenlage für die Gesellschaft nicht grundsätzlich

---

147 *Zöllner*, in Baumbach/Hueck, GmbHG, § 46 Rn. 35; *Römermann*, in Michalski, GmbHG, § 46 Rn. 218; *Roth*, in Roth/Altmeppen, GmbHG, § 46 Rn. 19.

148 *Mollenkopf*, in Henssler/Strohn, Gesellschaftsrecht, § 46 GmbHG Rn. 20; *Römermann*, in Michalski, GmbHG, § 46 Rn. 218; *Liebscher*, in MüKo, GmbHG, § 46 Rn. 179; *Hüffer*, in Ulmer, GmbHG, § 46 Rn. 77.

149 *Hüffer*, in Ulmer, GmbHG, § 46 Rn. 77.

150 *Liebscher*, in MüKo, GmbHG, § 46 Rn. 179, *Roth*, in Roth/Altmeppen, GmbHG, § 46 Rn. 19; *K. Schmidt*, in Scholz, GmbHG, § 46 R. 72.

151 *Römermann*, in Michalski, GmbHG, § 46 Rn. 218.

vorhanden. Ferner kann zu Gunsten dieser Auffassung angebracht werden, dass eine solche Kooptation auch im bürgerlich-rechtlichen Verein möglich ist und dieser ebenso wie die GmbH eine Körperschaft darstellt.[152] Somit ist der zweiten Ansicht zu folgen und eine Zuständigkeit der Geschäftsführer für die Bestellung ihrer Mitgeschäftsführer bei entsprechender Satzungsregelung zu bejahen.

4. Die Bestellung durch den Aufsichtsrat

Sollte eine GmbH unter die Regelungen des Mitbestimmungsgesetzes 1976 fallen, obliegt die Bestellung der Geschäftsführer hingegen gemäß §§ 1 Abs. 1 Nr. 1, 31 MitbestG 1976 in Verbindung mit § 84 AktG zwingend dem Aufsichtsrat.[153] Etwas anderes gilt hingegen für Gesellschaften die der Mitbestimmung nach dem DrittelbG unterliegen. Da § 1 Abs. 1 Nr. 3 DrittelbG nicht auf § 84 AktG verweist, bleibt – vorbehaltlich anderslautender Satzungsregelungen – die Gesellschafterversammlung für die Bestellung des Geschäftsführers zuständig.[154]

II. Zuständigkeit für die Bestellung eines Beirats

Die Einrichtung eines Beirats als Geschäftsführungsorgan der GmbH ist im GmbHG nicht ausdrücklich geregelt, wird aber als grundsätzlich zulässig erachtet und unter anderem mit der Allkompetenz der Gesellschafterversammlung begründet.[155] Grundlage für die Bestellung des Beirats zum Organ der Gesellschaft kann zum einen die Satzung oder zum anderen ein Gesellschafterbeschluss aufgrund einer Ermächtigungsregelung in der Satzung sein.[156]

---

152 *Weick*, in Staudinger, BGB, § 27 Rn. 3; *Schüppen*, in Schüppen/Schaub, MAH Aktienrecht, § 2, Rn. 4.

153 *Zöllner*, in Baumbach/Hueck, GmbHG, § 46 Rn. 34; *Roth*, in Roth/Altmeppen, GmbHG, § 46 Rn. 19.

154 *Axhausen*, in Müller/Winkeljohann, Beck GmbH-HdB, § 5, Rn. 8; *Lenz*, in Römermann, MAH GmbH-Recht, Teil C, § 8, Rn. 3.

155 *Giedinghagen*, in Michalski, GmbHG, § 52 Rn. 404; *Schneider*, in Scholz, GmbHG, § 52 Rn. 53; *Härer*, S. 30; *Robertz*, MittRhNotK 1991, 239, 245.

156 *Giedinghagen*, in Michalski, GmbHG, § 52 Rn. 405; *Spindler*, in MüKo, GmbHG, § 52 Rn. 652; *Härer*, S. 31; *Rohleder*, S. 22; *Nießen/Kempermann*, NJW-Spezial 2012, 271, 271.

1. *Die Bestellung durch die Gesellschafterversammlung*

Zuständig für die Bestellung eines organschaftlichen Beirats ist daher, sofern in der Satzung nicht anders vereinbart, die Gesellschafterversammlung.[157] Die Satzung kann jedoch vorsehen, dass einzelnen Gesellschaftern Entsendungsrechte in den Beirat zustehen oder dass Geschäftsführer Beiratsmitglieder bestellen.[158] Sofern Entsendungsrechte in der Satzung für eine bestimmte Gesellschaftergruppe oder einen bestimmten Gesellschafter vorgesehen sind, sind diese nicht auf ein Drittel der Beiratssitze beschränkt, da § 52 Abs. 1 GmbHG nicht auf § 101 Abs. 2 AktG verweist und somit eine Begrenzung, wie sie das Aktienrecht für die Bestellung von Aufsichtsratsmitgliedern kennt, nicht greift.[159]

2. *Die Bestellung durch gesellschaftsfremde Dritte*

Ob und in welchem Umfang Dritten das Recht zur Bestellung von Beiratsmitgliedern eingeräumt werden kann, ist umstritten. Es stellt sich hier dieselbe Problematik wie bei der Bestellung von Geschäftsführern durch gesellschaftsfremde Dritte, so dass insoweit auf die dortigen Ausführungen verwiesen werden kann.[160]

3. *Die Bestellung durch den Geschäftsführer*

Hinsichtlich der Bestellung von Beiratsmitgliedern durch den Geschäftsführer ist zu beachten, dass dies lediglich dann möglich ist, wenn die Kompetenz des Beirats in der Weise ausgestaltet ist, dass dieser lediglich Geschäftsführungsmaßnahmen vornehmen darf bzw. dem Geschäftsführer beratend zur Seite steht, jedoch nicht auch mit der Überwachung des Geschäftsführers betraut ist.[161] Dies folgt aus dem allgemeinen Grundsatz des Körperschaftsrechts, wonach sich niemand selbst überwachen darf.[162]

---

157 *Lutter*, in Lutter/Hommelhoff, GmbHG, § 52 Rn. 113 i.V.m. Rn. 6; *Giedinghagen*, in Michalski, GmbHG, § 52 Rn. 409; *Huber*, GmbHR 2004, 772, 775; *Nägele*, BB 2001, 305, 305.

158 *Lutter*, in Lutter/Hommelhoff, GmbHG, § 52 Rn. 113 i.V.m. Rn. 6; *Spindler*, in MüKo, GmbHG, § 52 Rn. 656; *Raiser/Heermann*, in Ulmer, GmbHG, § 52 Rn. 331; *Huber*, GmbHR 2004, 772, 775; *Robertz*, MittRhNotK 1991, 239, 245.

159 *Robertz*, MittRhNotK 1991, 239, 245.

160 Siehe S. 24. Speziell zum Beirat aber *Giedinghagen*, in Michalski, GmbHG, § 52 Rn. 409; *Hölters*, S. 30; *Voormann*, S. 129; *Grossfeld/Brondics*, AG 1987, 293, 301.

161 *Raiser/Heermann*, in Ulmer, GmbHG, § 52 Rn. 335; *Giedinghagen*, in Michalski, GmbHG, § 52 Rn. 409; *Voormann*, S. 128 f.; *Robertz*, MittRhNotK 1991, 239, 245 f.

162 *Spindler*, in MüKo, GmbHG, § 52 Rn. 656; *Raiser/Heermann*, in Ulmer, GmbHG, § 52 Rn. 335; *Hölters*, S. 30; *Turner*, DB 1996, 1609, 1610.

4. *Die Bestellung durch den Beirat*

Ferner besteht die Möglichkeit der Bestellung der Beiratsmitglieder durch den Beirat selbst, die sog. Kooptation.[163]

5. *Weitere Gestaltungsmöglichkeiten der Bestellung des Beirats*

Ebenso ist es möglich, ein satzungsmäßiges Sonderrecht für einen oder mehrere Gesellschafter, das diesen das Recht zur Beiratserrichtung einräumt, zu vereinbaren.[164] Bei Einräumung eines derartigen Sonderrechts muss die Satzung bereits die Ausgestaltung und die Kompetenzen des noch zu bestellenden Beirats verbindlich und hinreichend bestimmbar regeln.[165]

Zudem besteht die Möglichkeit, bereits in der Satzung die Mitglieder des Beirats zu bestimmen.[166] Sofern hierdurch lediglich die ersten Beiratsmitglieder bestimmt werden sollen, handelt es sich um einen unechten Satzungsbestandteil mit der Folge, dass eine Neubesetzung jederzeit ohne Änderung der Satzung möglich ist.[167] Für den Fall, dass damit allerdings eine dauerhafte, personengebundene Bestellung einhergehen soll, ist eine solche Regelung echter Bestandteil der Satzung mit der Folge, dass es bei einer Neubestellung eines Beiratsmitglieds einer Satzungsänderung bedarf.[168]

Ferner kann ein Beirat durch schuldrechtliche Vereinbarung installiert werden.[169]

---

163 *Lutter*, in Lutter/Hommelhoff, GmbHG, § 52 Rn. 113 i.V.m. Rn. 6; *Giedinghagen*, in Michalski, GmbHG, § 52 Rn. 409; *Voormann*, S. 127; *Huber*, GmbHR 2004, 772, 775; *Robertz*, MittRhNotK 1991, 239, 246.

164 *Rohleder*, S. 22; *Voormann*, S. 127.

165 *Rohleder*, S. 22.

166 *Voormann*, S. 128; *Robertz*, MittRhNotK 1991, 239, 246.

167 *Voormann*, S. 128; *Robertz*, MittRhNotK 1991, 239, 246.

168 *Voormann*, S. 128; *Robertz*, MittRhNotK 1991, 239, 246.

169 *Lutter*, in Lutter/Hommelhoff GmbHG, § 52 Rn. 111; *Giedinghagen*, in Michalski, GmbHG, § 52 Rn. 198; *Nießen/Kempermann*, NJW-Spezial 2012, 271, 271; der schuldrechtlich eingesetzte Beirat erfährt keine weitere Untersuchung in der vorliegenden Arbeit. Sofern im Folgenden auf den Beirat Bezug genommen wird, ist daher jeweils der organschaftlich bestellte Beirat gemeint.

III. *Zuständigkeit für die Bestellung eines Verwaltungsrats*

1. *Die Bestellung durch die Gesellschafterversammlung, die Gesellschafter und weitere Gesellschaftsorgane*

Die Mitglieder des Verwaltungsrats in der AS werden grundsätzlich von der Gesellschafterversammlung bestellt, § 6-3 Abs. 1 Asl. Durch Satzungsregelung kann dieses Recht der Gesellschafterversammlung entzogen und einem anderen Gesellschaftsorgan übertragen werden, § 6-3 Abs. 3 Asl. Zudem kann die Bestellungskompetenz in der Satzung bestimmten Gesellschaftern als Sonderrecht zugestanden werden.[170] Ebenso kann einer bestimmten Gruppe bzw. der Mehrzahl der Gesellschafter das Recht zugestanden werden, in einem Gremium über die Bestellung des Verwaltungsrats zu entscheiden.[171] Schließlich kann das eben genannte Recht einem fakultativen Aufsichtsrat eingeräumt werden.[172]

Die Satzungsfreiheit erfährt jedoch dort ihre Grenzen, wo der Gesellschafterversammlung das Auswahlrecht bezüglich der zu ernennenden Person zum Mitglied des Verwaltungsrats durch Satzung genommen wird und dieses einem Dritten zusteht.[173] Hierbei ist es von keiner Relevanz, dass das Bestellungsrecht weiterhin der Gesellschafterversammlung zusteht.[174] Ferner ist es nicht möglich, eine Satzungsregelung zu vereinbaren, die hinsichtlich der Bestellung der Verwaltungsratsmitglieder vorsieht, dass außerhalb der Gesellschafterversammlung stehende Dritte gegenüber der Gesellschafterversammlung verbindliche Vorschläge zur Wahl von Verwaltungsratsmitgliedern vorlegen dürfen und als Folge der Gesellschafterversammlung das Recht der Ablehnung genommen wird.[175]

2. *Die Bestellung durch gesellschaftsfremde Dritte*

Hiervon zu unterscheiden ist jedoch das Recht zur Übertragung der Bestellungskompetenz auf außerhalb der Gesellschaft stehende Dritte. In der AS ist es möglich, das Recht zur Bestellung der Verwaltungsratsmitglieder auf außenstehende

---

170 *Aarbakke*, Aksjeloven & allmenaksjeloven, § 6-3 Rn. 3.3; *Bråthen*, in Norsk Lovkommentar, Aksjeloven, § 6-3 Rn. 975.

171 *Aarbakke*, Aksjeloven & allmenaksjeloven, § 6-3 Rn. 3.3; *Andenæs*, Aksjeselskaper & Allmennaksjeselskaper, Kap. 26, Rn. 26.1.2; *Bråthen*, in Norsk Lovkommentar, Aksjeloven, § 6-3 Rn. 975.

172 *Aarbakke*, Aksjeloven & allmenaksjeloven, § 6-3 Rn. 3.3; *Andenæs*, Aksjeselskaper & Allmennaksjeselskaper, Kap. 26, Rn. 26.1.2.

173 *Andenæs*, Aksjeselskaper & Allmennaksjeselskaper, Kap. 26, Rn. 26.1.2.

174 *Andenæs*, Aksjeselskaper & Allmennaksjeselskaper, Kap. 26, Rn. 26.1.2.

175 *Andenæs*, Aksjeselskaper & Allmennaksjeselskaper, Kap. 26, Rn. 26.1.2.

Dritte wie zum Beispiel auf Gesellschaftsgläubiger, privatrechtlich organisierte Vereine oder Institute durch Satzungsregelung zu übertragen.[176] Schließlich kann das Recht auf den Staat, eine Gemeinde oder eine sonstige öffentlich-rechtliche juristische Person übertragen werden.[177] Auch bei Ausübung eines derart eingeräumten Sonderrechts durch eine der zuvor genannten Personen oder Institutionen gilt der Verwaltungsrat als durch die Gesellschafterversammlung gewählt.

Hierbei ist jedoch zu beachten, dass das Gesetz lediglich für diejenigen Fälle, in denen ein in der Satzung festgelegtes Gesellschaftsorgan das Recht zur Bestellung übertragen bekommt, es zulässt, dass von diesem Organ alle Mitglieder des Verwaltungsrats ernannt werden dürfen, § 6-3 Abs. 3 Satz 2 Asl. Anderenfalls schreibt das Gesetz vor, dass der Gesellschafterversammlung zwingend das Recht zustehen muss, mehr als die Hälfte der Verwaltungsratsmitglieder zu wählen, so dass außenstehende Dritte zwar die Möglichkeit bekommen, Einfluss auf die Zusammensetzung des Verwaltungsrats zu nehmen, dieser jedoch formell auf ein Drittel der Mitglieder beschränkt ist.[178]

3. *Die Bestellung durch den Verwaltungsrat*

Dem Verwaltungsrat oder einzelnen Mitgliedern des Verwaltungsrats kann das Wahlrecht nicht übertragen werden, § 6-3 Abs. 3 Satz 3 Asl. Diese Regelung soll verhindern, dass sich die Mitglieder des Verwaltungsrats jederzeit selbst ersetzen bzw. wählen können und es so zu einer unkontrollierten Selbstverwaltung durch die Mitglieder des Verwaltungsrats kommt.[179] Hiervon ausgenommen ist die Situation, dass ein Gesellschafter auch Mitglied des Verwaltungsrats ist. Für diesen Fall steht dem Verwaltungsratsmitglied infolge seiner Gesellschafterstellung ein Recht zu, an der Bestellung mitzuwirken.[180] Eine Kooptation ist daher folgerichtig nicht möglich.

---

176 *Aarbakke*, Aksjeloven & allmenaksjeloven, § 6-3 Rn. 3.3.

177 *Aarbakke*, Aksjeloven & allmenaksjeloven, § 6-3 Rn. 3.3.

178 *Andenæs*, Aksjeselskaper & Allmennaksjeselskaper, Kap. 26, Rn. 26.1.2.

179 *Aarbakke*, Aksjeloven & allmenaksjeloven, § 6-3 Rn. 3.3; *Andenæs*, Aksjeselskaper & Allmennaksjeselskaper, Kap. 26, Rn. 26.1.2; *Bråthen*, in Norsk Lovkommentar, Aksjeloven, § 6-3 Rn. 982.

180 *Aarbakke*, Aksjeloven & allmenaksjeloven, § 6-3 Rn. 3.3; *Andenæs*, Aksjeselskaper & Allmennaksjeselskaper, Kap. 26, Rn. 26.1.2.

4. *Die Bestellung durch den Aufsichtsrat*

Ferner kann das Recht, den Verwaltungsrat zu wählen, auch auf den Aufsichtsrat sowie die Arbeitnehmer übertragen werden.[181] Aus mitbestimmungsrechtlichen Gründen sieht das Aksjeloven in § 6-4 Asl einen ausdifferenzierten Katalog von Bestellmöglichkeiten von Verwaltungsratsmitgliedern durch die Arbeitnehmer der Gesellschaft vor. Sofern die Gesellschaft mehr als 30 Arbeitnehmer und keinen Aufsichtsrat hat, können die Arbeitnehmer verlangen, dass mindestens ein Mitglied des Verwaltungsrats aus der Mitte der Arbeitnehmer von diesen gewählt wird, § 6-4 Abs. 1 Asl. Gemäß § 6-4 Abs. 2 Asl können bei Gesellschaften mit mehr als 50 Arbeitnehmern maximal ein Drittel, aber mindestens zwei der Verwaltungsratsmitglieder durch diese bestellt werden. Anzumerken ist, dass es sich hierbei um ein reines Bestellungsrecht der Arbeitnehmer handelt und dieses nicht im Sinne eines Repräsentationsrechts zu Gunsten der Arbeitnehmer ausgelegt werden darf, das weitere Informations-, Teilnahme- oder sogar Beschlussrechte innerhalb des Verwaltungsrats nach sich zieht.[182]

Gemäß § 6-35 Abs. 1 Asl i. V. m. § 6-37 Abs. 1 Asal wird der gesamte Verwaltungsrat im Falle, dass die Gesellschaft einen nach mitbestimmungsrechtlichen Regelungen obligatorischen Aufsichtsrat hat, durch diesen gewählt. Hierbei handelt es sich um eine ausschließliche Bestellungskompetenz des Aufsichtsrats, von der auch nicht durch Satzungsregelung zu Gunsten der Gesellschafterversammlung oder eines anderen Gesellschaftsorgans abgewichen werden kann.[183] Die Gesellschafterversammlung hat somit in diesem Fall kein Mitspracherecht bei der Auswahl der Kandidaten und kann die Wahl auch nicht überprüfen.[184]

IV. *Zuständigkeit für die Bestellung des Geschäftsleiters*

1. *Die Bestellung durch den Verwaltungsrat*

Das Aksjeloven sieht vor, dass der Geschäftsleiter durch den Verwaltungsrat bestellt wird, § 6-2 Abs. 2 Asl. Dies geschieht, ohne dass es der Zustimmung der

---

181 *Aarbakke*, Aksjeloven & allmenaksjeloven, § 6-3 Rn. 3.3; *Andenæs*, Aksjeselskaper & Allmennaksjeselskaper, Kap. 26, Rn. 26.1.2; *Bråthen*, S. 136 f.

182 Ot. prp. nr. 23 (1996–1997), S. 146.

183 *Aarbakke*, Aksjeloven & allmenaksjeloven, § 6-37 Asal Rn. 1.1; *Andenæs*, Aksjeselskaper & Allmennaksjeselskaper, Kap. 26, Rn. 26.1.2; *Bråthen*, in Norsk Lovkommentar, Aksjeloven, § 6-3 Rn. 979.

184 *Aarbakke*, Aksjeloven & allmenaksjeloven, § 6-37 Asal Rn. 1.1.

Gesellschafterversammlung bedarf.[185] Die Gesellschafterversammlung hat daher grundsätzlich keine direkte Möglichkeit, auf die Auswahl des Geschäftsleiters durch den Verwaltungsrat Einfluss zu nehmen.[186] Mittelbar kann die Gesellschafterversammlung durch Satzungsbestimmungen Einfluss nehmen, indem die Satzung Richtlinien bzw. Anforderungen an die Bestellung des Geschäftsleiters vorgibt.[187] Sofern solche Regelungen in der Satzung fehlen, wird das Interesse der Gesellschafter, einen kompetenten Geschäftsleiter zu bestellen, jedoch grundsätzlich auch mittelbar durch den Einfluss der Gesellschafter bei der Wahl des Verwaltungsrats gewahrt und sichergestellt.

2. *Die Bestellung durch gesellschaftsfremde Dritte*

Fraglich ist, ob die Kompetenz zur Bestellung des Geschäftsleiters auch auf Dritte übertragen werden kann. Das Gesetz schweigt hierzu. Es stellt sich daher die Frage, ob man die zuvor erwähnte Regelung des § 6-2 Abs. 2 Asl dahingehend auslegen kann, dass neben der Delegation des Bestellungsrechts an die Gesellschafterversammlung auch eine weiter gehende Delegation an Dritte stattfinden kann.

Gegen eine Übertragung der Bestellungskompetenz an einen außenstehenden Dritten spricht jedoch der Aufbau des Aksjeloven, der mit seinem Grundsatz der Verbandssouveränität bezweckt, dass in wesentlichen Fragen der Gesellschaft kein gesellschaftsfremder Dritter alleine, sondern die Gesellschafter selbst sowie die Organe der AS die Willensbildung und damit einhergehend die Bestellung der geschäftsführenden Organe vorzunehmen haben.[188] Ferner spricht gegen eine derartig weite Auslegung, dass es sich bei § 6-2 Abs. 2 Asl um eine *Lex-specialis*-Regelung mit einer ausdrücklichen Ausnahmeregelung handelt.[189] Ohne die ausdrückliche Regelung in § 6-2 Abs. 2 Asl würde die Zuständigkeit zur Bestellung des Geschäftsleiters aufgrund der Regelung des § 6-12 Abs. 1 Asl, wonach die Verwaltung der Gesellschaft in den Aufgabenbereich des Verwaltungsrats fällt, bei diesem liegen.[190] Diese *Lex-specialis*-Regelung sieht nunmehr lediglich eine

---

185 *Aarbakke*, Aksjeloven & allmenaksjeloven, § 6-2 Rn. 2.1; *Bråthen*, in Norsk Lovkommentar, Aksjeloven, § 6-2 Rn. 969.

186 Ot. prp. Nr. 55 (2005–2006), S. 109; *Aarbakke*, Aksjeloven & allmenaksjeloven, § 6-2 Rn. 2.1; *Bråthen*, in Norsk Lovkommentar, Aksjeloven, § 6-2 Rn. 969.

187 Ot. prp. Nr. 55 (2005–2006), S. 109; *Aarbakke*, Aksjeloven & allmenaksjeloven, § 6-2 Rn. 2.1; *Bråthen*, in Norsk Lovkommentar, Aksjeloven, § 6-2 Rn. 969; *Smith Ulseth*, S. 117 f.

188 *Bråthen*, in Norsk Lovkommentar, Aksjeloven, § 6-2 Rn. 969; *Smith Ulseth*, S. 120.

189 *Smith Ulseth*, S. 120.

190 *Smith Ulseth*, S. 119.

Ausnahmeregelung dergestalt vor, dass der Gesellschafterversammlung dieses Recht übertragen werden darf. Ferner spricht die Systematik sowie der hierarchische Aufbau der AS dafür, dass die Bestellungskompetenz nicht an Dritte weitergegeben werden kann, da der Geschäftsleiter dem Verwaltungsrat direkt untergeordnet ist und der Verwaltungsrat seinen Verpflichtungen zur ordnungsgemäßen Verwaltung der Gesellschaft nur dann nachkommen kann, wenn er auch einen aus seiner Sicht zuverlässigen und fähigen Geschäftsleiter bestellen kann.[191] Auch eine analoge Anwendung des § 6-3 Abs. 1 Asl scheidet aus, da die dort vorgesehene Regelung, dass ein Drittel der Mitglieder des Verwaltungsrats durch gesellschaftsfremde Dritte bestellt werden darf, nicht auf die Bestellung des Geschäftsleiters übertragbar ist, da dieser kein Kollegialorgan ist und deswegen ein entsprechender Ausgleich der Interessen nicht stattfinden kann. Ferner würde es sich auch hierbei um eine Umgehung des Regelungszwecks des § 6-2 Abs. 2 Asl handeln.

3. *Die Bestellung durch die Gesellschafterversammlung*

Das Recht zur Auswahl und Bestellung eines Geschäftsleiters kann jedoch auch auf die Gesellschafterversammlung übertragen werden, § 6-2 Abs. 2 2. Halbsatz Asl. Aus der Übertragung der Bestellungskompetenz erwächst als Annex auch das Recht, dass die Gesellschafterversammlung dahingehend entscheidungsbefugt ist, ob ein Geschäftsleiter bestellt werden soll.[192]

4. *Die Bestellung durch den Aufsichtsrat*

Sofern die Gesellschaft einen Aufsichtsrat hat, kann das Recht zur Bestellung des Geschäftsleiters durch Satzung lediglich diesem und nicht der Gesellschafterversammlung zugewiesen werden, § 6-2 Abs. 3 Asl.

V. Rechtsvergleichende Analyse

Sowohl das GmbH-Gesetz als auch das Aksjeloven sehen die Möglichkeit vor, dass von der Bestellungskompetenz der Gesellschafterversammlung als oberstes Organ der Gesellschaft abgewichen werden kann. In beiden Gesetzen besteht die Möglichkeit der Delegierung der Bestellungskompetenz auf andere Organe, die entweder auf zwingenden gesetzlichen Vorschriften oder auf Satzungsregelungen beruht. Was die Möglichkeit betrifft, die Zuständigkeit der Bestellungskompetenz für die Organe der Geschäftsführung auf gesellschaftsfremde Dritte zu verlagern,

---

191 *Bråthen*, in Norsk Lovkommentar, Aksjeloven, § 6-2 Rn. 969; *Smith Ulseth*, S. 120.
192 *Aarbakke*, Aksjeloven & allmenaksjeloven, § 6-2 Rn. 2.2.

besteht zwischen dem norwegischen Aksjeloven und dem deutschen GmbH-Recht jedoch eine unterschiedliche Rechtsanwendungsweise. Wesentlichster Unterschied der Regelungen im GmbH-Gesetz gegenüber denen im Aksjeloven ist, dass bei der Bestellung des Verwaltungsrats als Geschäftsführungsorgan die Möglichkeit der Verlagerung der Bestellungskompetenz auf Dritte besteht.

Aufgrund des im deutschen GmbH-Recht geführten Streits, ob der Grundsatz der Verbandssouveränität es verbietet, gesellschaftsfremden Dritten die Entscheidung über wesentliche Fragen der GmbH zu übertragen, ist es in der Lehre umstritten, ob und bejahendenfalls inwieweit man gesellschaftsfremden Dritten, wie zum Beispiel Gläubigern, die Kompetenz zu Bestellung von Geschäftsführern oder Mitgliedern eines geschäftsführenden Beirats übertragen kann.[193] Sofern man nicht mit der Mindermeinung in der Literatur eine Verletzung der Verbandssouveränität angesichts der Möglichkeit der jederzeitigen Widerrufbarkeit der Bestellung bzw. einer jederzeit möglichen Satzungsänderung durch die Gesellschafter verneint, ist eine derartige Bestellung mit den Grundsätzen der Verbandsouveränität nicht vereinbar und eine Übertragung auf Dritte nicht möglich.

Im norwegischen Recht gilt der Grundsatz, dass Mitglieder des Verwaltungsrats auch von gesellschaftsfremden Dritten, denen keine organschaftliche Stellung eingeräumt wird, bestellt werden können. Anders als das deutsche Recht, das zur Bestellung durch gesellschaftsfremde Dritte schweigt, regelt das norwegische Aksjeloven in § 6-3 Abs. 3 Satz 2 Asl ausdrücklich, dass in diesem Fall der Gesellschafterversammlung das Recht zustehen muss, mehr als die Hälfte der Mitglieder des Verwaltungsrats zu bestellen. Demnach wird die Verbandssouveränität der Gesellschaft im norwegischen Aksjeloven durch die Übertragung der Bestellungskompetenz auf einen Dritten nicht in dem Maße berührt wie im deutschen Recht.

In diesem Zusammenhang fällt auf, dass das norwegische Aksjeloven hinsichtlich der Bestellung des Geschäftsleiters jedoch keine derartige Delegierungsfähigkeit der Bestellung vorsieht. Hierbei handelt es sich jedoch nicht um ein Versäumnis des Gesetzgebers und eine daraus resultierende Regelungslücke. Das Fehlen einer Regelung der Übertragbarkeit der Bestellungskompetenz auf einen Dritten ist dem Umstand geschuldet, dass aufgrund des Aufbaus des Aksjeloven eine enge Verknüpfung zwischen Verwaltungsrat und Geschäftsleiter besteht. Infolge dieser engen Verknüpfung kann es – mit Ausnahme der Gesellschafterversammlung sowie des Aufsichtsrats – keinem Dritten zustehen, in das Verhältnis zwischen Verwaltungsrat und Geschäftsleiter einzugreifen, da sich eine falsche

193 Siehe zu den Streitständen ausführlich S. 24.

Auswahl des Geschäftsleiters bei der Haftung aufgrund schlechter Verwaltung der Gesellschaft auf den Verwaltungsrat in hohem Maße nachteilig auswirken würde.

Falsch wäre es jedoch, hieraus den Schluss zu ziehen, dass eine Delegation lediglich bei einem von Gesetzes wegen vorgesehenen Kollegialorgan möglich sei, da sowohl die Möglichkeit besteht, den Verwaltungsrat als einen Ein-Personen-Verwaltungsrat auszugestalten, als auch die, mehrere Geschäftsleiter in einer Gesellschaft zu bestellen und diesen die tägliche Geschäftsführung in Form eines Kollegialorgans aufzugeben. Es stellt sich demnach die Frage, ob man im deutschen Recht nicht einen ähnlichen Ansatz vertreten könnte, da durch eine entsprechende Anwendung bzw. Auslegung des deutschen Rechts es auch in der GmbH möglich wäre, ohne eine Verletzung der Verbandssouveränität – sofern man eine solche überhaupt annimmt – gesellschaftsfremden Dritten die Kompetenz zur Bestellung von Geschäftsführungsorganen bzw. eines Teils hiervon einzuräumen. Hierdurch würde vor allem der befürchtete Verlust der Selbstbestimmung der Gesellschafter in der Gesellschaft ausgeschlossen werden, da der Fremdeinfluss auf die Gesellschaft nicht derart ausgeprägt wäre, dass die Gesellschafter weder souverän noch selbstbestimmt ihren Willen bilden und betätigen könnten. Ein derartiger Ansatz wäre demnach eine Möglichkeit, sowohl die Interessen der Gesellschafter als auch beispielsweise eines Gläubigers oder ausgeschiedenen Gründungsgesellschafters zu befriedigen.

Ebenfalls weichen die beiden Gesetze bei der Frage nach der Bestellung der Geschäftsführungsorgane durch deren Mitglieder ab. Das Aksjeloven sieht in § 6-3 Abs. 3 Satz 3 Asl ausdrücklich vor, dass die Bestellungskompetenz zur Wahl der Verwaltungsratsmitglieder nicht an den Verwaltungsrat als solchen oder auf einzelne seiner Mitglieder delegiert werden kann. Grund hierfür ist die Sorge des Gesetzgebers, dass sich durch eine derartige Delegation der Bestellungskompetenz der Verwaltungsrat autark verwalten könnte, was zu einer nicht vorgesehenen Machtkompetenz in der Gesellschaft führen würde. Dies gilt auch und insbesondere vor dem Hintergrund, dass dem Verwaltungsrat grundsätzlich die Bestellung des Geschäftsleiters obliegt und den Gesellschaftern auch die mittelbare Einflussnahme auf die Wahl des Geschäftsleiters genommen werden würde. Der norwegische Gesetzgeber hat sich somit ausdrücklich gegen eine derartige Delegationsmöglichkeit entschieden, während das GmbHG mit Blick auf die Delegation der Bestellungskompetenz von Geschäftsführungsorganen keine derartige Regelung vorsieht. Wie bereits oben dargestellt, geht jedoch der überwiegende Teil in der Lehre davon aus, dass aufgrund der Dispositivität des § 46 Nr. 5 GmbHG die Zuständigkeit zur Bestellung auch auf die Geschäftsführer als solche respektive auf den Beirat übertragen werden kann.[194]

Die Gefahr einer zu großen Konzentration der Macht auf den Verwaltungsrat, die der norwegische Gesetzgeber ähnlich wie die in Deutschland vertretene Mindermeinung sieht, ist jedoch unberechtigt, da der Gesellschafterversammlung als *ultima ratio* das Abberufungsrecht zusteht und dieses im Vorgehen gegen eine unkontrollierte Selbstverwaltung durch die Geschäftsführer bzw. die Mitglieder des Verwaltungsrats ein sicheres Mittel zur Beendigung einer solchen Fehlentwicklung in der Gesellschaft darstellt.

Divergenzen finden sich ebenfalls bei den mitbestimmungsrechtlichen Regelungen. Das Mitbestimmungsrecht der Arbeitnehmer in der AS führt dazu, dass diesen bereits für den Fall, dass mehr als 30 Arbeitnehmer in der Gesellschaft angestellt sind, ein Bestellungsrecht im Rahmen der Bestellung der Verwaltungsratsmitglieder zusteht. Für den Fall, das eine AS mehr als 200 Mitarbeiter hat, steht dem dann zu bestellenden Aufsichtsrat das Recht zur Bestellung der Verwaltungsratsmitglieder in seiner Gesamtheit zu. Dies zeigt, dass die Arbeitnehmer in der AS bereits bei kleineren Betrieben Einfluss auf die Bestellung der Geschäftsführungsorgane und somit mittelbar auf die Geschäftsführung nehmen können.

Dagegen verbleibt die Bestellungskompetenz in der GmbH bei der Gesellschafterversammlung, selbst wenn ein obligatorischer Aufsichtsrat nach dem Drittelbeteiligungsgesetz besteht, es sei denn, es gibt eine anderslautende Satzungsregelung.[195] Lediglich für den Fall, dass eine GmbH einen Aufsichtsrat nach dem Mitbestimmungsgesetz 1976 bestellen muss, obliegt diesem gemäß § 31 Abs. 1 MitbestG i. V. m. § 84 AktG die alleinige Bestellungs- und Abberufungskompetenz der Geschäftsführer.[196] Es lässt sich daher festhalten, dass die mitbestimmungsrechtlichen Regelungen hinsichtlich der Bestellungskompetenz von geschäftsführenden Organen in der GmbH weitaus strengeren Anforderungen unterliegen als in der AS und dass den Arbeitnehmern im Regelfall lediglich bei Unternehmen mit einer Arbeitnehmerzahl von 2.000 die Möglichkeit gewährt wird, auf die Bestellung der Geschäftsführungsorgane mittelbar einzuwirken.

---

194 Siehe hierzu S. 24 und S. 28.

195 *Lutter*, in Lutter/Hommelhoff, GmbHG § 52 Rn. 37.

196 *Zöllner/Noack*, in Baumbach/Hueck, GmbHG § 52 Rn. 300 ff.; *Lutter*, in Lutter/Hommelhoff, GmbHG § 52 Rn. 1.

B. Persönliche Voraussetzungen für die Bestellung zum Organmitglied

Sowohl das GmbHG als auch das Aksjeloven stellen bestimmte persönliche sowie sachliche Anforderungen an die Mitglieder der Geschäftsführungsorgane in der jeweiligen Gesellschaft. Diese können zusätzlich durch Satzungsbestimmungen ergänzt werden. Die Untersuchung der unterschiedlichen persönlichen Voraussetzungen, die an die jeweiligen Mitglieder der Geschäftsführungsorgane gestellt werden können, ist Gegenstand der folgenden Abschnitte.

I. Persönliche Voraussetzungen für den Geschäftsführer

1. Gesetzliche Eignungsvoraussetzungen gemäß § 6 Abs. 2 GmbHG

Das GmbH-Gesetz sieht in § 6 Abs. 2 GmbHG einen Rahmenkatalog aus positiven und negativen Eignungsvoraussetzungen vor, die ein Geschäftsführer zu erfüllen hat. Die positiven Eignungsvoraussetzungen sind von der zu bestellenden Person zu erfüllen, wohingegen die negativen Eignungsvoraussetzungen eine Bestellung als Geschäftsführer ausschließen.[197] Daher kann nur eine natürliche, unbeschränkt geschäftsfähige Person zum Geschäftsführer berufen werden, § 6 Abs. 2 Satz 1 GmbHG, mithin also keine juristischen Personen, Personengesellschaften, Erben- oder sonstige Rechtsgemeinschaften.[198] Zudem können auch keine Geschäftsunfähigen oder Minderjährige selbst bei einer Zustimmung ihres gesetzlichen Vertreters als Geschäftsführer einer GmbH berufen werden.[199]

Der Negativkatalog des § 6 Abs. 2, Satz 2 GmbHG schließt ferner Personen von der Tätigkeit als Geschäftsführer aus, die unter Betreuung stehen (Nr. 1), Personen, die durch gerichtliches Urteil oder durch vollziehbare Entscheidung einer Verwaltungsbehörde einem Berufs- oder Gewerbeverbot unterliegen, dessen Unternehmensgegenstand ganz oder teilweise mit dem Gegenstand des Unternehmens übereinstimmt, in dem sie zum Geschäftsführer bestellt werden sollen (Nr. 2), sowie Personen, die wegen einer in Nr. 3 aufgezählten Straftat verurteilt worden sind.

---

197 *Oetker*, in Henssler/Strohn, Gesellschaftsrecht, § 6 GmbHG Rn. 2; *W. Goette*, in MüKo, GmbHG, § 6 Rn. 15 ff.; *Altmeppen*, in Roth/Altmeppen, GmbHG, § 6 Rn. 6.

198 *Oetker*, in Henssler/Strohn, Gesellschaftsrecht, § 6 GmbHG Rn. 14; *Kleindiek*, in Lutter/Hommelhoff, GmbHG, § 6 Rn. 11; *Altmeppen*, in Roth/Altmeppen, GmbHG, § 6 Rn. 6.

199 OLG Hamm, BB 1992, 1231, 1231; *Oetker*, in Henssler/Strohn, Gesellschaftsrecht, § 6 GmbHG Rn. 15 f.; *Kleindiek*, in Lutter/Hommelhoff, GmbHG, § 6 Rn. 11; *W. Goette*, in MüKo, GmbHG, § 6 Rn. 16; *Altmeppen*, in Roth/Altmeppen, GmbHG, § 6 Rn. 6.

2. *Ausländer als Geschäftsführer*

Nach dem Gesetz können neben Inländern prinzipiell auch Ausländer ohne Beschränkung zu Geschäftsführern bestellt werden, da das GmbH-Gesetz weder an die Staatsangehörigkeit noch an den Wohnsitz, den gewöhnlichen Aufenthaltsort oder an Kenntnisse der deutschen Sprache Anforderungen stellt.[200] Umstritten ist allerdings, ob ein Ausländer zumindest jederzeit die Möglichkeit haben muss, in die Bundesrepublik Deutschland einzureisen.[201] Zur Begründung für die Forderung nach einer solchen Einreisemöglichkeit wird angeführt, dass der betroffene ausländische Geschäftsführer tatsächlich und jederzeit seinen gesetzlichen Verpflichtungen, zum Beispiel zur Auskunftserteilung und Einsichtsgewährung in die Unterlagen der Gesellschaft, § 51a GmbHG, sowie hinsichtlich der Pflichten zur Sicherung des Stammkapitals, §§ 7 ff., 30 f., 41, 43 III, 49 III, 51a, 64, 78 ff. GmbHG, § 15a InsO, nachkommen können muss.[202]

Aufgrund der Grundfreiheiten nach Maßgabe des europäischen Gemeinschaftsrechts bestehen solche Bedenken bei Staatsangehörigen eines EU-Mitgliedstaats nicht.[203] Entsprechendes gilt auch für diejenigen Ausländer, die für eine Dauer von bis zu drei Monaten ohne Visum in die Bundesrepublik Deutschland einreisen dürfen.[204] Die Geschäftsführerbestellung sonstiger Ausländer soll aber zur Voraussetzung haben, dass der Geschäftsführer seine gesetzlichen Aufgaben erfüllen kann.[205] Ohne einen solchen Nachweis soll nach einer Ansicht aus der Rechtsprechung der Bestellungsakt unwirksam sein.[206] Als Hauptargument dieser Ansicht wird angeführt, dass es zur Erfüllung der gesetzlichen Pflichten

---

200 *Kleindiek*, in Lutter/Hommelhoff, GmbHG, § 6 Rn. 14; *W. Goette*, in MüKo, GmbHG, § 6 Rn. 20; *Altmeppen*, in Roth/Altmeppen, GmbHG, § 6 Rn. 39.

201 *Oetker*, in Henssler/Strohn, Gesellschaftsrecht, § 6 GmbHG Rn. 18; *Kleindiek*, in Lutter/Hommelhoff, GmbHG, § 6 Rn. 14; *Altmeppen*, in Roth/Altmeppen, GmbHG, § 6 Rn. 39.

202 *Kleindiek*, in Lutter/Hommelhoff, GmbHG, § 6 Rn. 14; *Tebben*, in Michalski, GmbHG, § 6 Rn. 32; *Altmeppen*, in Roth/Altmeppen, GmbHG, § 6 Rn. 39.

203 EuGH NZG 1998, 809, 811; *Kleindiek*, in Lutter/Hommelhoff, GmbHG, § 6 Rn. 14; *Altmeppen*, in Roth/Altmeppen, GmbHG, § 6 Rn. 40; *Ries*, NZG 2010, 298, 299.

204 OLG Frankfurt, NZG 2001, 757, 757; *Kleindiek*, in Lutter/Hommelhoff, GmbHG, § 6 Rn. 14; *Altmeppen*, in Roth/Altmeppen, GmbHG, § 6 Rn. 40; *Bohlscheid*, RNotZ 2005, 505, 508; *Ries*, NZG 2010, 298, 299.

205 OLG Celle, NJW-RR 2007, 1679, 1679 f.; *Kleindiek*, in Lutter/Hommelhoff, GmbHG, § 6 Rn. 14; *Altmeppen*, in Roth/Altmeppen, GmbHG, § 6 Rn. 40.

206 OLG Celle, NJW-RR 2007, 1679, 1679 f.; OLG Hamm, NZG 1999,1004, 1004 f.; *Kleindiek*, in Lutter/Hommelhoff, GmbHG, § 6 Rn. 14; *Altmeppen*, in Roth/Altmeppen, GmbHG, § 6 Rn. 40.

eines Geschäftsführers unablässig sei, dass dieser jederzeit seinen Betrieb aufsuchen und unmittelbare Einsicht in Bücher und Schriften der Gesellschaft nehmen könne.[207] Als weiteres Argument für diese Forderung wird vorgetragen, dass zivil- und strafrechtlich schlecht heranzuziehende ausländische Geschäftsführer häufig im Vorfeld von masselosen Insolvenzverfahren bestellt werden.[208]

Die wohl überwiegende Meinung im Schrifttum sowie einige Oberlandesgerichte sehen hingegen eine Differenzierung zu Lasten von Nicht-EU-Ausländern als vom Gesetz nicht gedeckt an. In diesem Zusammenhang wird angeführt, dass die Gegenansicht zudem die praktischen Erfordernisse und realen Möglichkeiten moderner Kommunikationsmittel sowie die Delegation von Leitungsaufgaben verkennen würde.[209] Ein ausländischer Geschäftsführer könne bei entsprechender Organisation des Unternehmens seine Aufgaben auch ohne weiteres aus dem Ausland heraus wahrnehmen, ohne dadurch seine gesetzlichen Pflichten zu vernachlässigen.[210] Dieser Ansicht ist auch vor dem Hintergrund der Streichung von § 4a Abs. 2 GmbHG a. F. durch das MoMiG zu folgen, da die Behauptung, ein Ausländer könne seine Organpflichten ungeachtet der heutigen Kommunikationsmittel nur erfüllen, wenn er jederzeit ungehindert einreisen könne, weshalb die Organstellung somit von der Einreisemöglichkeit abhängig gemacht werden müsse, nicht mehr haltbar ist.[211]

3. *Inkompatibilität mit Aufsichtsratsmandat*

Ferner ist eine gleichzeitige Mitgliedschaft im Aufsichtsrat der Gesellschaft – unabhängig davon, ob es sich um einen obligatorischen oder um einen fakultativen Aufsichtsrat handelt – und in der Geschäftsführung nicht möglich; hier besteht eine sog. Inkompatibilität, vgl. §§ 52 Abs. 1 GmbHG, 105 Abs. 1 AktG.[212] Dieses

---

207 *Kleindiek*, in Lutter/Hommelhoff, GmbHG, § 6 Rn. 14; *Altmeppen*, in Roth/Altmeppen, GmbHG, § 6 Rn. 40; *Ries*, NZG 2010, 298, 299 f.

208 *Tebben*, in Michalski, GmbHG, § 6 Rn. 32; *Altmeppen*, in Roth/Altmeppen, GmbHG, § 6 Rn. 40; Hirte, S. 101 f.

209 OLG München, NJW-RR 2010, 338, 338 f.; OLG Düsseldorf, NZG 2009, 678, 678 f.; *Kleindiek*, in Lutter/Hommelhoff, GmbHG, § 6 Rn. 15; *Altmeppen*, in Roth/Altmeppen, GmbHG, § 6 Rn. 41; *Ries*, NZG 2010, 298, 299 f.

210 *Kleindiek*, in Lutter/Hommelhoff, GmbHG, § 6 Rn. 15; *Altmeppen*, in Roth/Altmeppen, GmbHG, § 6 Rn. 41; *Ries*, NZG 2010, 298, 299 f.

211 OLG München, NJW-RR 2010, 338, 338 f.; *Kleindiek*, in Lutter/Hommelhoff, GmbHG, § 6 Rn. 14 f.

212 OLG Frankfurt, BB 1981, 1542; OLG Frankfurt BB 1987, 22; *Tebben*, in Michalski, GmbHG, § 6 Rn 30.

Verbot ist zwingend und somit nicht abdingbar, anderenfalls würde die dem Aufsichtsrat gegenüber der Geschäftsführung unterliegende Kontrollfunktion ins Leere laufen.[213]

4. *Weitere persönliche Anforderungen an den Geschäftsführer*

Es können darüber hinaus weitere Anforderungen an die Person des zu bestellenden Geschäftsführers in der Satzung gestellt werden. Solche Voraussetzungen können sowohl persönlicher als auch sachlicher Natur sein, so dass etwa Anforderungen an die Zugehörigkeit zu einer bestimmten Familie oder Gesellschaftergruppe, ein gewisses Alter, Vorbildung, Sprachkenntnisse sowie bestimmte Erfahrungen gestellt werden.[214] Die Grenze des Zulässigen bildet hierbei jedoch die Sittenwidrigkeit gemäß § 138 BGB sowie die Bestimmungen des Allgemeinen Gleichbehandlungsgesetzes (AGG), wonach Benachteiligungen aus Gründen des Geschlechts, der Religion sowie unter anderem des Alters verboten sind.[215] Daneben gibt es weitere spezialgesetzliche Regelungen, die gewisse Anforderungen an Geschäftsführer bestimmter Gesellschaften stellen, insbesondere aus berufs- oder aufsichtsrechtlichen Gründen.[216]

II. *Persönliche Voraussetzungen für die Beiratsmitglieder*

Mangels einer gesetzlichen Regelung im GmbHG richten sich die Voraussetzungen bzw. Anforderungen an die Personen, die zum Mitglied eines Beirats gewählt werden wollen, in erster Linie nach den in der Satzung festgesetzten Regelungen.[217] Eine Gesellschafterstellung ist nicht Voraussetzung für eine Bestellung als Beiratsmitglied, so dass ebenso Nichtgesellschafter Organmitglied

213 OLG Frankfurt BB 1987, 22; *Tebben*, in Michalski, GmbHG § 6 Rn. 30.

214 *Oetker*, in Henssler/Strohn, Gesellschaftsrecht, § 6 GmbHG Rn. 30 f.; *Kleindiek*, in Lutter/Hommelhoff, GmbHG, § 6 Rn. 33; *Altmeppen*, in Roth/Altmeppen, GmbHG, § 6 Rn. 43.

215 BGH, NJW 2012, 2346, 2346 f.; *Kleindiek*, in Lutter/Hommelhoff, GmbHG, § 6 Rn. 34; *Tebben*, in Michalski, GmbHG, § 6 Rn. 37; *Lenz*, in Römermann, MAH GmbH-Recht, Teil C, § 8, Rn. 13.

216 *Stephan/Tieves*, in MüKo, GmbHG, § 35 Rn. 25; vgl. hierzu etwa § 59 e Abs. 1 S. 1 i.V.m. § 59 f Abs. 2 BRAO für das Amt des Geschäftsführers in einer Rechtsanwaltskanzlei.

217 *Voormann*, S. 135.

werden können.[218] Das Prinzip der Fremdorganschaft gilt auch dann, wenn dem Beirat Geschäftsführungsbefugnisse übertragen werden.[219]

1. *Natürliche, geschäftsfähige Person als Beiratsmitglied*

Umstritten ist, ob neben natürlichen Personen auch juristische Personen zum Mitglied eines Beirats bestellt werden können. Nach überwiegender Ansicht können nach den allgemeinen Regeln des Körperschaftsrechts nur natürliche, unbeschränkt geschäftsfähige Personen zu Beiratsmitgliedern berufen werden.[220] Eine Mindermeinung vertritt hingegen die Auffassung, dass auch juristische Personen zu Beiratsmitgliedern bestellt werden können.[221] Diese Ansicht ist jedoch abzulehnen, da sich die Tätigkeit als Beiratsmitglied dadurch auszeichnet, dass sie von einer Person aufgrund besonderer Fachkenntnisse und -kompetenz im Interesse des Unternehmens ausgeführt werden soll.[222] Es handelt sich somit um eine höchstpersönliche Tätigkeit des jeweiligen Beiratsmitglieds.[223] Die Bestellung einer juristischen Person zum Beiratsmitglied und die damit einhergehende Möglichkeit, die für diese handelnde Person jederzeit auszutauschen, ist mit dem Charakter des Amts eines Beiratsmitglieds nicht vereinbar, die Mindermeinung hier somit abzulehnen.

2. *Ausländer als Beiratsmitglied*

Prinzipiell ist auch bei einem Beirat davon auszugehen, dass neben Inländern und EU-Ausländern auch Nicht-EU-Ausländer oder solche, die aus Drittländern mit der Möglichkeit eines Visums von bis zu drei Monaten stammen, zu Mitgliedern des Beirats bestellt werden können. Der im Rahmen der persönlichen Anforderungen an einen Geschäftsführer einer GmbH geführte Streit, ob einem Ausländer die Möglichkeit gegeben sein muss, jederzeit in die Bundesrepublik Deutschland einzureisen, wird, soweit ersichtlich, nicht mit Blick auf die Bestellung von Mitgliedern eines Beirats geführt. Dennoch ist eine vergleichbare

---

218 *Giedinghagen*, in Michalski, GmbHG, § 52 Rn. 405; *Spindler*, in MüKo, GmbHG, § 52 Rn. 660; *Nießen/Kempermann*, NJW-Spezial 2012, 271, 272; *Robertz*, MittRhNotK 1991, 239, 248.

219 *Lutter*, in Lutter/Hommelhoff, GmbHG, § 52 Rn. 112; *Spindler*, in MüKo, GmbHG, § 52 Rn. 660; *Raiser/Heermann*, in Ulmer, GmbHG, § 52 Rn. 329.

220 *Lutter*, in Lutter/Hommelhoff, GmbHG, § 52 Rn. 114; *Raiser/Heermann*, in Ulmer, GmbHG, § 52 Rn. 337; *Voormann*, S. 136; *Robertz*, MittRhNotK 1991, 239, 247.

221 *Giedinghagen*, in Michalski, GmbHG, § 52 Rn. 405; *Härer*, S. 174 f.

222 *Lutter*, in Lutter/Hommelhoff, GmbHG, § 52 Rn. 11; *Hölters*, S. 33; *Huber*, S. 63.

223 *Huber*, S. 63; *Robertz*, MittRhNotK 1991, 239, 247.

Interessenlage gegeben, so dass die Problematik auch bei Beiräten relevant werden kann. Insofern ist auf das im Rahmen des zuvor dargestellten Streitstandes im Rahmen der Geschäftsführerbestellung gefundene Ergebnis zu verweisen, wonach grundsätzlich neben Inländern auch Ausländer zu Organmitgliedern bestellt werden können.[224]

3. *Die Inkompatibilitätsregelungen der §§ 100 Abs. 2 Satz 1 Nr. 1-3, 105 AktG*

Die Inkompatibilitätsregelungen der §§ 100 Abs. 2 Satz 1 Nr. 1-3, 105 AktG greifen für den Beirat nicht.[225] Dies hat insbesondere zur Folge, dass nach überwiegender Auffassung in der Literatur auch Geschäftsführer zu Mitgliedern des Beirats bestellt werden können.[226] Für diese Möglichkeit spricht, dass eine Aufnahme von Geschäftsführern in den Beirat zu einem besseren und intensiveren Austausch zwischen Geschäftsführern und Gesellschaftern führen kann. Einschränkend wird jedoch verlangt, dass die Geschäftsführer keinen bestimmenden Einfluss im Beirat ausüben dürfen und daher die Mehrheit der Beiratsmitglieder nicht gleichzeitig das Amt eines Geschäftsführers ausüben darf.[227]

Gegen die Möglichkeit der Bestellung von Geschäftsführern in den Beirat wird zum einen der Grundsatz, dass sich niemand selbst überwachen darf, und zum anderen eine Täuschung des Rechtsverkehrs über die Unabhängigkeit des Beirats von den Geschäftsführern und eine damit einhergehende unabhängige Kontrolle der Geschäftsführer angeführt.[228] Für die Möglichkeit der Bestellung von Geschäftsführern zu Beiratsmitgliedern spricht allerdings, dass der Beirat sich gerade dadurch vom Aufsichtsrat unterscheidet, dass es sich bei ihm um ein freiwilliges Organ handelt, bei dem keine gesetzliche Regelung eine Überwachungsfunktion zwingend vorsieht und dessen Ausgestaltung den Gesellschaftern obliegt.[229] Somit muss diesen auch das Recht zustehen, eine derartige

---

224 Siehe zum Streitstand bei der Geschäftsführerbestellung insoweit S. 40.

225 *Lutter*, in Lutter/Hommelhoff, GmbHG, § 52 Rn. 111; *Giedinghagen*, in Michalski, GmbHG, § 52 Rn. 406; *Raiser/Heermann*, in Ulmer, GmbHG, § 52 Rn. 337.

226 *Lutter*, in Lutter/Hommelhoff, GmbHG, § 52 Rn. 111; *Spindler*, in MüKo, GmbHG, § 52 Rn. 703; *Raiser/Heermann*, in Ulmer, GmbHG, § 52 Rn. 337; *Robertz*, MittRhNotK 1991, 239, 247.

227 *Spindler*, in MüKo, GmbHG, § 52 Rn. 703; *Schneider*, in Ulmer, GmbHG, § 52 Rn. 256; *Robertz*, MittRhNotK 1991, 239, 247 f.

228 *Spindler*, in MüKo, GmbHG, § 52 Rn. 703; *Robertz*, MittRhNotK 1991, 239, 247 f.

229 *Giedinghagen*, in Michalski, GmbHG, § 52 Rn. 406; *Voormann*, S. 137; *Spindler/Kepper*, DStR 2005, 1738, 1741.

Gestaltung vorzunehmen, dass der Beirat, der sowohl unternehmensleitende als auch überwachende Funktion hat, mit Geschäftsführern besetzt werden darf.

4. *Beiratsmitgliedschaft und Aufsichtsratsmandat*

Eine gleichzeitige Mitgliedschaft im Aufsichtsrat der Gesellschaft ist allerdings lediglich dann möglich, wenn der Beirat keine Aufgaben der Geschäftsführung wahrnimmt, sondern lediglich Überwachungsfunktion hat.[230]

5. *Weitere persönliche Anforderungen an die Beiratsmitglieder*

Unbenommen von den zuvor genannten Voraussetzungen kann die Satzung weitere persönliche Voraussetzungen – wie zum Beispiel besondere Kenntnisse, Qualifikationen oder Erfahrungen und/oder ein Mindestalter – an die Mitgliedschaft in einem Beirat knüpfen.[231] Grenze ist auch hier die Sittenwidrigkeit sowie das AGG.[232]

III. *Persönliche Voraussetzungen für die Verwaltungsratsmitglieder*

1. *Natürliche, geschäftsfähige Person als Verwaltungsratsmitglied*

Das Aksjeloven sieht in § 6-11 Abs. 2 Asl vor, dass nur Personen als Mitglied des Verwaltungsrats bestellt werden können, die geschäftsfähig sind. Vor der Reform des Aksjeloven 1997 wurde die Geschäftsfähigkeit explizit in § 8-5 Asl a. F. geregelt.[233] § 8-5 Asl. a. F. ist ersatzlos weggefallen, so dass nunmehr die allgemeinen Regelungen zur Geschäftsfähigkeit Anwendung finden.[234] Daneben äußert sich das Aksjeloven nicht explizit dahingehend, ob nur natürliche oder auch juristische Personen zum Mitglied des Verwaltungsrats bestellt werden können. Aus Sinn und Zweck der Vorschriften zum Aksjeloven lässt sich jedoch ableiten, dass nur natürliche Personen Mitglied in einem Verwaltungsrat sein können, da es sich bei dem Amt um eine höchstpersönliche Tätigkeit handelt und es folglich

---

230 *Voormann*, S. 138.

231 *Raiser/Heermann*, in Ulmer, GmbHG, § 52 Rn. 38 und Rn. 337; *Voormann*, S. 135; *Robertz*, MittRhNotK 1991, 239, 247; siehe hierzu auch die Ausführungen auf S. 42.

232 Siehe hierzu im Einzelnen die Ausführungen auf S. 42.

233 *Aarbakke*, Aksjeloven & allmenaksjeloven, § 6-11 Rn. 2.1; *Andenæs*, Aksjeselskaper & Allmennaksjeselskaper, Kap. 27, Rn. 27.1.1.

234 *Andenæs*, Aksjeselskaper & Allmennaksjeselskaper, Kap. 27, Rn. 27.1.1.

auch auf das Fachwissen und die Expertise der Person ankommt, die zum Mitglied des Verwaltungsrats berufen worden ist.[235]

2. *Wohnsitzanforderungen und Ausländer als Verwaltungsratsmitglieder*

Zudem muss mindestens die Hälfte der Mitglieder des Verwaltungsrats entweder seinen Wohnsitz in Norwegen oder, sofern es sich um Staatsbürger eines EU-Mitgliedstaats oder eines Mitgliedstaats des EWR handelt, in dem jeweiligen Land haben, § 6-11 Abs. 1 Asl. Hiervon kann lediglich dann abgewichen werden, wenn der norwegische König – vertreten durch das Wirtschafts- und Handelsministerium – eine Ausnahmegenehmigung erteilt.[236] Die Anforderungen an den Wohnsitz gelten nicht nur für die Zeit der Bestellung zum Mitglied des Verwaltungsrats, sondern für die gesamte Dauer der Organmitgliedschaft.[237] Ausgangspunkt für die Anforderungen an den Wohnsitz in Norwegen bzw. für Staatsbürger eines EU- oder eines EWR-Mitgliedstaates ist, dass der norwegische Gesetzgeber sichergehen will, dass das Organmitglied der norwegischen Gerichtsbarkeit untersteht.[238]

Aus Sicht des norwegischen Gesetzgebers ist es insbesondere bei Personen, die in ihrer Funktion als Geschäftsführungsorgan einer AS in die persönliche Haftung gelangen können, von Vorteil, wenn diese der norwegischen Gerichtsbarkeit unterstehen und somit Vollstreckungsmaßnahmen gegen sie durchgeführt werden können.[239] Aufgrund des Lugano-Übereinkommens vom 16. September 1988 sowie des Nachfolgeabkommens vom 30. Oktober 2007 besteht im Verhältnis zu den EU- und EWR-Mitgliedstaaten hinsichtlich der Anerkennung und Vollstreckung von gerichtlichen Entscheidungen in Zivil- und Handelssachen Rechtssicherheit mit der Folge, dass die Anforderungen an den Wohnsitz in Norwegen für diese nicht gelten.[240] Ein weiterer Grund für das Wohnsitzerfordernis ist, dass der norwegische Gesetzgeber durch die Anforderungen an den Wohnsitz sicherstellen will, dass der Verwaltungsrat seinen Aufgaben innerhalb

---

235 NOU 1992: 29, S. 139; *Andenæs*, Aksjeselskaper & Allmennaksjeselskaper, Kap. 27, Rn. 27.1.1.

236 *Aarbakke*, Aksjeloven & allmenaksjeloven, § 6-11 Rn. 1.2; *Andenæs*, Aksjeselskaper & Allmennaksjeselskaper, Kap. 26, Rn. 26.1.6; *Bråthen*, in Norsk Lovkommentar, Aksjeloven, § 6-11 Rn. 1053.

237 *Aarbakke*, Aksjeloven & allmenaksjeloven, § 6-11 Rn. 1.1.

238 NOU 1992: 29, S. 151; NOU 1996: 3, S. 136.

239 NOU 1992: 29, S. 151; NOU 1996: 3, S. 136.

240 *Kreuzer/Wagner*, in Dauses, Hdb, EU-WirtschaftsR, Q, Rn. 238; NOU 1992: 29, S. 151; NOU 1996: 3, S. 136.

des Unternehmens jederzeit nachkommen und seine Pflichten ordnungsgemäß erfüllen kann.[241] Sofern die Gesamtheit der Mitglieder des Verwaltungsrats nicht die entsprechende Voraussetzung mit sich bringt, wird dieser zwangsaufgelöst.[242]

Anzumerken ist jedoch, dass aus der Regelung zum Wohnsitz der Mitglieder des Verwaltungsrats nicht folgt, dass lediglich norwegische Staatsbürger oder solche eines EU- sowie EWR-Mitgliedstaates Mitglied eines Verwaltungsrats werden können. Grundsätzlich können auch Nicht-EU/EWR-Ausländer zu Verwaltungsratsmitgliedern bestellt werden, auch wenn dies nicht explizit im Aksjeloven erwähnt ist.[243]

3. *Inkompatibilität mit Aufsichtsratsmandat*

Eine gleichzeitige Mitgliedschaft in einem obligatorischen oder fakultativen Aufsichtsrat der AS ist mit einer Mitgliedschaft im Verwaltungsrat derselben Gesellschaft gemäß § 6-35 Abs. 1 Asl i. V. m. § 6-36 Abs. 2 Satz 1 Asal nicht vereinbar. Hierdurch soll sichergestellt werden, dass die dem Aufsichtsrat gegenüber dem Verwaltungsrat obliegende Kontrollfunktion nicht untergraben wird und somit ins Leere läuft.

4. *Weitere persönliche Anforderungen an die Verwaltungsratsmitglieder*

Explizite Regelungen zu den persönlichen Voraussetzungen stellen aber unter anderem § 9-9 Abs. 1 Verdipapirhandelloven (Vphl)[244], § 2-9 Abs. 1 Eiendomsmeglingsloven (Emgll)[245], sowie das Konkursloven (Kkl) § 142 Abs. 3 (Kkl)[246] auf. Das Verdipapirhandelloven stellt gemäß § 9-9 Abs. 1 Vphl an ein Mitglied eines Verwaltungsrats eines finanzdienstleistenden Unternehmens im Sinne des Verdipapirhandelloven die Anforderungen, dass dieses in diesem Bereich gewisse Erfahrungen und eine entsprechende Berufsqualifikation haben sowie ein ehrenhafter Geschäftsmann sein muss und zudem keine Bedenken dahingehend bestehen, dass es seine Stellung missbrauchen wird. Entsprechende Voraussetzungen

---

241 *Aarbakke*, Aksjeloven & allmenaksjeloven, § 6-11 Rn. 1.4.

242 *Bråthen*, in Norsk Lovkommentar, Aksjeloven, § 6-11 Rn. 1047.

243 *Aarbakke*, Aksjeloven & allmenaksjeloven, § 6-11 Rn. 1.1; *Andenæs*, Aksjeselskaper & Allmennaksjeselskaper, Kap. 26, Rn. 26.2.1.

244 Lov om verdipapirhandel (verdipapirhandelloven) vom 01.11.2007, 01.01.2008, 16.03.2009; (Wertpapierhandelsgesetz).

245 Lov om eiendomsmegling (eiendomsmeglingsloven) vom 01.01.2008 und 01.07.2011; (Das eiendomsmeglingsloven enthält Regelungen zum Maklerrecht).

246 Lov om gjeldsforhandling og konkurs (konkursloven) vom 01.01.1986; (Das Konkursloven ist ein mit der Insolvenzordnung vergleichbares Gesetz).

stellt § 2-9 Abs. 1 Emgll an ein Mitglied des Verwaltungsrats. § 142 Abs. 3 Kkl regelt, dass Personen, gegenüber denen ein hinreichender Verdacht besteht, dass sie eine Insolvenzstraftat begangen haben oder an dieser beteiligt waren, für einen Zeitraum von zwei Jahren ab Eröffnung des Insolvenzverfahrens oder vom Zeitpunkt der Urteilsverkündung des zuständigen Richters an nicht zu Mitgliedern des Verwaltungsrats gewählt bzw. ernannt werden dürfen.[247] § 142 Abs. 4 Kkl regelt in diesem Zusammenhang, dass derjenige, bei dem die Voraussetzungen des § 142 Abs. 3 Kkl vorliegen, durch Gerichtsbeschluss seines Amtes als Geschäftsleiter enthoben werden kann.[248]

Ferner besteht die Möglichkeit durch Satzungsregelung weitere Anforderungen an die persönlichen und sachlichen Voraussetzungen von Verwaltungsratsmitgliedern zu stellen, wie zum Beispiel die Mitgliedschaft zu einem bestimmten Familienstamm oder einer bestimmten Vereinigung sowie die Anstellung in der Gesellschaft.[249]

IV. Persönliche Voraussetzungen für den Geschäftsleiter

1. Natürliche, geschäftsfähige Person als Geschäftsleiter

Das Aksjeloven setzt voraus, dass nur natürliche und nicht juristische Personen zum Geschäftsleiter in der AS bestellt werden können.[250] Dies ist zwar nicht ausdrücklich im Aksjeloven festgelegt, ergibt sich jedoch aus einem Umkehrschluss aus § 20-1 Abs. 1 Nr. 1 Asl.[251] Bei § 20-1 Abs. 1 Nr. 1 Asl handelt es sich um eine Ausnahmeregelung vom allgemein gültigen Prinzip, dass nur natürliche Personen zum Geschäftsleiter bestellt werden können.[252] Demnach können Personengesellschaften oder Personenhandelsgesellschaften, in denen alle Gesellschafter für die Verbindlichkeiten der Gesellschaft haften, für eine „Schiffs-AS“ als Geschäftsleiter

247 *Aarbakke*, Aksjeloven & allmenaksjeloven, § 6-1 Rn. 1.3; *Andenæs*, Aksjeselskaper & Allmennaksjeselskaper, Kap. 27, Rn. 27.1.1; *Wiker*, in Norsk Lovkommentar, konkursloven, § 142 Rn. 150.

248 *Aarbakke*, Aksjeloven & allmenaksjeloven, § 6-2 Rn. 1.5; *Wiker*, in Norsk Lovkommentar, konkursloven, § 142 Rn. 150.

249 *Aarbakke*, Aksjeloven & allmenaksjeloven, § 6-3 Rn. 1.2; Andenæs, Aksjeselskaper & Allmennaksjeselskaper, Kap. 26, Rn. 26.1.2.

250 *Aarbakke*, Aksjeloven & allmenaksjeloven, § 6-2 Rn. 1.5; *Bråthen*, in Norsk Lovkommentar, Aksjeloven, § 6-2 Rn. 966; *Mörsdorf*, NTS 2009, 70, 71.

251 *Aarbakke*, Aksjeloven og allmenaksjeloven, § 6-2 Rn. 1.5; *Smith Ulseth*, S. 68.

252 NOU 1992: 29, S. 215; NOU 1996: 3, S. 135; *Aarbakke*, Aksjeloven & allmenaksjeloven, § 6-2 Rn. 1.5; *Smith Ulseth*, S. 68.

bestellt werden.[253] Ebenso wie die Mitglieder des Verwaltungsrats muss der Geschäftsleiter geschäftsfähig sein.[254]

2. *Anforderungen an den Wohnsitz und Ausländer als Geschäftsleiter*

Der Geschäftsleiter muss ferner seinen Wohnsitz grundsätzlich in Norwegen haben, es sei denn, dass er Bürger eines EU-Mitgliedsstaats oder eines Landes ist, das Mitglied im EWR ist, § 6-11 Abs. 1 Asl. Ebenso wie bei den Mitgliedern des Verwaltungsrats kann durch das Wirtschafts- und Handelsministerium als Vertreter des Königs hiervon eine Ausnahme zugelassen werden.[255] Zur Begründung der Anforderungen an den Wohnsitz kann insoweit auf die Ausführungen zu den Verwaltungsratsmitgliedern verwiesen werden.[256] Entsprechendes gilt auch hinsichtlich der Anforderungen an die Nationalität des Geschäftsleiters, so dass sowohl Inländer als auch Ausländer zu Geschäftsleitern in der AS bestellt werden können.

3. *Inkompatibilität mit Aufsichtsratsmandat*

Auch der Geschäftsleiter unterliegt gemäß § 6-35 Abs. 1 Asl i. V. m. § 6-36 Abs. 2 Satz 1 Asal den Inkompatibilitätsregelungen, wonach ein Geschäftsleiter nicht zugleich Mitglied im Aufsichtsrat seiner Gesellschaft sein kann.

4. *Weitere persönliche Anforderungen an den Geschäftsleiter*

Ebenso wie an die Mitglieder des Verwaltungsrats stellen bestimmte Spezialgesetze besondere Anforderungen an den Geschäftsleiter. Insoweit einschlägig sind auch hier insbesondere das Vphl, das Kkl sowie das Emgll, so dass an dieser Stelle entsprechend auf die obigen Ausführungen verwiesen werden kann.[257] Ferner gilt auch für den Geschäftsleiter, dass die Gesellschafter per Gesellschafterbeschluss bzw. Satzungsregelung weitere persönliche Anforderungen an die Funktion des Geschäftsleiters stellen können.[258] Eine Beschränkung kann dahingehend getroffen werden, dass lediglich Gesellschafter, Angehörige bestimmter Familien oder

---

253 *Aarbakke*, Aksjeloven & allmenaksjeloven, § 20-1 Rn. 1.2.
254 NOU 1992: 29, S. 139; *Aarbakke*, Aksjeloven & allmenaksjeloven, § 6-2 Rn. 1.5.
255 siehe hierzu bereits die Ausführungen zum Verwaltungsrat S. 45.
256 Siehe S. 45.
257 Siehe S. 46.
258 *Aarbakke*, Aksjeloven & allmenaksjeloven, § 6-2 Rn. 2.1; *Smith Ulseth*, S. 70 f.

Gesellschafter einer Mutter- oder Tochtergesellschaft zum Geschäftsleiter bestellt werden können.[259]

V. Rechtsvergleichende Analyse

Übereinstimmende Regelungen finden sich bei der Anforderung, dass nur natürliche, geschäftsfähige Personen Mitglieder eines der Geschäftsführungsorgane werden können – mit der einzigen Ausnahme der sog. Schiffs-AS in Norwegen. In dieser besteht die Möglichkeit, auch eine Personenhandelsgesellschaft zum Geschäftsleiter zu bestellen. Zudem besteht in beiden Gesellschaften die Möglichkeit, durch Satzung weitere Anforderungen an die zu wählende Person zu stellen, wie etwa die Zugehörigkeit zu einer bestimmten Familie oder Gesellschaftergruppe. Ebenso erlauben es das GmbH-Recht sowie das Aksjeloven, Voraussetzungen hinsichtlich der Kenntnisse und Fähigkeiten einer zu bestellenden Person festzulegen.

Unterschiede gibt es bei den Regelungen zu den Anforderungen, die an den Wohnsitz der Mitglieder der geschäftsführenden Organe in der AS im Gegensatz zur GmbH gestellt werden. Sowohl die Mitglieder des Verwaltungsrats als auch der Geschäftsleiter müssen ihren Wohnsitz in Norwegen oder in einem EU- oder EWR-Mitgliedstaat haben; bei den Mitgliedern des Verwaltungsrats ist es allerdings ausreichend ist, dass dies bei mindestens der Hälfte der Mitglieder der Fall ist. Das GmbHG stellt zwar direkt keine Anforderungen an den Wohnsitz, jedoch ist in der Literatur und der Rechtsprechung umstritten, ob an dem Erfordernis der jederzeitigen Einreisemöglichkeit bei Nicht-EU-Ausländern festgehalten werden soll.

Sowohl in Norwegen als auch in Deutschland sind die Beweggründe dieselben. Zum einen will man verhindern, dass in Krisensituationen ausländische Geschäftsführer schwer gerichtlich zur Verantwortung gezogen werden können und somit das Haftungssystem des jeweiligen Gesetzes ausgehebelt wird. Zum anderen bestehen Bedenken dahingehend, dass die geschäftsführenden Organe bei einem ausländischen bzw. Nicht-EU/EWR-Wohnsitz den ihnen obliegenden Pflichten nicht ordnungsgemäß nachkommen können. Ob man dem durch das Erfordernis einer ständigen Einreisemöglichkeit oder die Anforderung an den Wohnsitz zu begegnen versucht, ist als in gleicher Weise geeignete Maßnahme zu werten, so dass die Regelungen bzw. Anforderungen zwar auf den ersten Blick divergieren, tatsächlich aber denselben Regelungsgehalt betreffen. In Deutschland ist die Tendenz einiger Oberlandesgerichte festzustellen, auf die Anforderung der jederzeitigen Einreisemöglichkeit zu verzichten. Solange weder der Bundesgerichtshof

---

259 *Smith Ulseth*, S. 68.

noch der Gesetzgeber hier eindeutig Stellung bezogen haben, kommt es im Zweifel auf den jeweiligen Einzelfall sowie das zuständige Gericht an, ob an dem Erfordernis weiter festgehalten wird.

§ 2 Beendigung der Organstellung

Bei der Untersuchung der Beendigungsmöglichkeiten der Organstellung der jeweiligen Geschäftsführungsorgane wird zunächst die Möglichkeit der Abberufung unter den verschiedenen Gesichtspunkten erörtert. Im Anschluss daran erfährt die Amtsniederlegung eine nähere Betrachtung. Abschließend werden sonstige Beendigungsmöglichkeiten untersucht.

A. Abberufung der Organmitglieder

I. Abberufung des Geschäftsführers

Die Bestellung zum Geschäftsführer einer GmbH kann zeitlich befristet oder unbefristet erfolgen, was unterschiedliche Beendigungsalternativen zur Folge hat. Sofern ein Geschäftsführer zeitlich befristet bestellt worden ist, endet die Organstellung mit Ablauf dieser Frist.[260] Das Gesetz sieht grundsätzlich keine Höchstdauer der Organmitgliedschaft bei Geschäftsführern vor. Anders ist dies allerdings in Fällen, bei denen die Gesellschaft den Bestimmungen des MitbestG oder dem MontanMitbestG unterliegt. Gemäß § 31 Abs. 1 MitbestG sowie § 12 MontanMitbestG, die jeweils auf § 84 Abs. 1 Satz 1 AktG verweisen, ist eine Bestellung lediglich bis zu einer Höchstgrenze von fünf Jahren möglich.

Bei einer Bestellung zum Geschäftsführer auf unbestimmte Zeit ist die Abberufung grundsätzlich jederzeit mit sofortiger Wirkung ohne Vorliegen von Gründen möglich, vgl. § 38 Abs. 1 GmbHG. Eine derartige Abberufung bedarf keiner Begründung durch das abberufende Organ.[261] Das Recht zur freien Abberufbarkeit stellt mithin einen Gegenpol zu der im Außenverhältnis unbeschränkten und unbeschränkbaren Vertretungsmacht der Geschäftsführer dar.[262] Aufgrund der weitreichenden Vertretungsbefugnis sollen die Geschäftsführer nur so lange

260 *Terlau*, in Michalski, GmbHG, § 38 Rn. 80; *Stephan/Tieves*, in MüKo, GmbHG, § 38 Rn. 68.

261 *Zöllner/Noack*, in Baumbach/Hueck, GmbHG, § 38 Rn. 3; *Kleindiek*, in Lutter/Hommelhoff, GmbHG, § 38 Rn. 1.

262 *Terlau*, in Michalski, GmbHG, § 38 Rn. 3; *Altmeppen*, in Roth/Altmeppen, GmbHG, § 38 Rn. 2.

im Amt bleiben, wie sie das volle Vertrauen der Gesellschafter genießen.[263] Weiterhin soll dieses Recht als ein Gegengewicht zur regelmäßig fehlenden Befristung der Bestellung zum Organ der Gesellschaft dienen und die übergeordnete Stellung der Gesellschafterversammlung gegenüber den Geschäftsführern zum Ausdruck bringen.[264] Zusammenfassend lässt sich sagen, dass der Grundsatz der freien Abberufbarkeit somit letztlich der Sicherheit der Gesellschaft dient.

Das Recht zur jederzeitigen Abberufbarkeit kann jedoch durch abweichende Regelungen in der Satzung modifiziert werden. § 38 Abs. 2 GmbHG sieht in diesem Zusammenhang vor, dass die Zulässigkeit des Widerrufs auf den Fall des Vorliegens wichtiger Gründe begrenzt werden kann. Die Möglichkeit der Beschränkung der Abberufungsmöglichkeit ist sowohl bei Gesellschaftergeschäftsführern als auch bei Fremdgeschäftsführern zulässig.[265] Als wichtigen Grund für die Abberufung sieht das Gesetz insbesondere die grobe Pflichtverletzung oder die Unfähigkeit zur ordnungsgemäßen Geschäftsführung vor, § 38 Abs. 2 Satz 2 GmbHG. Diese im Gesetz genannten Gründe sind jedoch nicht abschließend, so dass weitere Gründe wie zum Beispiel außerdienstliche Vorfälle, Krankheit, Verlust des Vertrauens der Kunden oder die Auftragslage als wichtiger Grund angeführt werden können. Für die Beurteilung der Frage, ob ein wichtiger Grund vorliegt, ist eine Gesamtwürdigung aller Umstände vorzunehmen, die ergeben muss, dass eine Zusammenarbeit nicht mehr möglich ist.[266] Dabei muss die Entscheidung zeitlich in einem nachvollziehbaren Zusammenhang mit dem Vorliegen des wichtigen Grundes stehen.[267]

Das Recht zur Abberufung ist im Zweifel Annex zu der Bestellkompetenz, so dass das Recht zur Abberufung grundsätzlich dem Organ zusteht, das den Geschäftsführer bestellen kann.[268] Sofern in der Satzung nicht anders geregelt, ist daher die Gesellschafterversammlung das zuständige Organ.[269] Dritten – sofern sie nicht Teil eines fakultativen Gesellschaftsorgans sind – kann die Abberufungskompetenz nicht durch Einräumung eines organisationsrechtlichen

---

263 BGH DStR 1993, 843, 843; *Kleindiek*, in Lutter/Hommelhoff, GmbHG, § 38 Rn. 2.
264 BGH DStR 1993, 843, 843; *Wicke*, GmbHG, § 38 Rn. 1.
265 *Lenz*, in Römermann, MAH GmbH-Recht, Teil C, § 8, Rn. 13.
266 *Lenz*, in Römermann, MAH GmbH-Recht, Teil C, § 8, Rn. 30f.; *W. Goette*, DStR 1998, 938, 940.
267 *Lenz*, in Römermann, MAH GmbH-Recht, Teil C, § 8, Rn. 31.
268 *Lenz*, in Römermann, MAH GmbH-Recht, Teil C, § 8, Rn. 26; *Altmeppen*, in Roth/Altmeppen, GmbHG, § 38 Rn. 11 f.
269 *Liebscher*, in MüKo, GmbHG, § 46 Rn. 182; *Altmeppen*, in Roth/Altmeppen, GmbHG, § 38 Rn. 10; *Lenz*, in Römermann, MAH GmbH-Recht, Teil C, § 8, Rn. 26.

Rechts übertragen werden, da dies gegen das Prinzip der Verbandssouveränität verstoßen würde.[270] Möglich ist jedoch eine schuldrechtliche Vereinbarung, bei der einem Dritten das Recht zugesprochen wird, die Abberufung des Geschäftsführers durch die Gesellschafter zu verlangen.[271] Eine Nichtbefolgung durch die Gesellschafter hätte lediglich Konsequenzen im Vertragsverhältnis, nicht jedoch auf die Organisations- bzw. Verbandsstruktur der Gesellschaft, so dass kein Verstoß gegen die Verbandssouveränität eintreten kann.[272]

Die Rechtsfolge einer wirksamen Abberufung ist, sofern die Abberufung nicht befristet ausgesprochen wurde, die unmittelbare Beendigung der Organstellung.

II. Abberufung der Beiratsmitglieder

Das für die Bestellung der Beiratsmitglieder zuständige Organ ist – vorbehaltlich anderslautender Satzungsregelungen – auch für deren Abberufung zuständig.[273]

Hinsichtlich der Amtsdauer herrscht Satzungsfreiheit. Weder § 102 Abs. 1 AktG, der für die Aufsichtsratsmitglieder einer AG eine Höchstdauer der Amtszeit von fünf Jahren vorsieht, findet mangels Verweis in § 52 Abs. 1 GmbHG auf § 102 Abs. 1 AktG Anwendung auf den Beirat,[274] noch ist dies bei der Regelung des § 84 AktG der Fall, wonach die Amtszeit von Vorstandsmitgliedern auf höchstens fünf Jahre begrenzt wird.[275] Schließlich enthält auch das GmbH-Gesetz zur Bestelldauer der Beiratsmitglieder keine explizite Regelung.

Sofern die Satzung eine bestimmte Dauer der Mitgliedschaft in einem Beirat vorsieht, endet die Organstellung grundsätzlich mit Ablauf der Frist. Eine vorzeitige Abberufung ist grundsätzlich jederzeit möglich, da die Befristung einer Bestellung in der Regel lediglich dazu dient, den Tätigkeitszeitraum der gewählten Person zeitlich zu begrenzen.[276] Etwas anderes gilt jedoch dann, wenn die Befristung erkennbar weiteren Zwecken, wie etwa dem Minderheitenschutz oder einer Stärkung des Gesamtorgans Beirat, dient, so dass die Befristung eher im

---

270 *Kleindiek*, in Lutter/Hommelhoff, GmbHG, § 38 Rn. 3; *Schneider*, in Scholz, GmbHG, § 38 Rn. 24 f.

271 *Schneider*, in Scholz, GmbHG, § 38 Rn. 24 f.; Fleck, ZGR 1988, 104, 130.

272 *Schneider*, in Scholz, GmbHG, § 38 Rn. 24 f.; Fleck, ZGR 1988, 104, 130.

273 *Giedinghagen*, in Michalski, GmbHG, § 52 Rn. 411; *Spindler*, in MüKo, GmbHG, § 52 Rn. 664; *Voormann*, S. 133; *Robertz*, MittRhNotK 1991, 239, 246.

274 *Spindler*, in Spindler/Stilz, AktG, § 102 Rn. 7; *Lutter*, in Lutter/Hommelhoff, GmbHG, § 52 Rn. 113 i.V.m. Rn. 8; *Voormann*, S. 131 f.

275 *Voormann*, S. 132.

276 *Voormann*, S. 133.

Sinne einer Mindestamtszeit ausgelegt werden muss.[277] Ebenso wenig besteht das Recht der jederzeitigen Abberufung für den Fall, dass die Bestellung von Beiratsmitgliedern durch Kooptation stattfindet.[278] Würde man ein solches Recht zur jederzeitigen Abberufung bejahen, könnte sich die jeweilige Mehrheit im Beirat missliebiger Beiratsmitglieder durch Beschluss entledigen.[279] Den Gesellschaftern steht – unbeachtlich einer etwaigen Delegation des Bestellungsrechts auf ein anderes Organ – jedoch auch in diesem Fall ein Abberufungsrecht zu, wenn in der Person eines der Beiratsmitglieder ein wichtiger Grund gegeben ist.[280]

Sieht die Satzung keine Regelung für die Dauer der Amtszeit vor, gelten die Beiratsmitglieder als auf unbestimmte Zeit bestellt. Dies hat zur Folge, dass eine Abberufung als Mitglied des Beirats ohne Vorliegen eines wichtigen Grundes durchgeführt werden kann.[281] Dies ergibt sich aus einer entsprechenden Anwendung des § 103 AktG, wonach die Mitglieder eines Beirats kein Recht auf ihr Amt haben und ihnen somit keine schutzwürdige Position eigenverantwortlicher Amtsführung zusteht.[282] Etwas anderes kann sich aus der Satzung ergeben, wenn diese derart gestaltet ist, dass vor Ablauf einer gewissen Amtszeit eine Abberufung nur aus wichtigem Grund möglich ist.[283]

Ferner steht den Gesellschaftern immer dann ein Abberufungsrecht zu, wenn in der Person eines der Beiratsmitglieder ein wichtiger Grund vorliegt.[284] Die Abberufung kann dann auch gegen den Willen des Bestellungsorgans durchgeführt werden.[285]

---

277 *Voormann*, S. 133.

278 *Voormann*, S. 134.

279 *Voormann*, S. 134.

280 *Lutter*, in Lutter/Hommelhoff, GmbHG, § 52 Rn. 115; *Giedinghagen*, in Michalski, GmbHG, § 52 Rn. 411; *Voormann*, S. 135.

281 *Lutter*, in Lutter/Hommelhoff, GmbHG, § 52 Rn. 113 ff.; *Spindler*, in MüKo, GmbHG, § 52 Rn. 664; *Raiser/Heermann*, in Ulmer, GmbHG, § 52 Rn. 339; *Nießen/Kempermann*, NJW-Spezial 2012, 271, 272; *Robertz*, MittRhNotK 1991, 239, 246 f.

282 *Koppensteiner*, in Rowedder/Schmidt-Leithoff, GmbHG, § 52 Rn. 9; *Raiser/Heermann*, in Ulmer, GmbHG, § 52 Rn. 339.

283 *Robertz*, MittRhNotK 1991, 239, 246.

284 *Lutter*, in Lutter/Hommelhoff, GmbHG, § 52 Rn. 115; *Giedinghagen*, in Michalski, GmbHG, § 52 Rn. 411; *Huber*, GmbHR 2004, 772, 777.

285 *Lutter*, in Lutter/Hommelhoff, GmbHG, § 52 Rn. 115.

III. Abberufung der Verwaltungsratsmitglieder

Sofern die Satzung nichts anderes vorsieht, endet die Mitgliedschaft im Verwaltungsrat nach zwei Jahren, § 6-6 Abs. 1 Asl. Die Amtszeit kann durch die Satzung verkürzt oder verlängert werden.[286] Eine Verlängerung ist jedoch auf maximal vier Jahre möglich, § 6-6 Abs. 1 Asl. Hierdurch soll gewährleistet werden, dass die Gesellschafterversammlung am Ende der Amtszeiten des Verwaltungsrats in der Wahl der neuen Mitglieder frei ist. Ferner wird hierdurch vermieden, dass die Gesellschaft durch eine langfristige Bindung an Mitglieder des Verwaltungsrats wirtschaftlich unter Umständen stark belastet oder eingeschränkt wird.[287] Ferner soll sich das für die Bestellung zuständige Organ in regelmäßigen Abständen über die Kompetenz bzw. die erfolgten Leistungen informieren, um somit sicherstellen zu können, dass die Mitglieder des Verwaltungsrats zum Wohle der Gesellschaft handeln.[288] Eine Wiederwahl ist unbeschränkt zulässig, es sei denn, die Satzung der Gesellschaft regelt etwas Abweichendes.[289] Ferner können die Mitglieder des Verwaltungsrats durch Beschluss desjenigen Organs oder derjenigen Personengruppe abberufen werden, die sie gewählt haben, § 6-7 Abs. 2 Asl. Die Ausübung dieses Abberufungsrechts ist nicht an eine Frist gebunden und daher jederzeit möglich.[290] Ferner bedarf es keiner Abmahnung oder einer vorherigen Suspension vor der Abberufung.[291] Die Angabe eines Grundes für die Abberufung ist ebenfalls nicht Voraussetzung für das Wirksamenwerden der Abberufung.[292]

Das Recht zur jederzeitigen Abberufbarkeit gilt nicht für Verwaltungsratsmitglieder, die durch die Arbeitnehmer nach den Regelungen in § 6-4 Asl. berufen worden sind, vgl. § 6-7 Abs. 2 Satz 2 Asl. Demnach können Verwaltungsratsmitglieder, die durch die Arbeitnehmer gewählt worden sind, nicht vor Ablauf der Amtsperiode gegen ihren Willen vom Amt entfernt werden.[293]

---

286 *Aarbakke*, Aksjeloven & allmenaksjeloven, § 6-3 Rn. 1.1; *Bråthen*, S. 139 f.

287 *Andenæs*, Aksjeselskaper & Allmennaksjeselskaper, Kap. 27, Rn. 27.5.1.

288 *Andenæs*, Aksjeselskaper & Allmennaksjeselskaper, Kap. 27, Rn. 27.5.1.

289 *Aarbakke*, Aksjeloven & allmenaksjeloven, § 6-6 Rn. 1.1; *Andenæs*, Aksjeselskaper & Allmennaksjeselskaper, Kap. 27, Rn. 27.5.1; *Bråthen*, in Norsk Lovkommentar, Aksjeloven, § 6-6 Rn. 1010.

290 NOU 1992: 29, S. 139; *Aarbakke*, Aksjeloven & allmenaksjeloven, § 6-7 Rn. 2.1.

291 *Aarbakke*, Aksjeloven & allmenaksjeloven, § 6-7 Rn. 2.1.

292 *Andenæs*, Aksjeselskaper & Allmennaksjeselskaper, Kap. 27 Rn. 27.5.2; *Bråthen*, in Norsk Lovkommentar, Aksjeloven, § 6-6 Rn. 1021.

293 Ot. prp. Nr. 19 (1974–75) S. 102; *Aarbakke*, Aksjeloven & allmenaksjeloven, § 6-7 Rn. 2.5.

IV. Abberufung des Geschäftsleiters

Das norwegische Aksjeloven sieht beim Geschäftsleiter – anders als bei den Mitgliedern des Verwaltungsrats – grundsätzlich keine zeitliche Begrenzung des Amtes vor, so dass dieser grundsätzlich auf unbestimmte Zeit bestellt wird.[294] Sowohl hinsichtlich der Kompetenz zur Abberufung des Geschäftsleiters als auch hinsichtlich der Durchführung der Abberufung enthält das Aksjeloven keine expliziten Regelungen.[295] Aus einem Umkehrschluss zu den Regelungen zur Anstellung des Geschäftsleiters wird jedoch gefolgert, dass das für die Anstellung zuständige Organ auch für die Abberufung zuständig sei.[296] Trotz mehrerer Reformen und im Bewusstsein, dass hinsichtlich der Abberufungsmodalitäten eine Regelungslücke im Aksjeloven besteht, hat der Gesetzgeber die Abberufung des Geschäftsleiters nicht auf eine gesellschaftsrechtliche Grundlage gestellt, sondern ist bewusst untätig geblieben.[297] Neben dem organschaftlichen Verhältnis besteht zwischen der Gesellschaft und dem Geschäftsleiter auch ein dienstrechtliches Anstellungsverhältnis, das sich nach den Regelungen des Arbeidsmiljøloven (Aml)[298] richtet. Dies führt dazu, dass neben den Regelungen aus dem Aksjeloven auch solche des Arbeidsmiljøloven auf den Geschäftsleiter Anwendung finden.

Aufgrund des daraus resultierenden gemeinsamen Anwendungsbereichs sowohl des Aksjeloven als auch des Arbeidsmiljøloven stellt sich die Frage, ob das Aksjeloven dem Arbeitsrecht im Sinne einer *Lex-specialis*-Regelung vorgeht, sofern es zu Kollisionen bzw. Widersprüchen bei der Anwendung bzw. Auslegung kommt.[299] In diesem Fall würden die arbeitsrechtlichen Regelungen aufgrund des Anwendungsvorrangs des Aksjeloven keine Anwendung finden, wenn sie gegen dieses verstoßen würden. Ein derartiger Auslegungs- bzw. Wertungsansatz ist

---

294 *Aarbakke*, Aksjeloven & allmenaksjeloven, § 6-2 Rn. 2.3; *Andenæs*, Aksjeselskaper & Allmennaksjeselskaper, Kap. 27, Rn. 27.6.1.

295 *Aarbakke*, Aksjeloven & allmenaksjeloven, § 6-2 Rn. 2.3; *Andenæs*, Aksjeselskaper & Allmennaksjeselskaper, Kap. 27, Rn. 27.6.1.

296 Rt 2000.610; *Aarbakke*, Aksjeloven & allmenaksjeloven, § 6-2 Rn. 2.3; *Andenæs*, Aksjeselskaper & Allmennaksjeselskaper, Kap. 27, Rn. 27.6.1; *Bråthen*, S. 149 f.; *Smith Ulseth*, S. 116.

297 NOU 1992: 29, S. 150; *Andenæs*, Aksjeselskaper & Allmennaksjeselskaper, Kap. 27, Rn. 27.6.1.

298 Lov om arbeidsmiljø, arbeidstid og stilingsvern mv (arbeidsmiljøloven) vom 01.01.2006; (Das Arbeidsmiljøloven regelt die Rechtsbeziehungen zwischen Arbeitnehmern und Arbeitgebern).

299 *Smith Ulseth*, S. 35.

den Gesetzesmaterialien zum norwegischen Aksjeloven zu entnehmen.[300] Eine höchstrichterliche Rechtsprechung, die diese Auslegung stützen und somit den Anwendungsvorrang bestätigen würde, gibt es jedoch nicht. Betrachtet man die Rechtspraxis, spricht vieles gegen eine solche Auslegung. Nach Ansicht des Høyesterett[301] gilt das Arbeitsrecht auch für den Geschäftsleiter, ohne dass ein Vorbehalt hinsichtlich der rechtlichen Regelungen des Aksjeloven besteht. Die Regelungen des Arbeitsrechts sind jedoch im Lichte des Aksjeloven auszulegen und zu werten.[302] Da vorliegend im Aksjeloven bewusst keine Regelung zur Abberufung getroffen wurde, kann eine Entscheidung über den Anwendungsvorrang des einen oder des anderen Rechts dahinstehen, da unstreitig die Regelungen des Arbeidsmiljøloven Anwendung finden.

Aus diesem Grund finden bei der Abberufung des Geschäftsleiters die arbeitsrechtlichen Vorschriften aus dem Arbeidsmiljøloven Anwendung, da der Geschäftsleiter nach norwegischem Verständnis neben seiner Organstellung auch Arbeitnehmer ist und deshalb ebenso unter den Schutz des norwegischen Arbeitsrechts fällt wie sonstige Arbeitnehmer.[303]

Eine Folge der Eröffnung des Anwendungsbereichs des Arbeitsrechts ist, dass terminologisch bei der Abberufung des Geschäftsleiters besser von Kündigung als von Abberufung zu sprechen ist. Es wird demnach zwischen der fristgebundenen, ordentlichen Kündigung und der fristlosen, außerordentlichen Kündigung des Geschäftsleiters unterschieden. Bei beiden Arten der Kündigung muss ein wichtiger Grund im Sinne des § 15-7 Abs. 1 Aml vorliegen, was zu einer Begrenzung der Möglichkeiten des Verwaltungsrats führt, das Organ- sowie Arbeitsverhältnis des Geschäftsleiters zu beenden.[304]

Wichtige Gründe, die zur Beendigung des Organ- sowie Anstellungsverhältnisses des Geschäftsleiters führen, sind unter anderem mangelnde Fähigkeit, das Unternehmen ordnungsgemäß zu führen, eine dauerhafte Konfliktsituation mit dem Verwaltungsrat, die dazu führt, dass die Belange der Gesellschaft nicht ordnungsgemäß gewahrt werden, oder ein wesentlicher Verstoß gegen die Loyalitätspflicht.[305] Bei der Ermittlung des Vorliegens eines wichtigen Grundes wird

---

300 NOU 1992: 29, S. 150.

301 Das „Høyesterett“ ist der oberste Gerichtshof von Norwegen.

302 *Bråthen*, S. 149 f.

303 *Aarbakke*, Aksjeloven & allmenaksjeloven, § 6-2 Rn. 2.3; *Andenæs*, Aksjeselskaper & Allmennaksjeselskaper, Kap. 27, Rn. 27.6.1; *Bråthen*, S. 149 f.; *Mörsdorf*, NTS 2009, 70, 72.

304 *Bråthen*, S. 149 f.

305 Ot. prp. Nr. 101 (2001–2002), S. 6 f.; *Smith Ulseth*, S. 163 ff.

demnach eine Gesamtbetrachtung dahingehend vorgenommen, ob wesentliche, schwerwiegende Fehler zum Nachteil der Gesellschaft vorliegen, die das Verhältnis zwischen Geschäftsleiter und Gesellschaft bzw. den übrigen Gesellschaftsorganen wesentlich beeinträchtigt.[306]

Eine außerordentliche fristlose Kündigung setzt voraus, dass eine grobe Pflichtverletzung oder eine wesentliche Nichterfüllung der Pflichten vorliegt, vgl. § 15-14 Abs. 1 Aml. Zudem muss unter Berücksichtigung aller Umstände des Einzelfalls und unter Abwägung der beiderseitigen Interessen die Fortsetzung des Organ- sowie Arbeitsverhältnisses bis zum Ende der vereinbarten Laufzeit oder bis zum Ablauf der ordentlichen Kündigungsfrist unzumutbar sein.[307] Nach § 15-16 Abs. 2 Aml kann der Geschäftsleiter sich – anders als sonstige Arbeitnehmer – seines Kündigungsschutzes durch vertragliche Vereinbarung begeben.[308] Danach besteht die Möglichkeit, den Geschäftsleiter unmittelbar ohne das Vorliegen eines wichtigen Grundes abzuberufen, wenn er dafür im Gegenzug eine Abfindung erhält.[309]

V. Rechtsvergleichende Analyse

Die Abberufung des Geschäftsführers, der Mitglieder des Beirats sowie des Verwaltungsrats ist grundsätzlich nicht an das Vorliegen eines wichtigen Grundes gekoppelt und von daher jederzeit möglich. Etwas anderes gilt jedoch für den Geschäftsleiter in der AS, bei dem die Abberufung *per se* an das Vorliegen eines wichtigen Grundes gekoppelt ist. Dies ist dem Umstand geschuldet, dass der norwegische Gesetzgeber trotz mehrerer Reformbemühungen die Abberufung des Geschäftsleiters nicht auf eine gesellschaftsrechtliche Grundlage gestellt hat, sondern diese sich sowohl für das Organ- als auch für das Anstellungsverhältnis nach den Regelungen des Arbeidsmiljøloven richtet.

Die Untersuchung der Abberufungsmöglichkeiten hat ferner ergeben, dass bei der vom Gesetz festgelegten Dauer der Amtszeit ein erheblicher Unterschied zwischen den Mitgliedern des Verwaltungsrats einerseits und dem Geschäftsführer oder den Beiratsmitgliedern in der GmbH andererseits besteht. Das GmbHG sieht keine Maximallaufzeit für die Dauer der Bestellung zum

---

306 Rt. 2001 1362; Ot. prp. Nr. 101 (2001–2002), S. 6 f.; *Smith Ulseth*, S. 158 ff.

307 Andenæs, Aksjeselskaper og Allmennaksjeselskaper, Kap. 27, Rn. 27.6.3; *Johansen/Stueland*, Arbeidsmiljøloven, § 15-16, S. 835 f.; *Dalheim*, in Norsk Lovkommentar, Arbeidsmiljøloven, § 15-16 Rn. 628.

308 *Smith Ulseth*, S. 36; *Mörsdorf*, NTS 2009, 70, 76.

309 Ot. prp. Nr. 101 (2001–2002), S. 6 ff.; *Dalheim*, in Norsk Lovkommentar, Arbeidsmiljøloven, § 15-16 Rn. 628; *Smith Ulseth*, S. 204 f.; *Mörsdorf*, NTS 2009, 70, 76.

Geschäftsführer oder Beiratsmitglied vor, so dass der Geschäftsführer sowie die Mitglieder eines Beirats grundsätzlich auf unbestimmte Zeit bestellt werden. Ein Gegengewicht zu der fehlenden Befristung der Bestellung des Geschäftsführers stellt die Möglichkeit der jederzeitigen Abberufung nach § 38 Abs. 1 GmbHG dar. Auch für den Beirat gilt, dass eine jederzeitige Abberufung möglich ist. Das Aksjeloven hingegen sieht eine Regelamtszeit von zwei Jahren und eine Bestellungshöchstdauer von vier Jahren für Verwaltungsratsmitglieder vor, wodurch unter anderem sichergestellt werden soll, dass diese zum Wohl und im Interesse der Gesellschaft handeln. Eine ähnliche Regelung sieht das deutsche Aktienrecht in § 84 Abs. 1 AktG vor, das eine Bestellungshöchstdauer für Vorstandsmitglieder von fünf Jahren festlegt. § 84 Abs. 1 AktG findet über die § 31 MitbestG, § 12 Montan-MitbestG sowie § 13 MitbestErgG auch auf die mitbestimmte GmbH Anwendung. Sowohl im Aktienrecht als auch bei der mitbestimmten GmbH soll die zeitliche Begrenzung der Bestellungsdauer die Personalkompetenz des Aufsichtsrats sichern, da dieser hierdurch die Möglichkeit erhält, auf die Zusammensetzung der geschäftsführenden Organe Einfluss zu nehmen, womit eine Stärkung der Mitbestimmungsrechte der Arbeitnehmer in der Gesellschaft sichergestellt werden soll.[310]

In der AS ist der Grund für eine zeitliche Begrenzung ein anderer, da er hier nicht Ausfluss der mitbestimmungsrechtlichen Reglungen ist, sondern als Teil einer effektiven Unternehmensleitung angesehen wird.[311] Aus diesem Grund besteht die zeitliche Begrenzung der Höchstdauer der Bestellung auch dann, wenn nicht der Aufsichtsrat für die Bestellung des Verwaltungsrats zuständig ist, sondern die Bestellung durch die Gesellschafter, ein drittes freiwilliges Bestellungsorgan oder sogar durch gesellschaftsfremde Dritte durchgeführt wird.

Vor dem Hintergrund, dass die grundsätzlich freie Abberufungsmöglichkeit nach § 38 Abs. 1 GmbHG durch § 38 Abs. 2 auf das Vorliegen wichtiger Gründe beschränkt werden kann, könnte man auch für die Bestellungsdauer eines GmbH-Geschäftsführers sowie der Mitglieder eines Beirats eine zeitliche Begrenzung der Amtszeit im Interesse einer effektiven Unternehmensleitung als sinnvoll erachten. In diesem Kontext wird bereits in der Literatur im Hinblick auf einen fakultativen Beirat, der mit Geschäftsführungskompetenzen ausgestattet ist, die Meinung vertreten, dass eine Beschränkung der Amtszeit empfehlenswert sei, da dies das zuständige Bestellungsorgan dazu zwinge, seine Entscheidung

---

310 BGH, NJW 1983, 1465, 1466; *Dauner-Lieb*, in Henssler/Strohn, Gesellschaftsrecht, § 84 AktG Rn. 9.

311 Siehe hierzu bereits S. 54.

regelmäßig zu überprüfen, sowie den Mitgliedern des Beirats einen Anreiz dahingehend setze, sich in ihrem Amt zu bewähren.[312] Eine zeitliche Begrenzung der Amtsdauer ist dem deutschen Gesellschaftsrecht – wie aufgezeigt – nicht fremd, so dass man sowohl im Interesse der Gesellschafter als auch der Mitglieder der geschäftsführenden Organe über eine Aufnahme einer derartigen Regelung in die Satzung einer GmbH nachdenken könnte.

B. Amtsniederlegung

I. Amtsniederlegung des Geschäftsführers

Das GmbH-Gesetz sieht keine ausdrückliche Regelung zur Amtsniederlegung vor. Nach früherer Rechtsprechung des BGH war Voraussetzung für eine Amtsniederlegung des Geschäftsführers das Vorliegen eines wichtigen Grundes, wie zum Beispiel Dienstunfähigkeit aufgrund einer schwerwiegenden Krankheit oder das Vorliegen einer gravierenden Störung des Vertrauens zwischen den Gesellschaftern und dem Geschäftsführer.[313] In einer Entscheidung aus dem Jahr 1993 hat der BGH seine alte Rechtsauffassung aufgegeben und festgestellt, dass eine Amtsniederlegung auch dann grundsätzlich sofort wirksam ist, wenn die Erklärung ohne Angabe eines Grundes erfolgt.[314] Zur Begründung führte der entscheidende Senat das Bedürfnis nach Rechtssicherheit an.[315] Dieses Bedürfnis nach Rechtssicherheit betrifft zum einen die internen Belange der Gesellschaft und andererseits die des externen Rechtsverkehrs. Zudem wird in der Literatur eine Parallele zu § 38 Abs. 1 GmbHG gezogen, denn der Wegfall des Vertrauensverhältnisses zwischen Gesellschaftern und Geschäftsführer rechtfertigt nicht nur die jederzeit mögliche Abberufung, sondern muss im Umkehrschluss dem Geschäftsführer ein Recht zur jederzeitigen Amtsniederlegung einräumen.[316] Somit kann der Geschäftsführer seine organschaftliche Stellung durch Amtsniederlegung grundsätzlich jederzeit und fristlos beenden, sofern in der Amtsniederlegung kein Rechtsmissbrauch oder eine Amtsniederlegung zur Unzeit vorliegt.[317] Eine Amtsniederlegung zur Unzeit liegt nach allgemeinem Verständnis vor, wenn

312 *Raiser/Heermann*, in Ulmer, GmbHG, § 52 Rn. 338; *Spindler*, DStR 2005, 1775, 1776 f.

313 BGH NJW 1980, 2415, 2416f.

314 BGH NJW 1993, 1198, 1199f.

315 BGH NJW 1993, 1198, 1199f.

316 *Stephan/Tieves*, in MüKo, GmbHG, § 38 Rn. 54.

317 BGH NJW 1993, 1198, 1200; *Zöllner/Noack*, in Baumbach/Hueck, GmbHG, § 38 Rn. 86; *Kleindiek* in Lutter/Hommelhoff, GmbHG, § 38 Rn. 41 ff.

der Geschäftsführer mit seiner Amtsniederlegung willentlich in Kauf nimmt, dass die Gesellschaft führungslos wird.[318]

Die jederzeitige Möglichkeit der Amtsniederlegung kann allerdings durch Satzungsvereinbarung dahingehend beschränkt werden, dass diese nur bei Vorliegen eines wichtigen Grundes möglich ist.[319] Sofern die Satzung hierzu keine explizite Regelung trifft, es aber an anderer Stelle in der Satzung die Anforderung gibt, dass eine Abberufung nur aus wichtigem Grund möglich sei, gilt diese Regelung im Zweifel analog auch für die Amtsniederlegung des Geschäftsführers.[320]

II. Amtsniederlegung der Beiratsmitglieder

Den Mitgliedern des Beirats steht – vorbehaltlich anderslautender Satzungsbestimmungen – das Recht zu, jederzeit und ohne Begründung das Amt niederzulegen.[321] Hiervon ausgenommen ist jedoch die Amtsniederlegung zur Unzeit.[322]

III. Amtsniederlegung der Verwaltungsratsmitglieder

Mitglieder des Verwaltungsrats können ihr Amt nur dann niederlegen, wenn ein besonderer Grund vorliegt, § 6-7 Abs. 1 Asl. Der norwegische Gesetzgeber begründet die Forderung nach dem Vorliegen eines wichtigen Grundes damit, dass eine Person, die ein solches Amt bekleidet und sich dafür zur Verfügung gestellt hat, dieses auch für den vorhergesehenen Zeitraum auszuüben hat.[323] Die Hürde für das Vorliegen eines besonderen Grundes wird daher in Norwegen hoch angesetzt. In den Gesetzesmaterialien zu § 6-7 Abs. 1 Asl aus den Jahren 1993–1994 heißt es hierzu, dass selbst dann, wenn der Anspruch an das Vorliegen eines besonderen Grundes oft als inhaltslos betrachtet wird, es dennoch Ausdruck für die Verpflichtung des Mitglieds des Verwaltungsrats ist, nach seiner Wahl die ganze Amtsperiode über seinen Pflichten nachzukommen.[324] Ein besonderer Grund

---

318 *U. Schneider*, in Scholz, GmbHG, § 38 Rn. 90; C. *Schneider*, in Breithaupt/Ottersbach, Kompendium Gesellschaftsrecht, § 2, Rn. 228.

319 *Zöllner/Noack*, in Baumbach/Hueck, GmbHG, § 38 Rn. 86; *Stephan/Tieves*, in MüKo, GmbHG, § 38 Rn. 56; *Lohr*, DStR 2002, 2173, 2175.

320 *Stephan/Tieves*, in MüKo, GmbHG, § 38 Rn. 56.

321 *Spindler*, in MüKo, GmbHG, § 52 Rn. 666; *Raiser/Heermann*, in Ulmer, GmbHG, § 52 Rn. 59; *Voormann*, S. 160 f.; *Robertz*, MittRhNotK 1991, 239, 247.

322 *Spindler*, in MüKo, GmbHG, § 52 Rn. 666; *Raiser/Heermann*, in Ulmer, GmbHG, § 52 Rn. 59; *Voormann*, S. 160 f.

323 Ot prp nr 36 1993–94 s. 203; *Aarbakke*, Aksjeloven & allmenaksjeloven, § 6-7 Rn. 1.1.

324 Ot prp nr 36 1993–94 s. 203; *Andenæs*, Aksjeselskaper & Allmennaksjeselskaper, Kap. 27, Rn. 27.5.2.

kann vorliegen, wenn persönliche Gründe, wie zum Beispiel eine schwere Krankheit, für eine Amtsniederlegung sprechen oder eine vernünftige Zusammenarbeit im Verwaltungsrat oder zwischen Verwaltungsrat und anderen Organen der Gesellschaft aufgrund persönlicher Differenzen nicht gewährleistet bzw. nicht mehr möglich ist.[325] Weitere wichtige Gründe können sein, dass der Verwaltungsrat nach Ansicht des das Amt niederlegenden Verwaltungsratsmitglieds gesetzeswidrig oder unverantwortlich gehandelt hat oder dass innerhalb des Verwaltungsrats unüberbrückbare Differenzen bestehen.[326] Keinen wichtigen Grund stellen hingegen wirtschaftliche Schwierigkeiten der Gesellschaft dar, und zwar auch dann nicht, wenn sich das Risiko einer möglichen Insolvenz zu realisieren droht.[327]

Neben dem Vorliegen eines wichtigen Grundes bedarf die Amtsniederlegung durch das Mitglied des Verwaltungsrats zusätzlich einer Ankündigung mit einer angemessenen Frist gegenüber dem Verwaltungsrat, vgl. § 6-7 Abs. 1 Satz 2 Asl. Wann die Frist angemessen ist, ist grundsätzlich einzelfallabhängig, jedoch muss die Ankündigung mit einem derart langen Vorlauf abgegeben werden, dass es dem Verwaltungsrat möglich ist, die Gesellschafterversammlung einzuberufen, um ein neues Mitglied des Verwaltungsrats bestellen zu können.[328] Entsprechendes gilt auch für den Fall, dass das Recht zur Bestellung von Verwaltungsratsmitgliedern durch die Satzung auf andere Organe der Gesellschaft oder Dritte übertragen worden ist.[329] Kann innerhalb der gesetzten Frist kein neues Mitglied des Verwaltungsrats bestellt werden, endet das Amt des niederlegenden Verwaltungsratsmitglieds dennoch mit Ablauf der Frist.[330]

IV. Amtsniederlegung des Geschäftsleiters

Das Aksjeloven stellt – anders als beim Verwaltungsrat – keine Anforderungen an die Amtsniederlegung des Geschäftsleiters, so dass insbesondere kein wichtiger Grund für die Amtsniederlegung vorliegen muss. Eine analoge Anwendung des § 6-7 Asl wird nicht in Betracht gezogen, und auch sonst schweigt sowohl die Rechtsprechung als auch die Kommentarliteratur zu diesem Thema. Die unterschiedliche rechtliche Handhabung der Voraussetzungen für die Amtsniederlegung bei

---

325 *Aarbakke*, Aksjeloven & allmenaksjeloven, § 6-6 Rn. 1.1; *Andenæs*, Aksjeselskaper & Allmennaksjeselskaper, Kap. 27, Rn. 27.5.2; *Bråthen*, in Norsk Lovkommentar, Aksjeloven, § 6-7 Rn. 1018; Ders., S. 139 f.

326 *Aarbakke*, Aksjeloven & allmenaksjeloven, § 6-6 Rn. 1.1.

327 NOU 1996: 3, S. 142; *Aarbakke*, Aksjeloven & allmenaksjeloven, § 6-6 Rn. 1.1.

328 NOU 1996: 3, S. 142; *Aarbakke*, Aksjeloven & allmenaksjeloven, § 6-6 Rn. 1.2.

329 *Aarbakke*, Aksjeloven & allmenaksjeloven, § 6-6 Rn. 1.2.

330 Rt. 1991 493; RG 2006 280; *Aarbakke*, Aksjeloven & allmenaksjeloven, § 6-6 Rn. 1.2.

Mitgliedern des Verwaltungsrats und des Geschäftsleiters kann damit begründet werden, dass zum einen auf den Geschäftsleiter neben den gesellschaftsrechtlichen Normen auch Normen aus dem Arbeitsrecht Anwendung finden, da der Geschäftsleiter – wie zuvor bereits gezeigt – sowohl Gesellschaftsorgan als auch Arbeitnehmer ist. Zum anderen existiert keine gesetzliche Regelung hinsichtlich der Dauer der Stellung als Geschäftsleiter.[331] Aus diesen Gründen spricht vieles dafür, dass die arbeitsrechtlichen Regelungen auf die Amtsniederlegung des Geschäftsleiters entsprechend angewendet werden müssen, so dass diese ohne besonderen Grund grundsätzlich mit einer Frist von einem Monat jederzeit möglich ist.[332]

V. Rechtsvergleichende Analyse

Im Aksjeloven ist die Amtsniederlegung bei Verwaltungsratsmitgliedern an das Vorliegen eines wichtigen Grundes geknüpft, während das deutsche GmbH-Recht keine derartigen Anforderungen (mehr) an die Amtsniederlegung knüpft. Dies wird unter anderem mit einem Umkehrschluss aus § 38 Abs. 1 GmbHG begründet. Nachdem das Organverhältnis jederzeit durch die Gesellschafter widerrufen werden kann, muss den Geschäftsführern ein ebenso starkes Recht zustehen. Als weiteres Argument hat der BGH in seiner hierzu ergangenen Entscheidung aus dem Jahr 1993 das Bedürfnis nach Rechtssicherheit angeführt. Dies ist das entscheidendere Argument, das dagegen spricht, das Vorliegen eines wichtigen Grundes als Voraussetzung für eine Amtsniederlegung zu fordern, da es in Grenzfällen zu Streitigkeiten über das Vorliegen bzw. Nichtvorliegen eines wichtigen Grundes kommen und dies sowohl auf Seiten der Gesellschafter als auch auf Seiten des Mitglieds des Geschäftsführungsorgans sowie außenstehender Dritter zur Rechtsunsicherheit führen kann.

Für das Festhalten bzw. für die Wiedereinführung des Erfordernisses eines wichtigen Grundes lässt sich jedoch anführen, dass dies unter Umständen dazu führen könnte, dass Mitglieder der geschäftsführenden Organe in wirtschaftlichen Krisenzeiten nicht ohne weiteres ihr Amt niederlegen können, sondern weiterhin – sofern keine anderen Gründe gegen eine weitere Zusammenarbeit sprechen – für die Gesellschaft tätig bleiben müssen.

331 Zur Stellung des Geschäftsleiters bereits ausführlich S. 55 f.

332 *Johansen/Stueland*, Arbeidsmiljøloven, § 15-3, S. 652; *Dalheim*, in Norsk Lovkommentar, Arbeidsmiljøloven, § 15-3 Rn. 573.

C. Sonstige Beendigungsgründe

I. Sonstige Beendigungsgründe des Geschäftsführers

Das Amt als Geschäftsführer endet automatisch, wenn eine der Voraussetzungen des § 6 Abs. 2 Satz 2 Nr. 1 bis Nr. 3 GmbHG eintritt sowie durch den Tod des Geschäftsführers.[333] Weitere Beendigungsgründe sind für die Fälle vorgesehen, dass die Gesellschaft im Wege der Verschmelzung einem anderen Rechtsträger zufällt oder durch formwechselnde oder übertragende Umwandlung ihre Rechtsnatur ändert.[334] Die Insolvenz der Gesellschaft führt dagegen nicht zur Beendigung der Organstellung. Die Kompetenz der Geschäftsführer zur Geschäftsführung wird jedoch stark zu Gunsten des Insolvenzverwalters eingeschränkt.[335]

II. Sonstige Beendigungsgründe der Beiratsmitglieder

Auch die Organstellung eines Beiratsmitglieds endet bei dessen Tod.[336] Ferner endet die Mitgliedschaft bei einem Verlust der in der Satzung bzw. durch Gesetz festgesetzten persönlichen Voraussetzungen.[337] Zudem erlöscht die Mitgliedschaft durch Liquidation der Gesellschaft, durch eine Verschmelzung, durch Neugründung gemäß §§ 36 ff. UmwG oder durch Aufnahme gemäß §§ 4 ff. UmwG.[338] Kein Erlöschen der Mitgliedschaft zur Folge hat hingegen der Eintritt in das Liquidationsstadium und die Eröffnung des Insolvenzverfahrens.[339] Schließlich endet die Mitgliedschaft im Beirat im Falle der Auflösung des Beirats durch satzungsändernden Beschluss der Gesellschafter oder des durch die Satzung zur Bestellung ermächtigten Gesellschafters oder Geschäftsführers.[340]

---

333 *Kleindiek,* in Lutter/Hommelhoff, GmbHG, § 38 Rn. 40; *Terlau,* in Michalski, GmbHG, § 38 Rn. 80; *Lenz,* in Römermann, MAH GmbH-Recht, Teil C, § 8, Rn. 37.

334 *Heidinger,* in Henssler/Strohn, Gesellschaftsrecht, § 20 UmwG Rn. 34; *Schneider,* in Scholz, GmbHG, § 38 Rn. 10f.

335 *Zöllner/Noack,* in Baumbach/Hueck, GmbHG, § 38 Rn. 94; *Oetker,* in Henssler/Strohn, Gesellschaftsrecht, § 38 GmbHG Rn. 54.

336 *Raiser/Heermann,* in Ulmer, GmbHG, § 52 Rn. 55, 337; *Huber,* GmbHR 2004, 772, 777.

337 *Spindler,* in MüKo, GmbHG, § 52 Rn. 663; *Raiser/Heermann,* in Ulmer, GmbHG, § 52 Rn. 56, 337; *Robertz,* MittRhNotK 1991, 239, 248; *Huber,* GmbHR 2004, 772, 777.

338 *Raiser/Heermann,* in Ulmer, GmbHG, § 52 Rn. 57.

339 *Raiser/Heermann,* in Ulmer, GmbHG, § 52 Rn. 57.

340 *Raiser/Heermann,* in Ulmer, GmbHG, § 52 Rn. 332.

III. Sonstige Beendigungsgründe der Verwaltungsratsmitglieder

Die Mitgliedschaft im Verwaltungsrat endet ebenso bei Verstößen gegen gesetzliche Regelungen sowie gegen die Satzung.[341] Ferner endet das Amt als Verwaltungsratsmitglied, wenn persönliche Anforderungen, die an die Mitglieder des Verwaltungsrats gestellt werden, wegfallen, wie zum Beispiel der Eintritt der Geschäftsunfähigkeit oder der Tod des Verwaltungsratsmitglieds.[342] § 142 Abs. 4 Kkl sieht vor, dass das zuständige Gericht denjenigen, der einer Insolvenzstraftat, die im Zusammenhang mit der Gesellschaft steht, verdächtigt wird, aus seinen bestehenden Ämtern entfernen kann.[343] Sofern über das Vermögen eines Verwaltungsratsmitglieds das Insolvenzverfahren eröffnet wird, hat dies jedoch keine Auswirkungen auf das Amt des Verwaltungsratsmitglieds.[344]

IV. Sonstige Beendigungsgründe des Geschäftsleiters

Neben den insbesondere im Arbeidsmiljøloven geregelten Beendigungsgründen können Verstöße gegen gesetzliche Regelungen sowie gegen die Satzung zur Beendigung der Organstellung führen.[345] Auch die Stellung als Geschäftsleiter endet durch den Tod sowie dann, wenn persönliche Anforderungen, die an den Geschäftsleiter gestellt werden, wegfallen.[346] Ebenso endet das Amt des Geschäftsleiters nach § 142 Kkl, wenn dieser einer Insolvenzstraftat hinreichend verdächtigt wird oder aufgrund einer solchen Tat verurteilt wurde.[347] Kein Beendigungsgrund liegt vor, wenn der Geschäftsleiter dagegen Privatinsolvenz anmeldet.[348]

---

341 *Andenæs*, Aksjeselskaper & Allmennaksjeselskaper, Kap. 27, Rn. 27.5.4; *Smith Ulseth*, S. 68.

342 *Aarbakke*, Aksjeloven & allmenaksjeloven, § 6-7 Rn. 2.1.

343 *Aarbakke*, Aksjeloven & allmenaksjeloven, § 6-1 Rn. 1.3; *Andenæs*, Aksjeselskaper & Allmennaksjeselskaper, Kap. 27, Rn. 27.1.1.

344 *Andenæs*, Aksjeselskaper & Allmennaksjeselskaper, Kap. 27, Rn. 27.5.4.

345 *Andenæs*, Aksjeselskaper & Allmennaksjeselskaper, Kap. 27, Rn. 27.5.4; *Smith Ulseth*, S. 68.

346 NOU 1992: 29, S. 139; *Aarbakke*, Aksjeloven & allmenaksjeloven, § 6-2 Rn. 1.5.

347 *Aarbakke*, Aksjeloven & allmenaksjeloven, § 6-2 Rn. 1.5; *Wiker*, in Norsk Lovkommentar, konkursloven, § 142 Rn. 150.

348 *Andenæs*, Aksjeselskaper & Allmennaksjeselskaper, Kap. 27, Rn. 27.5.4.

V. *Rechtsvergleichende Analyse*

In beiden Gesellschaftsformen ist das Wegfallen von persönlichen Anforderungen, die entweder durch Satzung oder Gesetz an die Mitglieder der Geschäftsführungsorgane gestellt werden, als weiterer Beendigungsgrund anerkannt. Ebenso anerkannt sind Beendigungsgründe, die im Zusammenhang mit Insolvenzdelikten stehen, die durch die Mitglieder der Geschäftsführungsorgane begangen worden sind.

§ 3 Das Anstellungsverhältnis

Im folgenden Abschnitt ist überblicksartig das Anstellungsverhältnis der Organmitglieder der geschäftsführenden Organe in der GmbH und der AS Gegenstand der Untersuchung. Es wird hierbei insbesondere auf den Unterschied zwischen Anstellungs- und Organverhältnis eingegangen.

A. Das Anstellungsverhältnis des Geschäftsführers

Von der organschaftlichen Bestellung des Geschäftsführers zu unterscheiden ist das Anstellungsverhältnis, welches das Innenverhältnis zwischen Geschäftsführer und Gesellschaft regelt.[349] Das schuldrechtliche Verhältnis schafft den Rechtsgrund für die Amtsübernahme und regelt die persönliche Rechtsstellung des Geschäftsführers.[350] Es gilt das Prinzip der Trennungstheorie im Verhältnis zwischen Anstellung und Organstellung, so dass beide Rechtsverhältnisse grundsätzlich unabhängig voneinander bestehen.[351] Dies hat zur Folge, dass weder aus der Bestellung des Geschäftsleiters zum Organ der Gesellschaft der Abschluss eines Anstellungsvertrags resultiert noch umgekehrt durch den Abschluss eines Anstellungsvertrags die Bestellung zum Geschäftsführer erfolgt.[352] Durch die Vereinbarung einer sog. Koppelungsklausel im Anstellungsvertrag kann das Prinzip der Trennungstheorie umgangen werden, so dass der Bestand des Anstellungsverhältnisses an das

---

349 *Jaeger*, in MüKo, GmbHG, § 35 Rn. 248; *Stück*, GmbHR 2006, 1009, 1012.

350 *Kleindiek*, in Lutter/Hommelhoff, GmbHG, Anhang zu § 6 Rn. 1; *Tebben*, in Michalski, GmbHG, § 6 Rn. 122; *Jaeger*, in MüKo, GmbHG, § 35 Rn. 248; *Schulze/Hintzen*, ArbRAktuell 2012, 263, 263.

351 *Baumann*, in Oppenländer/Trölitzsch, GmbH-Geschäftsführung, § 13, Rn. 2; *Schulze/Hintzen*, ArbRAktuell 2012, 263, 263; *Lohr*, DStR 2002, 2173, 2179; *Münch*, DStR 1993, 916, 916; *Stück*, GmbHR 2006, 1009, 1011.

352 *Jaeger*, in MüKo, GmbHG, § 35 Rn. 248; *Alvensleben/Haug/Schnabel*, BB 2012, 774, 774; *Münch*, DStR 1993, 916, 916.

Bestehen der Organstellung geknüpft wird.[353] In der Rechtsprechung und der Literatur ist eine derartige vertragliche Regelung als zulässig anerkannt.[354]

In der Regel wird das Anstellungsverhältnis durch Dienstvertrag zwischen der Gesellschaft und dem Geschäftsführer geregelt.[355] Dieser Dienstvertrag mit dem Inhalt der Ausführung des Geschäftsführeramtes stellt laut ständiger Rechtsprechung des BGH keinen Arbeitsvertrag dar, so dass der Geschäftsführer nicht als Arbeitnehmer behandelt wird.[356] Als Grund hierfür führt der BGH sowie ein großer Teil der gesellschaftsrechtlichen Literatur an, dass der Geschäftsführer eine organschaftliche Aufgabe wahrnehme, im Außenverhältnis die Gesellschaft repräsentiere und gegenüber den Angestellten im Innenverhältnis eine Arbeitgeberfunktion ausübe.[357] Zudem beziehe sich das Weisungsrecht der Gesellschafter nach § 37 GmbHG nur auf das gesellschaftsrechtliche Bestellungsverhältnis und nicht auf das dienstvertragliche Anstellungsverhältnis.[358] Anders sieht dies im Einzelfall das BAG, das den Anstellungsvertrag als Arbeitsverhältnis einstuft, sofern der Geschäftsführer aufgrund einer über das Maß des § 37 GmbHG hinausgehenden Weisungsabhängigkeit als Arbeitnehmer angesehen werden muss.[359] Dies soll der Fall sein, wenn dem Geschäftsführer auch arbeitsbegleitende und verfahrensorientierte Weisungen durch die Gesellschaft erteilt werden und diese sich auf die konkrete Leistungserbringung des Geschäftsführers auswirken.[360] In seiner Entscheidung vom 11. November 2010 „Danosa" hat der EuGH für den Bereich des Mutterschutzes einen weitgefassten europarechtlichen Arbeitnehmerbegriff zugrunde gelegt, unter den auch der Geschäftsführer einer GmbH fallen kann. Danach kann auch ein Mitglied der Unternehmensleitung ohne Rücksicht auf die nationalen Regelungen als Arbeitnehmer im Sinne der Mutterschutzrichtlinie, Richtlinie 92/85/EWG, angesehen werden, wenn es

---

353 *Zöllner/Noack*, in Baumbach/Hueck, GmbHG, § 35 Rn. 211; *Jaeger*, in MüKo, GmbHG, § 35 Rn. 249; *Alvensleben/Haug/Schnabel*, BB 2012, 774, 774; *Lohr*, DStR 2002, 2173, 2180; *Stück*, GmbHR 2006, 1009, 1011.

354 BGH, NJW 1999, 3263, 3264; *Zöllner/Noack*, in Baumbach/Hueck, GmbHG, § 35 Rn. 211; *Jaeger*, in MüKo, GmbHG, § 35 Rn. 249.

355 *Paefgen*, in Ulmer, GmbHG, § 35 Rn. 136.

356 BGH, NJW-RR 2002, 173, 173; *Kleindiek*, in Lutter/Hommelhoff, GmbHG, Anhang zu § 6 Rn. 1; *Tebben*, in Michalski, GmbHG, § 6 Rn. 124 ff.; *Alvensleben/Haug/Schnabel*, BB 2012, 774, 774.

357 BGH, NJW-RR 2002, 173, 173; *Schulze/Hintzen*, ArbRAktuell 2012, 263, 264; *Preis/Sagan*, ZGR 2013, 26, 28.

358 *Preis/Sagan*, ZGR 2013, 26, 28.

359 *Preis/Sagan*, ZGR 2013, 26, 27.

360 BAG, NJW 2009, 2078, 2079; *Schulze/Hintzen*, ArbRAktuell 2012, 263, 264.

seine Tätigkeit für eine bestimmte Zeit nach Weisung oder unter Aufsicht eines anderen Organs der Gesellschaft ausübt und hierfür als Gegenleistung ein Entgelt erhält.[361] Ob ein solches Unterordnungsverhältnis besteht, ist auch nach dem EuGH stets einzelfallabhängig zu beurteilen.[362] Selbst wenn man aber mit dem EuGH sowie dem BAG für bestimmte Fälle die Arbeitnehmereigenschaft des Geschäftsführers bejaht, kann dies nach geltender Rechtslage nicht pauschal zu einer Qualifikation des Geschäftsführers als Arbeitnehmer führen, so dass bis zu einer Änderung der Gesetzeslage bzw. der Rechtsprechung des BGH davon auszugehen ist, dass das Anstellungsverhältnis des Geschäftsführers nicht als Arbeitsverhältnis anzusehen ist.

Aus einer Annexkompetenz zu § 46 Nr. 5 GmbHG wird die Kompetenz der Gesellschafter zum Abschluss des Anstellungsverhältnisses mit den Geschäftsführern abgeleitet.[363] Ebenso wie bei der organschaftlichen Bestellung kann die Kompetenz zum Abschluss des Anstellungsvertrags durch Satzung auf andere Organe der Gesellschaft übertragen werden.[364]

B. Das Anstellungsverhältnis der Beiratsmitglieder

Das Anstellungsverhältnis der einzelnen Beiratsmitglieder ist ebenso wie bei den Geschäftsführern von dem gesellschaftsrechtlichen Organisationsakt der Bestellung abzugrenzen. Insoweit kann auf die Ausführungen zum Geschäftsführer verwiesen werden.[365] Das Anstellungsverhältnis zwischen der Gesellschaft und dem jeweiligen Beiratsmitglied wird in der Regel als Geschäftsbesorgungsvertrag mit Dienstvertragscharakter gemäß §§ 611 ff., 675 BGB als Grundlage für die Organstellung vereinbart.[366]

---

361 EuGH, NZA 2011, 143, 145 f.; *Schulze/Hintzen*, ArbRAktuell 2012, 263, 265; *Preis/Sagan*, ZGR 2013, 26, 24.

362 EuGH, NZA 2011, 143, 145; *Schulze/Hintzen*, ArbRAktuell 2012, 263, 265.

363 BGH WM 1958, 675, BGH ZIP 2000, 1442; *Roth*, in Roth/Altmeppen, GmbHG, § 46 Rn. 27; *Nägele*, BB 2001, 305, 305 f.

364 *Kleindiek*, in Lutter/Hommelhoff, GmbHG, Anhang zu § 6 Rn. 51; *Altmeppen*, in Roth/Altmeppen, GmbHG, § 6 Rn. 84

365 Siehe S. 66.

366 *Altmeppen*, in Roth/Altmeppen, GmbHG, § 6 Rn. 80; *Reichert*, in Sudhoff, GmbH & Co. KG, § 18, Rn. 107, *Weiss*, BB 2007, 1853, 1859.

C. Das Anstellungsverhältnis der Verwaltungsratsmitglieder

In der AS wird nicht zwischen der Organstellung und dem Anstellungsverhältnis unterschieden.[367] Dies hat zur Folge, dass die Bestellung bzw. Abberufung zum Organmitglied nicht nur das Organverhältnis, sondern auch das Anstellungsverhältnis begründen bzw. beenden.[368] Die Mitglieder des Verwaltungsrats sind zudem keine Arbeitnehmer im Sinne des Arbeidsmiljøloven, so dass arbeitsrechtliche Regelungen keine Anwendung finden.[369]

D. Das Anstellungsverhältnis des Geschäftsleiters

Hinsichtlich der Rechtsstellung des Geschäftsleiters wird in der AS nicht zwischen der Organstellung und dem Anstellungsverhältnis unterschieden. Dies wird insbesondere damit begründet, dass das Wort „tilsette"[370] in § 6-2 Abs. 2 Asl dahingehend ausgelegt wird, dass hiervon sowohl die Bestellung zum Organ als auch der Abschluss eines Anstellungsverhältnisses umfasst wird. Danach besteht lediglich ein Rechtsverhältnis, so dass aus der gesellschaftsrechtlichen Organbestellung des Geschäftsleiters auch der Abschluss des Anstellungsverhältnisses folgt.[371]

Der Geschäftsleiter in der AS ist Arbeitnehmer i. S. v. § 1-8 Abs. 1 Aml mit der Folge, dass die Gesellschaft gegenüber dem Geschäftsleiter die Stellung eines Arbeitgebers einnimmt. Der Geschäftsleiter ist somit Gesellschaftsorgan und Arbeitnehmer der Gesellschaft in einer Person.[372] Wie bereits zuvor erwähnt, finden somit die arbeitsrechtlichen Regelungen zu Kündigung und Kündigungsschutzmöglichkeiten auf den Geschäftsleiter Anwendung.[373]

E. Rechtsvergleichende Analyse

Das norwegische Recht folgt in der Behandlung von Organstellung und Anstellungsverhältnis der Einheitstheorie, die nicht zwischen Organ- und Anstellungsverhältnis unterscheidet. Anders dagegen das deutsche Recht, das zwischen dem Anstellungsverhältnis und der Organstellung grundsätzlich trennt. Durch die Vereinbarung einer sog. Koppelungsklausel zwischen Anstellungsverhältnis und Organstellung kann in der Gestaltungspraxis der GmbH jedoch dasselbe Ergebnis

---

367 Rt 1987 424.

368 Rt 1987 424.

369 Rt 1987 424; *Bråthen*, in Norsk Lovkommentar, Aksjeloven, § 6-7 Rn. 1021.

370 Das Wort „tilsette" kann mit einstellen oder anstellen übersetzt werden.

371 *Smith Ulseth*, S. 85.

372 *Smith Ulseth*, S. 271; *Mörsdorf*, NTS 2009, 70, 75.

373 Siehe hierzu die Ausführungen auf S. 55.

erzielt werden wie in der AS, so dass das Prinzip der Trennungstheorie umgangen werden kann.

Eine weitere Besonderheit besteht in der AS dahingehend, dass der Geschäftsleiter als Organ der Gesellschaft auch Arbeitnehmer ist. Eine entsprechende Diskussion, ob ein Geschäftsführer auch als Arbeitnehmer zu qualifizieren ist, wird auch in Deutschland geführt und wurde durch das EuGH-Urteil „Danosa“ neu angefacht. Im Einzelfall wendet das BAG arbeitsrechtliche Regelungen auf das Anstellungsverhältnis des Geschäftsführers an und geht daher von einer Arbeitnehmereigenschaft des Geschäftsführers aus. Der BGH entscheidet sich derzeit noch in ständiger Rechtsprechung gegen die Qualifikation des Geschäftsführers als Arbeitnehmer, wobei abzuwarten bleibt, wie sich diese Rechtsprechung im Hinblick auf die sich abzeichnenden Tendenzen der Rechtsprechung des EuGH entwickeln wird.

Kapitel 4 Die Geschäftsführungs- und Vertretungsbefugnis in der GmbH und der AS

Das folgende Kapitel befasst sich zunächst mit der Geschäftsführungsbefugnis in der GmbH und der AS, bevor es abschließend die Vertretungsregelungen untersucht.

§ 1 Die Geschäftsführungsbefugnis in der GmbH und der AS

Das GmbH-Gesetz sieht keine explizite Regelung vor, in der die Geschäftsführung abschließend festgelegt wird.[374] Aus § 37 Abs. 1 GmbHG sowie insbesondere den §§ 40, 41, 49, 51a, 64 und 78 GmbHG und einem Umkehrschluss aus § 46 GmbHG ergibt sich jedoch, dass der Geschäftsführer originär für die Geschäftsführung der Gesellschaft zuständig ist.[375] Daneben steht der Gesellschafterversammlung in bestimmten Angelegenheiten das Recht zur Geschäftsführung zu, so dass ein Spannungsverhältnis zwischen Geschäftsführer und Gesellschafterversammlung über die jeweiligen Zuständigkeiten bestehen kann.[376] Die Kompetenz bzw. die Verantwortung für die Geschäftsführung in der GmbH kann ferner durch Satzungsregelungen zu Gunsten des Geschäftsführers und zu Lasten der Gesellschafterversammlung erweitert werden.[377] Ebenfalls möglich ist eine Gestaltung dahingehend, dass Rechte des Geschäftsführers zu Gunsten der Gesellschafterversammlung eingeschränkt werden.[378] Zudem steht es den Gesellschaftern frei, anhand der Satzung einen fakultativen Beirat als Geschäftsführungsorgan zu bestellen.[379]

---

374 *Stephan/Tieves*, in MüKo, GmbHG, § 37 Rn. 4; *Koppensteiner*, in Rowedder/Schmidt-Leithoff, GmbHG, § 37 Rn. 5; *Schneider*, in Scholz, GmbHG, § 37 Rn. 1.

375 *Stephan/Tieves*, in MüKo, GmbHG, § 37 Rn. 4; *Schneider*, in Scholz, GmbHG, § 37 Rn. 1.

376 *Stephan/Tieves*, in MüKo, GmbHG, § 37 Rn. 5; *Schneider*, in Scholz, GmbHG, § 37 Rn. 4.

377 *Liebscher*, in MüKo, GmbHG, § 45 Rn. 10; *Schneider*, in Scholz, GmbHG, § 37 Rn. 20.

378 *Liebscher*, in MüKo, GmbHG, § 45 Rn. 10; *Schneider*, in Scholz, GmbHG, § 37 Rn. 20; *Kort*, ZIP 1991, 1274, 1276.

379 *Altmeppen*, in Roth/Altmeppen, GmbHG, § 52 Rn. 69f.; *Spindler*, in MüKo, GmbHG, § 52 Rn. 641f.

Zuständig für die Geschäftsführung in der AS sind in erster Linie der Verwaltungsrat sowie der Geschäftsleiter. Die Geschäftsführungskompetenz dieser beiden Organe umfasst zunächst alle Aufgaben, die nicht durch Gesetz der Gesellschafterversammlung zugeteilt sind. Im Verhältnis zum Geschäftsleiter besteht die Pflicht des Verwaltungsrats darin, diejenigen Aufgaben der Geschäftsführung wahrzunehmen, die außerhalb des Aufgabenbereichs bzw. Pflichtenbereichs des Geschäftsleiters liegen.

Die der Gesellschafterversammlung nach § 5-1 Abs. 1 Asl zustehenden Rechte können in engen Grenzen durch Satzungsbestimmung oder Gesellschafterbeschluss an andere Gesellschaftsorgane delegiert werden.[380] Hierbei muss der Gesellschafterversammlung stets das Recht zustehen, die Satzungsbestimmung zu ändern bzw. den Gesellschafterbeschluss aufzuheben, so dass es nicht zu einer dauerhaften Entmachtung bzw. einem totalen Verlust der Einflussmöglichkeit der Gesellschafter kommt.[381] So kann etwa der Zustimmungsvorbehalt für bestimmte Arten von Geschäften von der Gesellschafterversammlung auf den Aufsichtsrat übertragen werden.[382]

Im folgenden Abschnitt wird zunächst der Umfang des dem jeweiligen Geschäftsführungsorgan zustehenden Handlungsspielraums untersucht und verglichen, bevor die Grenzen der Geschäftsführungsbefugnis näher betrachtet werden. Im Anschluss daran werden die Geschäftsverteilung und die Zusammenarbeit der Geschäftsführungsorgane erörtert. Keine nähere Betrachtung sollen die Geschäftsführungsaufgaben der jeweiligen Gesellschafterversammlung erfahren, da diese an die Mitgliedschaft der Gesellschafter in der Gesellschaft geknüpft sind und nicht wie bei den übrigen Geschäftsführungsorganen von der Bestellung abhängen. Eine Ausnahme hiervon wird jedoch an den Stellen gemacht, bei denen eine Abgrenzung der Kompetenzen zwischen Geschäftsführer bzw. Beirat sowie Verwaltungsrat und Geschäftsleiter einerseits und der jeweiligen Gesellschafterversammlung andererseits erforderlich ist.

---

380 *Aarbakke*, Aksjeloven & allmenaksjeloven, § 5-1 Rn. 1.3; *Andenæs*, Aksjeselskaper & Allmennaksjeselskaper, Kap. 24, Rn. 24.1.4.

381 *Andenæs*, Aksjeselskaper & Allmennaksjeselskaper, Kap. 24, Rn. 24.1.4.

382 *Andenæs*, Aksjeselskaper & Allmennaksjeselskaper, Kap. 24, Rn. 24.1.4.

A. Der Umfang der Geschäftsführungsbefugnis in der GmbH und der AS

I. *Die Geschäftsführungsbefugnis des Geschäftsführers*

Der Geschäftsführer hat bei der Ausübung der Geschäftsführungsbefugnis stets die Entscheidungszuständigkeiten sowie Mitwirkungsrechte anderer Gesellschaftsorgane zu beachten, insbesondere die der Gesellschafterversammlung sowie etwaiger weiterer Organe.[383] Innerhalb dieser Grenzen ist der Geschäftsführer der Träger des unternehmerischen Interesses.

1. *Träger des unternehmerischen Interesses*

Durch den satzungsmäßigen Unternehmensgegenstand wird der Geschäftsführer dazu berechtigt und verpflichtet, jegliche Maßnahmen zu beschließen und auszuführen, die notwendig sind, um den Unternehmensgegenstand nach den Grundsätzen der ordnungsgemäßem Geschäftsleitung fortlaufend zu verwirklichen und somit das unternehmerische Interesse zu wahren.[384] Hierbei muss der Geschäftsführer auf alle der Gesellschaft zur Verfügung stehenden personellen, sachlichen sowie finanziellen Ressourcen zurückgreifen.[385] Bei der Ausübung dieser Aufgaben steht dem Geschäftsführer ein Beurteilungs- und Ermessensspielraum zu. Um diesen Beurteilungs- und Ermessensspielraum für die Geschäftsführer greifbarer zu machen, wendet man die in § 93 Abs. 1 Satz 2 AktG kodifizierte Business Judgement Rule sinngemäß auch in der GmbH an. Eine Pflichtverletzung liegt demnach nicht vor, wenn der Geschäftsführer bei einer unternehmerischen Entscheidung vernünftigerweise annehmen durfte, auf der Grundlage angemessener Information zum Wohle der Gesellschaft zu handeln.[386]

2. *Laufendes Tagesgeschäft und Grundsätze der Unternehmenspolitik*

Als Kernaufgabe fällt die Planung, Leitung sowie Abwicklung und Kontrolle des laufenden Tagesgeschäfts in den Verantwortungs- und Aufgabenbereich des

383 *Zöllner/Noack*, in Baumbach/Hueck, GmbHG, § 37 Rn. 17; *Stephan/Tieves*, in MüKo, GmbHG, § 37 Rn. 71 f.

384 *Kleindiek* in Lutter/Hommelhoff, GmbHG, § 37 Rn. 3; *Koppensteiner*, in Rowedder/Schmidt-Leithoff, GmbHG, § 37 Rn. 5; *Schneider*, in Scholz, GmbHG, § 37 Rn. 10; *Kort*, ZIP 1991, 1274, 1277.

385 *Kleindiek* in Lutter/Hommelhoff, GmbHG, § 37 Rn. 3.

386 *Hölters*, in Hölters, AktG, § 93 Rn. 4; *Stephan/Tieves*, in MüKo, GmbHG, § 37 Rn. 14, *Fleischer*, NZG 2011, 521, 522 f.

Geschäftsführers.[387] Der Geschäftsführer ist ferner für die Ausführung von Entscheidungen der Gesellschafter im Unternehmen oder gegenüber außenstehenden Dritten zuständig, dies folgt aus § 83 Abs. 2 AktG analog.[388]

Der Geschäftsführer entscheidet nach in der Literatur herrschender Meinung allerdings nicht über die Grundsätze der Unternehmenspolitik.[389] Begründet wird dies damit, dass aus einer Gesamtbetrachtung der §§ 42a Abs. 2, 29 Abs. 2, 46 Nr. 5/7, 49 Abs. 2 GmbHG ein solches Recht zu Gunsten der Gesellschafter hergeleitet werden müsse.[390] Die einmal aufgestellten Grundsätze der Unternehmenspolitik könnten die Gesellschafter zudem durch konkrete Beschlüsse, das Aufstellen einer Geschäftsordnung oder durch Einzelanweisungen an die Geschäftsführer konkretisieren.[391] Gegen eine solche Kompetenz der Gesellschafter wird angeführt, dass es keinen Konsens hinsichtlich der Weite des Begriffs der Unternehmenspolitik gebe, sowie ferner, dass diese im Rahmen des dispositiven GmbH-Rechts von Gesellschaft zu Gesellschaft unterschiedlich ausgestaltet sei, so dass eine einheitliche Bewertung bzw. Würdigung nicht möglich sei.[392] Weiterhin führe dies zu einer in der Praxis kaum lösbaren Problematik für den Geschäftsführer, da oft eine klare Abgrenzung zwischen Festlegung der Grundsätze der Unternehmenspolitik durch die Gesellschafter und deren Ausfüllung durch den Geschäftsführer nicht praktikabel sei.[393] Für den Fall, dass die Gesellschafter sich eine derartige Kompetenz sichern wollen, bietet es sich daher an, der Ansicht von *Koppensteiner*[394] zu folgen und die Grundsätze der Unternehmenspolitik in der Satzung mit der Folge niederzulegen, dass dem Geschäftsführer sowie den Gesellschaftern ein klarer Kompetenzkatalog vorliegt, an den sie sich bei der Ausübung der Geschäftsführung halten können. Beide zuvor genannten Ansichten

---

387 *Zöllner/Noack*, in Baumbach/Hueck, GmbHG, § 37 Rn. 6; *Koppensteiner*, in Rowedder/Schmidt-Leithoff, GmbHG, § 37 Rn. 5; *Geißler*, GmbHR 2009, 1071, 1072.

388 *Kleindiek*, in Lutter/Hommelhoff, GmbHG, § 37 Rn. 4.

389 BGH NJW-RR 1992, 993, 993; *Bayer*, in Lutter/Hommelhoff, GmbHG, § 37 Rn. 8; *Stephan/Tieves*, in MüKo, GmbHG, § 37 Rn. 62 ff.; *Koppensteiner*, in Rowedder/Schmidt-Leithoff, GmbHG, § 37 Rn. 8; *Uwe H. Schneider*, in Scholz, GmbHG, § 37 Rn. 10.

390 *Koppensteiner*, in Rowedder/Schmidt-Leithoff, GmbHG, § 37 Rn. 5; *Schneider*, in Scholz, GmbHG, § 37 Rn. 10;

391 *Bayer*, in Lutter/Hommelhoff, GmbHG, § 37 Rn. 8; *Schneider*, in Scholz, GmbHG, § 37 Rn. 10.

392 *Zöllner/Noack*, in Baumbach/Hueck, GmbHG, § 37 Rn. 13 f.; *Koppensteiner*, in Rowedder/Schmidt-Leithoff, GmbHG, § 37 Rn. 8.

393 *Zöllner/Noack*, in Baumbach/Hueck, GmbHG, § 37 Rn. 7; *Stephan/Tieves*, in MüKo, GmbHG, § 37 Rn. 64; *Geißler*, GmbHR 2009, 1071, 1072; *Kort*, ZIP 1991, 1274, 1276.

394 *Koppensteiner*, in Rowedder/Schmidt-Leithoff, GmbHG, § 37 Rn. 8.

sind sich einig, dass für den Fall, dass die Gesellschafter dieser Aufgabe nicht nachkommen, die Geschäftsführer aktiv dafür Sorge zu tragen haben, dass die Grundsätze der Unternehmenspolitik konkretisiert und umgesetzt werden.[395]

3. *Ungewöhnliche Geschäftsführungsmaßnahmen*

Ob die Kompetenz des Geschäftsführers auch Geschäftsführungsaufgaben umfasst, bei denen es sich um eine ungewöhnliche Maßnahme handelt, ist umstritten. Unter den Begriff der ungewöhnlichen Maßnahme fallen alle Geschäftsführungsmaßnahmen, die außerhalb des satzungsmäßigen Unternehmensgegenstandes oder im Widerspruch zur festgelegten Unternehmenspolitik stehen, ferner solche Maßnahmen, die wegen ihrer Bedeutung für die Gesellschaft oder die Gesellschafter oder aufgrund ihres unternehmerischen Risikos Ausnahmecharakter haben.[396] Hierunter fallen zum Beispiel die Unternehmensveräußerung oder die Ausgliederung wesentlicher Unternehmensteile, wenn die Gesellschaft nicht alleine an der ausgegliederten Gesellschaft beteiligt ist.[397] Ebenso zu der Fallgruppe der ungewöhnlichen Maßnahmen gehören solche, bei denen der Geschäftsführer an der Billigung der Maßnahme durch die Gesellschafter zweifeln muss, da er gegen den mutmaßlichen Willen der Gesellschafter handelt.[398] Die wohl herrschende Meinung lehnt in solchen Fällen eine Zuständigkeit des Geschäftsführers ab und begründet die Zuständigkeit der Gesellschafterversammlung mit der sich aus § 49 Abs. 2 GmbHG ergebenden Einberufungspflicht der Gesellschafterversammlung durch die Geschäftsführer.[399]

Die Gegenansicht verneint eine Zuständigkeit der Gesellschafterversammlung bei ungewöhnlichen Maßnahmen, da dies mit der Systematik der §§ 35, 37, 45 GmbHG und § 46 GmbHG nicht vereinbar und zudem eine solche Unterscheidung im GmbH-Gesetz selbst nicht vorgesehen sei.[400] Sofern es sich bei der Geschäftsführungsmaßnahme um eine Maßnahme, die außerhalb des in

---

395 *Zöllner/Noack*, in Baumbach/Hueck, GmbHG, § 37 Rn. 14; *Bayer*, in Lutter/Hommelhoff, GmbHG, § 37 Rn. 8; *Schneider*, in Scholz, GmbHG, § 37 Rn. 10; *Kort*, ZIP 1991, 1274, 1277.

396 *Kleindiek*, in Lutter/Hommelhoff, GmbHG, § 37 Rn. 11; *Lenz*, in Michalski, GmbHG, § 37 Rn. 14 f.; *Uwe H. Schneider*, in Scholz, GmbHG, § 37 Rn. 12 ff.

397 *Zöllner/Noack*, in Baumbach/Hueck, GmbHG, § 37 Rn. 11.

398 BGH NJW 1984, 1461, 1462; *Kleindiek*, in Lutter/Hommelhoff, GmbHG, § 37 Rn. 11; *Geißler*, GmbHR 2009, 1071, 1073.

399 *Kleindiek*, in Lutter/Hommelhoff, GmbHG, § 37 Rn. 10; *Lenz*, in Michalski, GmbHG, § 37 Rn. 14 f; *Uwe W. Schneider*, in Scholz, GmbHG, § 37 Rn. 12.

400 *Zöllner/Noack*, in Baumbach/Hueck, GmbHG, § 37 Rn. 7; *Kort*, ZIP 1991, 1274, 1277 f.

der Satzung festgelegten Unternehmensgegenstandes liegt, handle, könne diese nicht ungewöhnlich sein, da sie schlicht rechtswidrig sei und somit keine originäre Zuständigkeit der Gesellschafterversammlung bestehen könne.[401] Diese Maßnahme würde erst durch eine Satzungsänderung des festgelegten Unternehmensgegenstandes zur rechtmäßigen Maßnahme und würde dann wiederum in die Zuständigkeit der Geschäftsführer fallen. Richtig ist, dass es sich hierbei nicht um eine Frage nach der Zuständigkeit in Geschäftsführungsfragen handelt, sondern um das Verhältnis zwischen Satzungsregelung und Handlung des geschäftsführenden Organs.[402] Hinsichtlich der weiteren Fallgruppen besteht lediglich bei der Einordung unter den Begriff der ungewöhnlichen Maßnahme Streit, so dass hierzu nicht weiter Stellung bezogen werden muss.[403] Demnach ist auch nach der zweiten Ansicht die Gesellschafterversammlung zuständig, wenn die Einberufung der Gesellschafterversammlung nach § 49 Abs. 2 GmbHG im Interesse der Gesellschaft ist.

4. *Weitere Geschäftsführungsaufgaben*

Zudem weist das Gesetz dem Geschäftsführer ausdrücklich eine Reihe von Einzelaufgaben zu, wie zum Beispiel die Bewahrung des Stammkapitals vor verbotenen Auszahlungen, §§ 30, 43 Abs. 3 GmbHG, die Verhinderung des unzulässigen Erwerbs eigener Anteile, §§ 33, 43 Abs. 3 GmbHG, oder die Sorge für eine ordnungsgemäße Buchführung der Gesellschaft, § 41 GmbHG. Weitere Aufgaben sind die Aufstellung des Jahresabschlusses gemäß § 264 Abs. 1 HGB, die Einberufung der Gesellschafterversammlung gemäß §§ 5a Abs. 4, 49 Abs. 2, 3 GmbHG und, sofern erforderlich, das Stellen eines Insolvenzantrags gemäß § 15a Abs. 1 InsO.

II. *Die Geschäftsführungsbefugnis eines fakultativen Beirats*

Wie zuvor gezeigt, liegt nach dem gesetzlichen Leitbild des deutschen GmbH-Rechts die laufende Geschäftsführung primär in den Händen des Geschäftsführers.[404] Die Geschäftsführungskompetenz des Geschäftsführers findet allerdings dort ihre Grenzen, wo bestimmte Aufgaben der Gesellschafterversammlung obliegen oder in der Satzung eingeschränkt werden. Auch durch die Bestellung eines zusätzlichen Gesellschaftsorgans in der Form eines unternehmensleitenden

---

401 *Zöllner/Noack*, in Baumbach/Hueck, GmbHG, § 37 Rn. 7 f.; *Kort*, ZIP 1991, 1274, 1278.

402 *Kort*, ZIP 1991, 1274, 1278.

403 vgl. zum Streitstand etwa *Zöllner/Noack*, in Baumbach/Hueck, GmbHG, § 37 Rn. 7 f. sowie *Kort*, ZIP 1991, 1274, 1277 f.

404 siehe hierzu S. 71 ff.

Beirats kann die Geschäftsführungskompetenz in einer GmbH abweichend vom gesetzlich vorgesehen Regelfall geregelt werden. Abzugrenzen von einem unternehmensleitenden Beirat sind Beiräte, die lediglich eine beratende Funktion in der Gesellschaft oder überwiegend eine Kontrollfunktion gegenüber der Geschäftsführung wahrnehmen sollen.[405] Weder der ausschließlich beratende noch der kontrollierende Beirat soll Teil der nachfolgenden Untersuchung und somit Teil dieser Arbeit sein. Sofern nicht ausdrücklich auf die Beratungs- oder Kontrollfunktion Bezug genommen wird, ist im Folgenden der Beirat mit unternehmensleitender Funktion Gegenstand der Betrachtung.

1. *Zustimmungsvorbehalt zu Gunsten des Beirats*

Einem Beirat kann als geringste Form der Einflussnahmemöglichkeit auf die Geschäftsführung ein Zustimmungskatalog mit der Folge eingeräumt werden, dass die Geschäftsführer im Innenverhältnis verpflichtet sind, bestimmte Arten von Geschäften nur noch mit Zustimmung des Beirats vorzunehmen.[406] Bei dieser Möglichkeit der Einflussnahme auf die Geschäftsführung werden dem Beirat sowohl eine Kontroll- als auch eine Geschäftsführungskompetenz zuteil. Der Zustimmungsvorbehalt des Beirats kann sowohl Geschäftsführungsmaßnahmen der laufenden Geschäftsführung als auch darüber hinausgehende Geschäftsführungsmaßnahmen der Geschäftsführer umfassen.[407] Dieses Recht kann durch besondere Ermächtigung in der Satzung oder durch Festlegung in der Geschäftsordnung der Geschäftsführer dem Beirat zugewiesen werden.[408]

Ein derartiger Zustimmungsvorbehalt kann auch zu Gunsten des Beirats und zu Lasten der Gesellschafterversammlung vereinbart werden. Dies hat zur Folge, dass dem Beirat hinsichtlich der durch die Gesellschafterversammlung zu beschließenden Geschäftsführungsmaßnahmen ein Zustimmungsvorbehalt eingeräumt wird.[409] Ebenso wie bei der Einräumung eines Zustimmungsvorbehalts

---

405 siehe hierzu etwa die Ausführungen bei *Hölters*, S. 11 ff.; *Yanli*, DStR 1991, 1352, 1352 f.

406 *Giedinghagen*, in Michalski, GmbHG, § 52 Rn. 417; *Spindler*, in MüKo, GmbHG, § 52 Rn. 683; *Härer*, S. 80; *Hofbauer*, S. 154 f.; *Robertz*, MittRhNotK 1991, 239, 241.

407 *Kleindiek*, in Lutter/Hommelhoff, GmbHG, § 37 Rn. 16; *Giedinghagen*, in Michalski, GmbHG, § 52 Rn. 417; *Spindler*, in MüKo, GmbHG, § 52 Rn. 683; *Robertz*, MittRhNotK 1991, 239, 241 f.

408 *Kleindiek*, in Lutter/Hommelhoff, GmbHG, § 37 Rn. 16; *Spindler*, in MüKo, GmbHG, § 52 Rn. 683.

409 *Koppensteiner*, in Rowedder/Schmidt-Leithoff, GmbHG, § 45 Rn. 8 f.; *Härer*, S. 51; *Hofbauer*, S. 116.

zu Lasten des Geschäftsführers bedarf auch dieser Zustimmungsvorbehalt einer entsprechenden Regelung in der Satzung.[410]

Ebenfalls kann einem Beirat ein Mitwirkungsrecht im Sinne eines Vetorechts zugesprochen werden. Dies gilt sowohl für Maßnahmen, die von der Gesellschafterversammlung, als auch für solche, die von dem Geschäftsführer beschlossen werden sollen.[411]

2. Das Weisungsrecht gemäß § 37 Abs. 1 GmbHG

Sofern dem Beirat in Teilbereichen die Geschäftsführung übertragen wird, besteht die Möglichkeit, dem Beirat ein Weisungsrecht gemäß § 37 Abs. 1 GmbHG gegenüber den Geschäftsführern zuzuerkennen.[412] Das Weisungsrecht aus § 37 Abs. 1 GmbHG gehört nicht zum unveräußerlichen Kernbereich der Gesellschafterzuständigkeiten, so dass dieses dem Beirat übertragen werden kann.[413] Ebenso wenig steht der Übertragung § 111 Abs. 4 Satz 1 AktG, wonach Aufsichtsratsmitgliedern Maßnahmen der Geschäftsführung nicht übertragen werden dürfen, entgegen, da dieser auf den Beirat in der GmbH keine Anwendung findet.[414]

Die Übertragung von Weisungsbefugnissen von den Gesellschaftern auf den Beirat kann jedoch dazu führen, dass der Geschäftsführer zum „Diener zweier Herren" wird und eventuell durch widersprüchliche Vorgaben an der Wahrnehmung seiner Aufgaben gehindert wird, sofern die Satzung nicht klar abgrenzbare Zuständigkeitsbereiche vorsieht.[415] Widersprüche können dadurch vermieden werden, dass die Satzung verdrängende Zuständigkeitsbereiche des Beirats festlegt und möglichst wenige konkurrierende Zuständigkeitsbereiche von Gesellschafterversammlung und Beirat vorsieht.[416] Das eingeräumte Weisungsrecht kann derart ausgestaltet sein, dass der Beirat dem Geschäftsführer generelle

---

410 *Koppensteiner*, in Rowedder/Schmidt-Leithoff, GmbHG, § 45 Rn. 9; *Härer*, S. 51; *Hofbauer*, S. 116.

411 *Zöllner/Noack*, in Baumbach/Hueck, GmbHG, § 37 Rn. 17; *Hofbauer*, S. 118 sowie S. 154.

412 *Kleindiek*, in Lutter/Hommelhoff, GmbHG, § 37 Rn. 19; *Giedinghagen*, in Michalski, GmbHG, § 52 Rn. 421; *Spindler*, in MüKo, GmbHG, § 52 Rn. 683; *Härer*, S. 80 f.

413 *Spindler*, in MüKo, GmbHG, § 52 Rn. 683; *Härer*, S. 37; *Hofbauer*, S. 151 f.; *Spindler/Kepper*, DStR 2005, 1775, 1776.

414 *Yanli*, DStR 1991, 1352, 1352; *Robertz*, MittRhNotK 1991, 239, 242.

415 *Kleindiek*, in Lutter/Hommelhoff, GmbHG, § 37 Rn. 19; *Härer*, S. 51 f.; *Spindler/Kepper*, DStR 2005, 1775, 1776.

416 *Hofbauer*, S. 134 f.

Geschäftsgrundsätze vorgibt sowie Rahmenanweisungen oder Weisungen in Einzelfällen erteilt.[417]

3. *Weitere Möglichkeiten der Einflussnahme auf die Geschäftsführung*

Da das GmbHG dem Geschäftsführer der GmbH kein Mindestmaß an materiellen Geschäftsführungsbefugnissen zugesteht und somit der Geschäftsführer nicht das Zentrum der unternehmerischen Initiative und Entscheidung innerhalb einer GmbH sein muss, können die Gesellschafter einem Beirat mit unternehmensleitender Funktion in großem Umfang die laufende Geschäftsführung zur Wahrnehmung in eigener Verantwortung übertragen.[418] Grenzen findet die Übertragung lediglich dann, wenn in den unabdingbaren Kernbereich der Zuständigkeiten der Geschäftsführer bzw. der Gesellschafter eingegriffen wird.[419]

Ferner besteht die Möglichkeit, den Einfluss des Beirats auf die Geschäftsführung dadurch zu verstärken, dass dem Beirat bestimmte in § 46 GmbHG der Gesellschafterversammlung zugewiesene Kompetenzen übertragen werden. Insbesondere die Übertragung des Rechts der Bestellung und Abberufung des Geschäftsführers kann dem Beirat einen wesentlichen Einfluss auf die Geschäftsführung einräumen.[420] Auf die Wirksamkeit einer solchen Übertragung der Bestellungskompetenz wurde bereits eingegangen.[421] Es ist daher möglich, durch eine entsprechende Gestaltung der Satzung die Geschäftsführer zu einem reinen Exekutivorgan und den Beirat zu einem „faktischen Geschäftsführer" zu machen.[422]

4. *Aufgaben der Unternehmensleitung*

Ob einem Beirat auch weitere unternehmensleitende Kompetenzen, die in den Zuständigkeitsbereich der Gesellschafter fallen, übertragen werden können, ist problematisch. Von den unternehmensleitenden Kompetenzen umfasst sind unter anderem umfangreiche Vorhaben mit hohem finanziellen Aufwand oder Risiko,

---

417 *Härer*, S. 96; *Robertz*, MittRhNotK 1991, 239, 242.

418 *Kleindiek* in Lutter/Hommelhoff, GmbHG, § 37 Rn. 12; *Spindler*, in MüKo, GmbHG, § 52 Rn. 670; *Hofbauer*, S. 155 f.; *Spindler/Kepper*, DStR 2005, 1775, 1775; *Turner*, DB 1996, 1609, 1610.

419 *Kleindiek,* in Lutter/Hommelhoff, GmbHG, § 37 Rn. 12; *Hofbauer*, S. 92; *Rohleder*, S. 30 ff.

420 *Hofbauer*, S. 133f.; *Huber*, S. 54; *Yanli,* DStR 1991, 1352, 1352; *Robertz*, MittRhNotK 1991, 239, 242.

421 Siehe hierzu S. 24.

422 *Kleindiek,* in Lutter/Hommelhoff, GmbHG, § 37 Rn. 12 f.; *Vollmer*, WiB 1995, 578, 580; *Müller/Wolf*, GmbHR 2003, 810, 813.

wie der Erwerb oder die Veräußerung von Unternehmensbeteiligungen, Entscheidungen, bei denen mit dem Widerspruch der Gesellschafter gerechnet werden muss, Maßnahmen, die außerhalb des satzungsmäßigen Unternehmensgegenstandes liegen, sowie die Festlegung der Grundsätze der Unternehmenspolitik.[423] Der überwiegende Teil des Schrifttums geht davon aus, dass es sich bei diesen Grundsätzen um den Kern der Gesellschafterkompetenz handelt und somit eine Übertragung der Entscheidungszuständigkeit für diese Aufgaben auf einen Beirat nicht möglich ist.[424] Andere Stimmen in der Literatur gehen hingegen von einer Übertragbarkeit aus.[425] Der geführte Streit unterscheidet sich insoweit nicht von dem bereits zur Geschäftsführungsbefugnis des Geschäftsführers ausgeführten Meinungsstand, so dass auf die dort gemachten Ausführungen verwiesen werden kann.[426] Sofern allerdings von den Gesellschaftern keine Grundsätze der Unternehmens- und Geschäftspolitik aufgestellt worden sind, kann der unternehmensleitende Beirat derartige Grundsätze festlegen.[427]

III. Die Geschäftsführungsbefugnis des Verwaltungsrats

Die Verwaltung der Gesellschaft obliegt dem Verwaltungsrat gemäß § 6-12 Abs. 1 Asl. Hiervon umfasst ist die gesamte unternehmerische Tätigkeit der Gesellschaft, also neben der Geschäftsführung auch jede andere im Rahmen der Erfüllung des Unternehmensgegenstandes anfallende Tätigkeit.[428]

1. Träger des unternehmerischen Interesses und Grundsätze der Unternehmenspolitik

Der Verwaltungsrat hat bei allen Geschäftsführungsmaßnahmen und sonstigen Handlungen das unternehmerische Interesse der Gesellschafter zu wahren.[429] Zu den Aufgaben des Verwaltungsrats gehört es zu überwachen, dass die Gesellschaft im Einklang mit dem bei der Gründung festgelegten Unternehmensgegenstand

---

423 *Zöllner/Noack*, in Baumbach/Hueck, GmbHG, § 37 Rn. 8 ff.; *Lenz*, in Michalski, GmbHG, § 37 Rn. 14 f.; *Spindler*, in MüKo, GmbHG, § 52 Rn. 683.

424 *Spindler*, in MüKo, GmbHG, § 52 Rn. 685f.; *Vollmer*, WIB 1995, 578,580; *Thümmel*, DB 1995, 2461, 2463f.

425 *Hofbauer*, S. 157 f.; *Rohleder*, S. 130 ff.

426 Siehe zum Meinungsstand insbesondere S. 72 ff.

427 *Zöllner/Noack*, in Baumbach/Hueck, GmbHG, § 37 Rn. 13 f.; *Spindler*, in MüKo, GmbHG, § 52 Rn. 686.

428 *Aarbakke*, Aksjeloven & allmenaksjeloven, § 6-12 Rn. 1.1; *Bråthen*, in Norsk Lovkommentar, Aksjeloven, § 6-12 Rn. 1056; *Perland*, TfF 1999, 125, 134.

429 *Aarbakke*, Aksjeloven & allmenaksjeloven, § 6-12 Rn. 1.1; *Rørvik*, TfF 1996, 72, 75.

und dem in der Satzung festgelegten Gesellschaftszweck geführt wird.[430] Aus § 6-12 Abs. 2 Asl erwächst die Kompetenz des Verwaltungsrats, die Unternehmenspolitik zu konkretisieren und umzusetzen. Dies geschieht unter anderem durch die Budgetierung sowie die Festsetzung von Richtlinien in Form einer Geschäftsordnung für die Arbeit des Geschäftsleiters.[431] Ferner muss er für eine ordnungsgemäße Organisation des Unternehmens sorgen, § 6-12 Abs. 1 Asl.

2. *Geschäftsführungsmaßnahmen von großer Bedeutung*

Dem Verwaltungsrat steht das Recht zu, eigenständig Entscheidungen im Hinblick auf den Unternehmensgegenstand zu treffen.[432] Dies bedeutet, dass der Verwaltungsrat zum Beispiel für die Entscheidung über eine Ausgliederung bestimmter Unternehmenssparten in eine Tochtergesellschaft oder für die Zuteilung von Geldern im Unternehmen zuständig ist.[433] Auch bei Entscheidungen, die von genereller Wichtigkeit und großer Bedeutung für die Gesellschaft sind, steht dem Verwaltungsrat aufgrund seiner Allzuständigkeit in Geschäftsführungsfragen das Recht zu, eine Entscheidung zu treffen, ohne dass diese Angelegenheit zuvor der Gesellschafterversammlung vorgelegt bzw. von dieser entschieden werden muss.[434] Solche Entscheidungen sind etwa der Kauf oder Verkauf von der Gesellschaft gehörenden Grundstücken, der Verkauf von Betriebsmitteln von wesentlicher Bedeutung für die Gesellschaft sowie der Verkauf von Tochtergesellschaften.[435] Nicht umfasst sind dagegen der Verkauf des gesamten Betriebsvermögens oder die dauerhafte Stilllegung des gesamten oder eines wesentlichen Teils des Unternehmens, da dies zur Folge hätte, dass der Unternehmensgegenstand nicht mehr verwirklicht werden kann. Diese Entscheidungen sind durch die Gesellschafterversammlung zu treffen.[436]

Im Rahmen der Vorbereitung der Novelle des Aksjeloven im Jahr 1997 wurde erwogen, dass Angelegenheiten von großer Bedeutung für die Gesellschafter immer der Gesellschafterversammlung vorgelegt werden sollten. Diesem Vorschlag wurde in der Neufassung des Aksjeloven im Jahr 1997 jedoch nicht weiter mit

---

430 *Aarbakke*, Aksjeloven & allmenaksjeloven, § 6-12 Rn. 1.1; *Bråthen*, in Norsk Lovkommentar, Aksjeloven, § 6-12 Rn. 1056.

431 *Andenæs*, Aksjeselskaper & Allmennaksjeselskaper, Kap. 28, Rn. 28.1.1; *Rørvik*, TfF 1996, 72, 75.

432 *Andenæs*, Aksjeselskaper & Allmennaksjeselskaper, Kap. 28, Rn. 28.1.1.

433 *Aarbakke*, Aksjeloven & allmenaksjeloven, § 6-12 Rn. 1.2.

434 *Aarbakke*, Aksjeloven & allmenaksjeloven, § 6-12 Rn. 1.2; *Perland*, TfF 1999, 125, 134.

435 *Aarbakke*, Aksjeloven & allmenaksjeloven, § 6-12 Rn. 1.6.

436 *Aarbakke*, Aksjeloven & allmenaksjeloven, § 6-12 Rn. 1.6.

der Begründung entsprochen, dass traditionell die Gesellschafterversammlung weniger Einblick in die Geschäftsführung der Gesellschaft hat als der Verwaltungsrat.[437] Das norwegische Recht ist in diesem Punkt weitaus großzügiger als das Recht in den übrigen nordischen Ländern.[438]

3. *Laufende Geschäftsführungsmaßnahmen*

Selbst für den Fall, dass die Gesellschaft einen Geschäftsleiter bestellt hat, umfasst die Geschäftsführungskompetenz des Verwaltungsrats grundsätzlich auch die laufende Geschäftsführung, so dass es zu Überschneidungen der Kompetenzen und daraus resultierenden Abgrenzungsschwierigkeiten kommen kann.[439]

4. *Weitere Geschäftsführungsaufgaben*

Zudem weist das Gesetz dem Verwaltungsrat ausdrücklich eine Reihe von Einzelaufgaben zu, wie zum Beispiel die Versagung einer Beteiligung an der Gesellschaft bei Fehlen einer von der Satzung geforderten Eigenschaft der Gesellschafter, § 4-18 Abs. 1 Asl, oder die Vorbereitung des Gewinnverwendungsbeschlusses durch die Gesellschafterversammlung, § 8-2 Abs. 1 Asl.[440] In Gesellschaften, in denen auf die Bestellung eines Aufsichtsrats verzichtet wurde, steht dem Verwaltungsrat zudem das unentziehbare Recht zu, über Investitionen mit einem für die Gesellschaft erheblichen Umfang sowie über Rationalisierungen, die erhebliche Änderungen im Personalbestand mit sich führen, zu entscheiden.[441] Bei Entscheidungen über Geschäftsführungsmaßnahmen nach § 8-2 Abs. 1 Satz 2 Asl, wonach die Gesellschafterversammlung nicht über eine höhere Gewinnausschüttung beschließen kann, als der Verwaltungsrat vorgeschlagen hat, oder nach § 12-1 Abs. 2, Satz 3 Asl, welche dem Verwaltungsrat die Entscheidungskompetenz hinsichtlich der Verwendungsmöglichkeiten des aus einer Kapitalherabsetzung freiwerdenden Kapitals zugesteht – mit Ausnahme des Falls der Verwendung zur Deckung von Verlusten –, ist die Gesellschafterversammlung an den Beschluss

---

437 Ot prp nr. 36 1993–1994, S. 126–127; *Andenæs*, Aksjeselskaper & Allmennaksjeselskaper, Kap 28, Rn. 28.1.1.

438 *Andenæs*, Aksjeselskaper & Allmennaksjeselskaper, Kap 28, Rn. 28.1.1.

439 *Aarbakke*, Aksjeloven & allmenaksjeloven, § 6-12 Rn. 1.3; *Perland*, TfF 1999, 125, 135; zur Abgrenzung der Kompetenzen siehe unten S. 108 ff.

440 Eine Übersicht aller dem Verwaltungsrat zugewiesenen Aufgaben findet sich bei *Aarbakke*, Aksjeloven & allmenaksjeloven, § 6-12 Rn. 1.5.

441 *Aarbakke*, Aksjeloven & allmenaksjeloven, § 6-37 Asal Rn. 4.5; *Andenæs*, Aksjeselskaper & Allmennaksjeselskaper, Kap. 24, Rn. 24.1.3.

des Verwaltungsrats gebunden und kann diesen auch nicht aufgrund der ihr zugewiesenen Kompetenzen als oberstes Organ der Gesellschaft ändern.[442]

Der Verwaltungsrat kann somit grundsätzlich alle Geschäftsführungsmaßnahmen vornehmen, solange diese zweckmäßig und im Interesse der Gesellschaft sind und nicht gegen den in der Satzung festgelegten Gesellschaftszweck, einen Gesellschafterbeschluss oder gegen geltendes Recht verstoßen.[443]

IV. Die Geschäftsführungsbefugnis des Geschäftsleiters

Der Geschäftsleiter ist gemäß § 6-14 Abs. 1 Asl für die laufende Geschäftsführung in der Gesellschaft verantwortlich. Wo genau die Grenzen der laufenden Geschäftsführung liegen, wird anhand objektiver Kriterien beurteilt.[444] Die subjektiven Auffassungen des Geschäftsleiters oder des Verwaltungsrats sind nicht entscheidend.[445] Der Grund für die Beurteilung nach objektiven Gesichtspunkten liegt im Schutz der Gesellschafter und der Gläubiger der Gesellschaft, da nur eine objektive Betrachtung eine klare Abgrenzung der Zuständigkeiten der einzelnen Geschäftsführungsorgane zulässt und hierdurch insbesondere Fragen der Verantwortlichkeit und Haftung für einzelne Geschäftsführungsmaßnahmen feststellbar und schließlich durchsetzbar sind.[446]

1. Laufende Geschäftsführung

Allein der Begriff der laufenden Geschäftsführung ist hinsichtlich der Bestimmung des Aufgabenbereichs des Geschäftsleiters nicht zielführend.[447] Der Wortlaut der Norm lässt einen weiten Gestaltungsspielraum für den Geschäftsleiter zu, so dass in der Regel eine Kategorisierung des Bereichs der laufenden Geschäftsführung in drei Hauptgruppen erfolgt.[448] Der Geschäftsleiter ist demnach verantwortlich für die strategische Ausrichtung und die interne Organisation sowie das operative Geschäft der Gesellschaft.

---

442 *Andenæs*, Aksjeselskaper & Allmennaksjeselskaper, Kap. 24, Rn. 24.1.3.
443 *Aarbakke*, Aksjeloven & allmenaksjeloven, § 6-12 Rn. 1.9; *Perland*, TfF 1999, 125, 134.
444 *Smith Ulseth*, S. 137.
445 *Smith Ulseth*, S. 137.
446 *Smith Ulseth*, S. 137.
447 *Bråthen*, in Norsk Lovkommentar Aksjeloven, § 6-14 Rn. 1079 f.; *Smith Ulseth*, S. 139.
448 *Smith Ulseth*, S. 139.

a) Strategische Ausrichtung der AS

In den Aufgabenbereich der strategischen Ausrichtung kann auch die Ausrichtung der Gesellschaft in finanzieller Hinsicht und die Vorbereitung von Beschlüssen hinsichtlich der Kapitalstruktur fallen. Gemäß § 6-14 Abs. 4 Asl hat der Geschäftsleiter dafür Sorge zu tragen, dass die Buchführung der Gesellschaft ordnungsgemäß erfolgt. Diese Überwachungspflicht ist Teil der dem Geschäftsleiter obliegenden Aufgabe, die wirtschaftliche Entwicklung der Gesellschaft zu kennen und zu kontrollieren.[449] Aus der in § 6-14 Abs. 4 Asl verankerten Pflicht geht ferner die Pflicht des Geschäftsleiters hervor, dass die Vermögensverwaltung der Gesellschaft ordnungsgemäß durchgeführt werden muss.[450] Aus dem Zusammenspiel der genannten Vorschrift und § 6-12 Abs. 3 Asl ergibt sich, dass der Geschäftsleiter und nicht der Verwaltungsrat die Hauptverantwortung für diese Aufgaben hat.[451]

b) Interne Organisation der AS

Verantwortlich für die interne Organisation der Gesellschaft und damit für die Umsetzung der durch den Verwaltungsrat festgesetzten Unternehmensstrategien in der Gesellschaft ist der Geschäftsleiter.[452] Die Umsetzung der Unternehmensstrategien beinhaltet unter anderem, dass der Geschäftsleiter dafür zu sorgen hat, dass entsprechend qualifizierte sowie in ausreichender Anzahl vorhandene Arbeitskräfte in dem Unternehmen angestellt sind. Der Bereich der Personalplanung und die Festlegung der Vergütung von Arbeitskräften fallen somit in seinen Aufgabenbereich.[453] Dies gilt jedoch nur bis zu dem Punkt, bei dem auf die grundlegende Organisation der Gesellschaft zurückgegriffen werden muss.[454] Diese obliegt dem Verwaltungsrat.

---

449 *Aarbakke*, Aksjeloven & allmenaksjeloven, § 6-14 Rn. 4.1; *Bråthen*, in Norsk Lovkommentar, Aksjeloven, § 6-14 Rn. 1084 f.; *Smith Ulseth*, S. 140.

450 *Aarbakke*, Aksjeloven & allmenaksjeloven, § 6-14 Rn. 4.1 f.; *Bråthen*, in Norsk Lovkommentar, Aksjeloven, § 6-14 Rn. 1084 f.; *Smith Ulseth*, S. 140.

451 *Aarbakke*, Aksjeloven & allmenaksjeloven, § 6-14 Rn. 4.2; *Bråthen*, in Norsk Lovkommentar, Aksjeloven, § 6-14 Rn. 1084 f.; *Smith Ulseth*, S. 140.

452 *Aarbakke*, Aksjeloven & allmennaksjeloven, § 6-14 Rn. 1.3; *Smith Ulseth*, S. 139.

453 *Aarbakke*, Aksjeloven & allmennaksjeloven, § 6-14 Rn. 1.3.

454 *Smith Ulseth*, S. 139.

c) Das operative Geschäft der AS

Schließlich fallen unter die laufende Geschäftsführung die Optimierung des Geschäftsablaufs sowie die Erfüllung des Gesellschaftszwecks.[455] Dies umfasst unter anderem den Verkauf, den Einkauf sowie die Expansionspolitik des Unternehmens.[456] Zudem obliegt es dem Geschäftsleiter, die Unternehmensstrategie zu entwickeln. Dies geschieht jedoch nicht ohne Einbeziehung des Verwaltungsrats, sondern ist einer der zentralen Anknüpfungspunkte für die Zusammenarbeit zwischen Verwaltungsrat und Geschäftsleiter.[457]

2. *Ungewöhnliche Geschäftsführungsmaßnahmen*

Geschäftsführungsmaßnahmen, die nach den Gesellschaftsverhältnissen bzw. dem Gesellschaftszweck von ungewöhnlicher Art oder großer Bedeutung sind, schließt § 6-14 Abs. 2 Asl von der laufenden Geschäftsführung aus.[458] Ob die Geschäftsführungsmaßnahme von großer Bedeutung für die Gesellschaft ist, soll sich nach den Gesellschaftsverhältnissen bestimmen.[459] Allgemein fallen hierunter jedoch Maßnahmen mit großer wirtschaftlicher Bedeutung bzw. großem Umfang, einem hohen finanziellen Risiko oder mit einer Bedeutung für eine Vielzahl der Beschäftigten.[460] Unter Geschäftsführungsmaßnahmen von ungewöhnlicher Art fallen alle diejenigen Geschäfte, die nicht von großer Bedeutung, jedoch derart ungewöhnlich sind, dass sie einer Behandlung durch den Verwaltungsrat bedürfen. Dies können zum Beispiel Investitionen geringer Art sein, die jedoch außerhalb des üblichen Geschäftsfeldes vorgenommen werden.[461]

3. *Weitere Geschäftsführungsmaßnahmen*

Gemäß § 6-14 Abs. 3 Asl kann der Geschäftsleiter Geschäftsführungsmaßnahmen, die üblicherweise nicht unter die laufende Geschäftsführung fallen oder von außergewöhnlicher Wichtigkeit bzw. ungewöhnlicher Natur sind, in zwei

---

455 *Smith Ulseth*, S. 139.

456 *Smith Ulseth*, S. 140.

457 *Smith Ulseth*, S. 139.

458 *Aarbakke*, Aksjeloven & allmennaksjeloven, § 6-14 Rn. 2.1; *Bråthen*, in Norsk Lovkommentar, Aksjeloven, § 6-14 Rn. 1079 f.; *Smith Ulseth*, S. 137.

459 *Aarbakke*, Aksjeloven & allmennaksjeloven, § 6-14 Rn. 2.1; *Bråthen*, in Norsk Lovkommentar, Aksjeloven, § 6-14 Rn. 1079 f.

460 *Aarbakke*, Aksjeloven & allmennaksjeloven, § 6-14 Rn. 2.1; *Bråthen*, in Norsk Lovkommentar, Aksjeloven, § 6-14 Rn. 1081; *Smith Ulseth*, S. 137.

461 *Aarbakke*, Aksjeloven & allmennaksjeloven, § 6-14 Rn. 2.1; *Bråthen*, in Norsk Lovkommentar, Aksjeloven, § 6-14 Rn. 1081; *Smith Ulseth*, S. 137.

Fällen durchführen. Dies ist zunächst der Fall, wenn der Geschäftsleiter durch den Verwaltungsrat zur Ausführung der Geschäftsführungsmaßnahme im Voraus ermächtigt worden ist. Eine Generalvollmacht zur Durchführung von Geschäftsführungsmaßnahmen, die nicht in den Zuständigkeitsbereich des Geschäftsleiters fallen, ist hingegen nicht möglich; die Vollmacht darf jeweils nur für den Einzelfall erteilt werden.[462] Ferner kann der Geschäftsleiter handeln, wenn eine Entscheidung des Verwaltungsrats nicht abgewartet werden kann, ohne dass ein wesentlicher Schaden für die Gesellschaft entsteht. Hierbei hat der Geschäftsleiter die Folgen eines verspäteten Handelns des Verwaltungsrats zu bewerten und anhand einer Abwägung aller Umstände des Einzelfalls zu entscheiden.[463]

V. Rechtsvergleichende Analyse

Die Untersuchung des Umfangs der Geschäftsführungskompetenz in beiden Gesellschaften hat gezeigt, dass die jeweiligen Geschäftsführungsorgane bei der Ausübung ihrer Kompetenzen stets in einem Spannungsverhältnis zur Gesellschafterversammlung stehen. Die den Geschäftsführungsorganen zustehenden Kompetenzen enden jeweils dort, wo das Gesetz oder die Satzung der Gesellschafterversammlung das Recht einräumen, über Maßnahmen im Bereich der Geschäftsführung zu entscheiden. Eine weitere Beschränkung kann damit einhergehen, dass weitere Organe bestellt werden, die ebenso mit Geschäftsführungsaufgaben befasst sein sollen.

Der Geschäftsführer sowie ein etwaiger Beirat mit unternehmensleitender Funktion sind ebenso der Träger des unternehmerischen Interesses, wie es der Verwaltungsrat in der AS ist. Kernaufgabe ist jeweils die Planung, Leitung sowie Abwicklung und Kontrolle des laufenden Tagesgeschäfts sowie die Konkretisierung und Umsetzung der Interessen der Gesellschafter. Bei der AS besteht die Besonderheit, dass neben dem Verwaltungsrat der Geschäftsleiter als Geschäftsführungsorgan für die laufenden Geschäftsführungsmaßnahmen zuständig ist. Dem Geschäftsleiter obliegen dabei die strategische Ausrichtung und die interne Organisation sowie das operative Geschäft der Gesellschaft.

462 *Aarbakke*, Aksjeloven & allmenaksjeloven, § 6-14 Rn. 3.2; *Andenæs*, Aksjeselskaper & Allmennaksjeselskaper, Kap. 28, Rn. 28.2.4; *Bråthen*, in Norsk Lovkommentar, Aksjeloven, § 6-14 Rn. 1082.

463 *Aarbakke*, Aksjeloven & allmennaksjeloven, § 6-14 Rn. 3.1; *Andenæs*, Aksjeselskaper & Allmennaksjeselskaper, Kap. 28, Rn. 28.2.4; *Bråthen*, in Norsk Lovkommentar, Aksjeloven, § 6-14 Rn. 1082.

Weder die Geschäftsführungsorgane in der GmbH noch in der AS dürfen über die Grundsätze der Unternehmenspolitik entscheiden. Die Festlegung der Unternehmenspolitik ist als eine Kernkompetenz der Gesellschafter anzusehen. In Deutschland ist dies zwar umstritten, dennoch ist der wohl herrschenden Auffassung in der Literatur dahingehend zu folgen, dass der Geschäftsführer oder der Beirat lediglich die Unternehmenspolitik konkretisieren dürfen.

Ein erheblicher Unterschied beim Umfang der Geschäftsführungsbefugnis besteht darin, dass dem Verwaltungsrat als zentralem Geschäftsführungsorgan in der AS eine Allzuständigkeit in Geschäftsführungsfragen zuteilwird. Dies meint, dass dem Verwaltungsrat in der AS auch Kompetenzen in Geschäftsführungsangelegenheiten zustehen, die in der GmbH in den Verantwortungsbereich der Gesellschafter fallen. Insbesondere unternehmensleitende Kompetenzen, die den Gesellschaftern in der GmbH obliegen, wie etwa umfangreiche Vorhaben mit hohem finanziellen Aufwand oder Risiko, etwa der Erwerb oder die Veräußerung von Unternehmensbeteiligungen, kann der Verwaltungsrat ohne Einbeziehung der Gesellschafterversammlung der AS durchführen. Eine Grenze findet diese Zuständigkeitskompetenz lediglich dort, wo der Verkauf des gesamten Betriebsvermögens oder die dauerhafte Stilllegung des gesamten oder eines wesentlichen Teils des Unternehmens ohne die Mitwirkung der Gesellschafter beschlossen werden soll. Begründet wird diese Entscheidung damit, dass der Verwaltungsrat durch seine Tätigkeiten für die Gesellschaft näher am operativen Geschäft der Gesellschaft ist, als es die Gesellschafter sein können. Hierdurch soll eine sachnähere und interessengerechtere Entscheidung zum Wohle der Gesellschaft gewährleistet werden.

B. Die Grenzen der Geschäftsführungsbefugnis

I. Geschäftsführer

Die umfassende Geschäftsführungsbefugnis des Geschäftsführers kann durch Gesetz, Satzung, Anstellungsvertrag, Weisungen der Gesellschafterversammlung oder das Aufstellen einer Geschäftsordnung im Innenverhältnis eingeschränkt werden.[464] Ebenso ist eine Beschränkung durch die Bestellung eines weiteren fakultativen Gesellschaftsorgans, dem Geschäftsführungskompetenz eingeräumt wird, möglich, etwa durch die Bestellung eines Beirats.[465]

---

464 *Lenz*, Michalski, GmbHG, § 37 Rn. 10; *Uwe H. Schneider*, in Scholz, GmbHG, § 37 Rn. 55 f.; *Oetker*, Henssler/Strohn, Gesellschaftsrecht, § 37 GmbHG Rn. 8f.

465 siehe hierzu bereits die Ausführungen auf S. 75 ff.

1. Zuständigkeitsbereich der Gesellschafterversammlung

Die Kompetenz des Geschäftsführers findet dort ihre Grenzen, wo das Gesetz Entscheidungen dem Zuständigkeitsbereich der Gesellschafter überlässt. Insbesondere § 46 GmbHG führt Entscheidungen auf, die in den Zuständigkeitsbereich der Gesellschafter fallen.[466] Dieser Katalog ist weder abschließend noch zwingend, so dass von den Regelungen des § 46 GmbHG in der Satzung abgewichen werden kann.[467]

Grundlagenentscheidungen wie etwa Satzungsänderungen, Maßnahmen zur Kapitalerhöhung und -herabsetzung, Maßnahmen nach dem Umwandlungsgesetz oder der Abschluss von Unternehmensverträgen i. S. v. § 291 AktG unterliegen dem Zuständigkeitsbereich der Gesellschafterversammlung.[468] Ebenso fallen die Beschlüsse über die Auflösung der Gesellschaft, die Fortsetzung einer aufgelösten Gesellschaft sowie die Einforderung von Nachschüssen in den zwingenden Kompetenzbereich der Gesellschafter.[469] Sofern man mit der herrschenden Meinung auch von einer Zuständigkeit der Gesellschafterversammlung für die Vornahme ungewöhnlicher Geschäftsführungsmaßnahmen sowie für die Festsetzung der Grundsätze der Unternehmenspolitik ausgeht, wird auch hierdurch die Kompetenz des Geschäftsführers begrenzt.[470] Der Geschäftsführer kann jedoch in den Entscheidungsprozess derart mit eingebunden werden, dass ihm die Vorbereitung der jeweiligen Maßnahme obliegt.[471]

2. Weisungen der Gesellschafterversammlung

Ebenso kann die Geschäftsführungskompetenz des Geschäftsführers durch Weisungen der Gesellschafter eingeschränkt werden. Die Gesellschafter sind den Geschäftsführern der GmbH grundsätzlich übergeordnet. Dies wird aus § 37

466 *Zöllner/Noack*, in Baumbach/Hueck, GmbHG, § 37 Rn. 4; *Uwe H. Schneider*, in Scholz, GmbHG, § 37 Rn. 5; *Kort*, ZIP 1991, 1274, 1276.

467 *Zöllner/Noack*, in Baumbach/Hueck, GmbHG, § 37 Rn. 5; *Bayer*, in Lutter/Hommelhoff, GmbHG, § 46 Rn. 1; *Stephan/Tieves*, in MüKo, GmbHG, § 37 Rn. 59.

468 *Zöllner, in* Baumbach/Hueck, GmbHG, § 46 Rn. 72 ff.; *Bayer*, in Lutter/Hommelhoff, GmbHG, § 53 Rn. 7; *Rohleder*, S. 35.

469 *Zöllner, in* Baumbach/Hueck, GmbHG, § 46 Rn. 79 ff.; *Römermann*, in Michalski, GmbHG, § 46 Rn. 534.

470 *Bayer*, in Lutter/Hommelhoff, GmbHG, § 37 Rn. 8 ff.; *Uwe H. Schneider*, in Scholz, GmbHG, § 37 Rn. 10 ff.; siehe hierzu bereits ausführlich S. 72.

471 *Stephan/Tieves*, in MüKo, GmbHG, § 37 Rn. 61.

GmbHG sowie aus den §§ 45 f., 49 Abs. 2, 3 GmbHG abgeleitet.[472] Der Geschäftsführer leitet die Gesellschaft – anders als der Vorstand in einer AG – nicht in eigener Verantwortung.[473] Daher steht der Gesellschafterversammlung und durch diese den Gesellschaftern das Recht zu, durch Weisungen und sonstige Vorgaben die Geschäftsführungstätigkeiten der Geschäftsführer positiv zu steuern und negativ zu begrenzen.[474] Das Weisungsrecht und die damit einhergehende Folgepflicht der Geschäftsführer ist Kennzeichen der Organisationsstruktur der GmbH.[475] Das Weisungsrecht erstreckt sich auch auf die Unternehmenspolitik sowie auf ungewöhnliche Maßnahmen der Geschäftsführung.[476]

Die Weisungen der Gesellschafter müssen nicht dem Wirtschaftlichkeitsprinzip folgen, so dass die Geschäftsführer auch wirtschaftlich unzweckmäßige Weisungen durchzuführen haben.[477] Ein Verweigerungsrecht steht den Geschäftsführern grundsätzlich nicht zu, die Geschäftsführer dürfen aber die Ausführung aussetzen, um den Gesellschaftern ihre Bedenken vorzutragen.[478] Eine Grenze ist jedoch dann erreicht, wenn der Weisungsbeschluss der Gesellschafter gegen die guten Sitten verstößt, treuwidrig oder gesetzeswidrig ist.[479] Eine weitere Grenze ist auch in dem Fall erreicht, wenn die Ausführung der Weisung mit überwiegender Wahrscheinlichkeit die Gesellschaft in die Insolvenz führen oder die Existenz der Gesellschaft stark gefährden würde.[480]

472 *Bayer*, in Lutter/Hommelhoff, GmbHG, § 46 Rn. 1; *Stephan/Tieves*, in MüKo, GmbHG, § 37 Rn. 107; *Geißler*, GmbHR 2009, 1071, 1073.

473 *Altmeppen*, in Roth/Altmeppen, GmbHG, § 37 Rn. 3; Uwe *H. Schneider*, in Scholz, GmbHG, § 37 Rn. 30; *Geißler*, GmbHR 2009, 1071, 1071.

474 *Stephan/Tieves*, in MüKo, GmbHG, § 37 Rn. 115; *Uwe H. Schneider*, in Scholz, GmbHG, § 37 Rn. 30; *Mennicke*, NZG 2000, 622, 622; *Hommelhoff*, ZGR 1978, 119, 121.

475 *Kleindiek*, in Lutter/Hommelhoff, GmbHG, § 37 Rn. 17; *Geißler*, GmbHR 2009, 1071, 1071 f.; *Mennicke*, NZG 2000, 622, 622.

476 *Kleindiek*, in Lutter/Hommelhoff, GmbHG, § 37 Rn. 17; *Geißler*, GmbHR 2009, 1071, 1073 f.; *Mennicke*, NZG 2000, 622, 622.

477 *Kleindiek*, in Lutter/Hommelhoff, GmbHG, § 37 Rn. 17; *Stephan/Tieves*, in MüKo, GmbHG, § 37 Rn. 120.

478 *Kleindiek*, in Lutter/Hommelhoff, GmbHG, § 37 Rn. 16 ff; *Geißler*, GmbHR 2009, 1071, 1073.

479 *Kleindiek*, in Lutter/Hommelhoff, GmbHG, § 37 Rn. 17; *Stephan/Tieves*, in MüKo, GmbHG, § 37 Rn. 118; *Geißler*, GmbHR 2009, 1071, 1073; *Konzen*, NJW 1989, 2977, 2981.

480 OLG Frankfurt, NJW-RR 1997, 736, 737; *Kleindiek*, in Lutter/Hommelhoff, GmbHG, § 37 Rn. 18 ff.; *Stephan/Tieves*, in MüKo, GmbHG, § 37 Rn. 118.

Umstritten sind allerdings die Grenzen des den Gesellschaftern zustehenden Weisungsrechts. Eine Ansicht in der Literatur lässt eine allumfassende Reglementierung des Geschäftsführerhandels zu, da den Geschäftsführern kein weisungsimmuner Bereich zustehe, so dass auch Weisungen im originären Zuständigkeitsbereich der täglichen Geschäftsführung erteilt werden können.[481] Zwar setze § 35 GmbHG die organschaftliche Vertretung der GmbH durch den Geschäftsführer zwingend mit der Folge voraus, dass dieser zumindest nach außen hin als Geschäftsführungsorgan in Erscheinung treten müsse. Dennoch ändere dies nichts daran, dass die Geschäftsführung im Innenverhältnis durch Weisungen der Gesellschafterversammlung gebunden sei und somit faktisch durch diese geleitet werden könne.[482] Ebenso wenig stehe dem Geschäftsführer aufgrund seiner unentziehbaren Pflichten ein weisungsfreier Zuständigkeitsbereich zu.[483] Diese Pflichten sind, wie bereits zuvor erwähnt, unter anderem die Pflicht zur Erhaltung des Stammkapitals §§ 30, 33 GmbHG, die Sorge um die ordnungsgemäße Buchführung und Bilanzierung gemäß §§ 41, 42 GmbHG sowie die Insolvenzantragspflicht nach § 15a InsO.[484] Begründet wird dies damit, dass der Geschäftsführer anders als der Vorstand der AG die Gesellschaft nicht i. S. d. § 76 Abs. 1 AktG eigenverantwortlich führt.[485] Zudem unterstreicht gerade der Wortlaut des § 37 Abs. 1 GmbHG, dass die Gesellschafter das Unternehmensinteresse selbst festlegen und somit eine Weisungsdichte in einem solchen Umfang generieren können, dass der Geschäftsführer lediglich die Stellung eines Exekutivorgans einnimmt.[486]

Eine andere Ansicht in der Literatur stellt darauf ab, dass ein weisungsfreier Raum neben der den Geschäftsführern als unentziehbarer Kernbereich zustehenden Geschäftsführungskompetenz auch insoweit bestehen müsse, als die Geschäftsführer auch außerhalb dieses zwingenden Bereichs eigene Entscheidungen treffen können müssten.[487] Begründet wird dies zum einen damit, dass ein Verstoß gegen die dem Geschäftsführer genuin zugewiesenen Geschäftsführungsaufgaben mit Sanktionen belegt sei und zu einer Haftung führen könne. Bei einer solchen Intensität der organschaftlichen Pflichten sei es daher zwingend

481 *Altmeppen*, in Roth/Altmeppen, GmbHG, § 37 Rn. 4; *Uwe H. Schneider*, in Scholz, GmbHG, § 37 Rn. 46; *Konzen*, NJW 1989, 2977, 2979.

482 *Konzen*, NJW 1989, 2977, 2978.

483 *Konzen*, NJW 1989, 2977, 2979.

484 *Konzen*, NJW 1989, 2977, 2979; siehe hierzu auch die Ausführungen auf S. 74.

485 *Konzen*, NJW 1989, 2977, 2979.

486 *Konzen*, NJW 1989, 2977, 2978.

487 *Zöllner/Noack*, in Baumbach/Hueck, GmbHG, § 37 Rn. 18; *Geißler*, GmbHR 2009, 1071, 1071; *Zöllner*, ZGR 1977, 319, 325 f.

notwendig, dass der Geschäftsführer in diesem Bereich eigenständig entscheiden kann und darf.[488] Es sei daher nicht mit der gesetzlichen Konzeption des GmbH-Rechts vereinbar, wenn die Gesellschafter durch flächendeckende Weisungen in den durch Gesetz dem Geschäftsführer zugebilligten autonomen Bereich derart eingriffen, dass diesem keine eigenständigen Entscheidungen mehr zustünden.[489]

Zum anderen wird gegen die Möglichkeit einer Reduzierung des Geschäftsführers zu einem reinen Exekutivorgan angeführt, dass ein derart starker Entzug der Aufgaben zu einem Verstoß gegen die gesellschaftsrechtliche Treuepflicht führe.[490] Insbesondere sei die nach außen gerichtete Handlungsfähigkeit der Gesellschaft durch eine allumfassende Weisungsabhängigkeit des Geschäftsführers gefährdet, da dann der Geschäftsführer bei der Vertretung der Gesellschaft keine eigene Entscheidung treffen bzw. nicht mehr auf bestimmte Handlungen reagieren könnte, sondern es stets zunächst der Mitwirkung der Gesellschafter bedürfte und schließlich immer der Beschluss der Gesellschafterversammlung abzuwarten wäre.[491] Erst danach könnte der Geschäftsführer im Außenverhältnis aktiv werden und handeln. Dies würde unter anderem dazu führen, dass der Geschäftsführer zu einer Vertretungsmarionette ohne Autorität gegenüber dem Personal der Gesellschaft herabgestuft würde.[492] Hierdurch käme es zu einer Pervertierung der GmbH-Verfassung, da die Gefahr bestünde, dass der Geschäftsführer seiner ihm durch das Gesetz auferlegten Pflichten nicht nachkommen könnte.[493]

Die überwiegende Auffassung in der Literatur lässt eine allumfassende Reglementierung des Geschäftsführerhandelns mit Ausnahme des unentziehbaren Kernbereichs der Geschäftsführerzuständigkeit zu, da den Geschäftsführern grundsätzlich kein weisungsimmuner Bereich zustehe.[494] Insbesondere wird angeführt, die nach dem GmbHG vorgesehene organschaftliche Verfassung mache deutlich, dass die Gesellschafterversammlung das oberste Organ der GmbH sei und sich somit von der AG unterscheide, die in § 76 Abs. 1 AktG die eigenverantwortliche Leitung der Gesellschaft durch den Vorstand vorsehe und bei der die

488 *Geißler*, GmbHR 2009, 1071, 1074; *Mennicke*, NZG 2000, 622, 623.
489 *Geißler*, GmbHR 2009, 1071, 1074.
490 *Geißler*, GmbHR 2009, 1071, 1075.
491 *Geißler*, GmbHR 2009, 1071, 1075.
492 *Zöllner/Noack*, in Baumbach/Hueck, GmbHG, § 37 Rn. 18.
493 *Zöllner/Noack*, in Baumbach/Hueck, GmbHG, § 37 Rn. 18.
494 *Stephan/Tieves*, in MüKo, GmbHG, § 37 Rn. 118; *Koppensteiner*, in Rowedder/Schmidt-Leithoff, GmbHG, § 37 Rn. 26; *Mennicke*, NZG 2000, 622, 623.

Hauptversammlung nur auf Verlangen des Vorstands über Geschäftsführungsmaßnahmen entscheiden könne, vgl. § 119 Abs. 2 AktG.[495]

Die Gesellschafter können daher in der GmbH durch die Gesellschafterversammlung ihre unternehmerische Initiative verwirklichen und Entscheidungen in Geschäftsführungsfragen selbständig fällen.[496] Mit Ausnahme des zuvor dargestellten zwingenden Zuständigkeitsbereichs des Geschäftsführers können die Gesellschafter in Geschäftsführungsfragen im beliebigen Umfang Weisungen erteilen.[497] Insbesondere findet sich keine Beschränkung im Wortlaut des § 37 Abs. 1 GmbHG dahingehend, dass die Weisungen nicht derart durch die Gesellschafter ausgesprochen werden dürften, dass der Geschäftsführer zu einem Exekutivorgan herabgesetzt wird.[498] Die Forderung nach einem autonomen Mindestbereich außerhalb des zwingenden weisungsimmunen Zuständigkeitsbereichs der Geschäftsführer führt im Hinblick auf den weiten, unbeschränkten Wortlaut des § 37 GmbHG zu unlösbaren Abgrenzungsfragen.[499] Im Interesse der Rechtssicherheit ist ein solcher autonomer Mindestbereich damit abzulehnen.[500] Etwas anderes ergibt sich auch nicht aus den §§ 45 und 46 GmbHG.[501] Insoweit unterscheidet sich die Argumentation der dritten Auffassung lediglich dergestalt von der ersten, dass sie einen weisungsfreien Raum im zwingenden Kompetenzbereich des Geschäftsführers zulässt.

Im Vergleich zur Kompetenzübertragung im Rahmen der Geschäftsführung ist zudem das Festsetzen von Zustimmungsvorbehalten zu Gunsten aller oder einzelner Gesellschafter bei einzelnen Geschäftsführungsmaßnahmen zulässig.[502] Das Recht, solche Zustimmungsvorbehalte in die Satzung aufzunehmen, folgt ebenfalls aus § 37 Abs. 1 GmbHG.[503]

---

495 *Lenz*, in Michalski, GmbHG, § 37 Rn. 12; *Mennicke*, NZG 2000, 622, 623.

496 *Lenz*, in Michalski, GmbHG, § 37 Rn. 11; *Mennicke*, NZG 2000, 622, 623.

497 *Stephan/Tieves*, in MüKo, GmbHG, § 37 Rn. 117; *Mennicke*, NZG 2000, 622, 623.

498 *Stephan/Tieves*, in MüKo, GmbHG, § 37 Rn. 117.

499 *Stephan/Tieves*, in MüKo, GmbHG, § 37 Rn. 117; *Paefgen*, in Ulmer, GmbHG, § 37 Rn. 14; *Mennicke*, NZG 2000, 622, 623.

500 *Stephan/Tieves*, in MüKo, GmbHG, § 37 Rn. 117; *Paefgen*, in Ulmer, GmbHG, § 37 Rn. 14; *Mennicke*, NZG 2000, 622, 623.

501 *Stephan/Tieves*, in MüKo, GmbHG, § 37 Rn. 117; *Uwe H. Schneider*, in Scholz, GmbHG, § 37 Rn. 46.

502 *Kleindiek*, in Lutter/Hommelhoff, GmbHG, § 37 Rn. 16; *Geißler*, GmbHR 2009, 1071, 1073.

503 *Kleindiek*, in Lutter/Hommelhoff, GmbHG, § 37 Rn. 16; *Stephan/Tieves*, in MüKo, GmbHG, § 37 Rn. 123 f.

II. Beirat

Die Geschäftsführungskompetenz des Beirats ist *per se* als fakultatives Gesellschaftsorgan von den Regelungen in der jeweiligen Satzung abhängig, so dass nachfolgend die gesetzlichen Grenzen der Gestaltungsfreiheit eine nähere Untersuchung erfahren.

1. Zuständigkeitsbereich des Geschäftsführers

Im Bereich der ausschließlichen Zuständigkeit des Geschäftsführers für Geschäftsführungsmaßnahmen kann einem Beirat keine Geschäftsführungskompetenz übertragen werden.[504] In den unentziehbaren Mindestbereich der Kompetenzen des Geschäftsführers fallen insbesondere die Einberufung der Gesellschafterversammlung gemäß § 49 GmbHG, die Pflichten zur Buchführung und Aufstellung des Jahresabschlusses gemäß §§ 238, 242, 264 Abs. 1 HGB, 41 GmbHG, Handelsregisterpflichten gemäß § 78 GmbHG, steuerrechtliche Pflichten sowie die Insolvenzantragspflicht gemäß § 15a InsO.[505] Ebenso fällt in den unentziehbaren Kompetenzbereich des Geschäftsführers die Pflicht zur Erhaltung des Stammkapitals gemäß § 43 GmbHG.[506]

2. Zuständigkeitsbereich der Gesellschafterversammlung

Die Geschäftsführungsbefugnis des Beirats erfährt eine weitere wesentliche Grenze bei Aufgaben, die den Kernbereich der Zuständigkeiten der Gesellschafterversammlung betreffen, da zumindest ein Minimalbereich an Zuständigkeiten bei dieser verbleiben muss.[507] So ist die Gesellschafterversammlung zwingend für alle Strukturmaßnahmen, die einer Änderung des Unternehmensgegenstandes oder einer Zweckänderung gleichkommen, zuständig.[508] Insoweit kann hier auf die obigen Ausführungen verwiesen werden.[509]

---

504 *Härer*, S. 78; *Yanli*, DStR 1991, 1352, 1352.

505 *Kleindiek*, in Lutter/Hommelhoff, GmbHG, § 37 Rn. 5; *Lenz*, in Michalski, GmbHG, § 37 Rn. 10; *Rohleder*, S. 34.

506 *Kleindiek*, in Lutter/Hommelhoff, GmbHG, § 37 Rn. 5; *Lenz*, in Michalski, GmbHG, § 37 Rn. 10; *Rohleder*, S. 34; vgl. hierzu auch die Ausführungen S. 74 f.

507 *Härer*, S. 37; *Rohleder*, S. 34; *Yanli*, DStR 1991, 1352, 1353; *Konzen*, NJW 1989, 2977, 2980.

508 *Rohleder*, S. 54 ff.; *Konzen*, NJW 1989, 2977, 2980.

509 Vgl. S. 86.

3. *Weisungen der Gesellschafterversammlung*

Ebenso wie die Geschäftsführer unterliegen auch die Beiratsmitglieder der Weisungsbefugnis der Gesellschafter.[510] Die Art und der Umfang des Weisungsrechts der Gesellschafter hängen von den in der Satzung hierzu getroffenen Regelungen ab.[511] Insoweit kann auf die Ausführungen zur Weisungsgebundenheit des Geschäftsführers verwiesen werden.[512]

III. Verwaltungsrat

Die Allzuständigkeit des Verwaltungsrats in Geschäftsführungsangelegenheiten erfährt eine Einschränkung durch positiv gesetzliche Regelungen der Zuständigkeiten der Gesellschafterversammlung, des Geschäftsleiters sowie – sofern ein solcher besteht – des Aufsichtsrats.[513] Ferner kann durch Gesellschafterbeschluss oder Satzungsregelung die Geschäftsführungsbefugnis des Verwaltungsrats durch die Gesellschafter in Form von Weisungen oder Zustimmungsvorbehalten begrenzt werden.

1. *Zuständigkeit und Weisungsrechte der Gesellschafterversammlung*

a) Zuständigkeitsbereich der Gesellschafterversammlung

Gemäß § 5-1 Abs. 1 Asl üben die Gesellschafter durch die Gesellschafterversammlung als oberstes Organ der Gesellschaft ihre Rechte aus. Die Gesellschafterversammlung kann somit über alle Angelegenheiten der Gesellschaft entscheiden, die nicht einem der anderen Gesellschaftsorgane – und hinsichtlich der Geschäftsführung insbesondere dem Verwaltungsrat oder dem Geschäftsleiter – zwingend zugeteilt sind.[514] So kann die Gesellschafterversammlung etwa dem Verwaltungsrat die Kompetenz zur Beschlussfassung über diesem zugewiesene Geschäftsführungsmaßnahmen entziehen oder von einer Genehmigung abhängig machen, sofern die betroffene Geschäftsführungsmaßnahme dem Verwaltungsrat nicht

510 *Rohleder*, S. 126; *Voormann*, S. 152.

511 *Voormann*, S. 152.

512 Siehe S. 87.

513 *Aarbakke*, Aksjeloven & allmenaksjeloven, § 6-12 Rn. 1.3; *Andenæs*, Aksjeselskaper & Allmennaksjeselskaper, Kap 28, Rn. 28.1.1.

514 *Aarbakke*, Aksjeloven & allmenaksjeloven, § 5-1 Rn. 1.2; *Andenæs*, Aksjeselskaper & Allmennaksjeselskaper, Kap. 24, Rn. 24.1.1.

ausdrücklich gesetzlich zugewiesen ist.[515] Wo genau hierbei die Grenze zu ziehen ist, hängt vom Einzelfall ab.[516]

Eine ausschließliche Kompetenz der Gesellschafterversammlung zur Beschlussfassung sieht das Aksjeloven etwa bei Beschlüssen vor, die Satzungsänderungen, die Auflösung der Gesellschaft oder die Geltendmachung von Ersatzansprüchen der Gesellschaft gegenüber Mitgliedern des Verwaltungsrats und Mitgliedern des Aufsichtsrats sowie dem Geschäftsleiter betreffen.[517] Ferner gehören zum unveräußerlichen Kern der Gesellschafterkompetenzen das Recht zur Billigung des Jahresabschlusses, Beschlüsse über die Erhöhung und Herabsetzung des Stammkapitals sowie über eine Verschmelzung, Spaltung oder einen Wechsel der Gesellschaftsform.[518]

Bei einer Reihe der zuvor genannten Geschäftsführungsmaßnahmen besteht ein gemeinsamer Zuständigkeitsbereich zwischen Gesellschafterversammlung und Verwaltungsrat, so dass Beschlüsse nur gefasst werden können, wenn beide Organe an der Beschlussfassung beteiligt sind. Beispielsweise haben die Verwaltungsräte bei einer beabsichtigten Verschmelzung zweier AS einen Verschmelzungsvertrag zu erstellen, der durch die jeweilige Gesellschafterversammlung genehmigt werden muss, bevor die Verschmelzung beschlossen und durchgeführt werden kann, vgl. § 13-3 Asl. Gleiches gilt auch für den Formwechsel einer AS sowie bei Beschlüssen hinsichtlich einer beabsichtigten Kapitalerhöhung oder -herabsetzung.[519] In den Fällen, bei denen ein Zusammenspiel zwischen den beiden Organen gesetzlich vorgesehen ist, gilt, dass die Gesellschafterversammlung die Letztentscheidungsgewalt besitzt, so dass der Verwaltungsrat nicht wirksam ohne Zustimmung der Gesellschafterversammlung handeln kann.[520]

b) Weisungs- und Änderungskompetenz der Gesellschafterversammlung

Der Gesellschafterversammlung steht gegenüber dem Verwaltungsrat eine Weisungsbefugnis zu, durch die die Geschäftsführungskompetenz des Verwaltungsrats

---

515 *Aarbakke*, Aksjeloven & allmenaksjeloven, § 6-12 Rn. 1.7.
516 *Andenæs*, Aksjeselskaper & Allmennaksjeselskaper, Kap. 28, Rn. 28.1.1.
517 *Aarbakke*, Aksjeloven & allmenaksjeloven, § 6-12 Rn. 1.4.
518 *Aarbakke*, Aksjeloven & allmenaksjeloven, § 5-1 Rn. 1.3; *Andenæs*, Aksjeselskaper & Allmennaksjeselskaper, Kap. 24, Rn. 24.1.4.
519 zum Formwechsel vgl. § 15-1 Asl und zur Kapitalerhöhung vgl. § 10-3 Asl sowie zur Kapitalherabsetzung § 12-3 Abs. 1 Asl.
520 *Aarbakke*, Aksjeloven & allmenaksjeloven, § 6-12 Rn. 1.4.

stark eingeschränkt werden kann.[521] Dem einzelnen Gesellschafter steht hingegen kein Recht zu, dem Verwaltungsrat gegenüber Weisungen zu erteilen.[522] Die derart gegenüber dem Verwaltungsrat erteilten Weisungen dürfen jedoch weder dazu führen, dass es zur Ausführung von rechts-, sitten- oder satzungswidrigen Geschäftsführungsmaßnahme kommt.[523] Ansonsten hat der Verwaltungsrat den Weisungen, die sowohl einzelfallbezogen als auch genereller Natur sein können, Folge zu leisten.[524]

Hierbei ist jedoch stets zu beachten, dass nach § 6-12 Abs. 1 Asl grundsätzlich der Verwaltungsrat für die Verwaltung der Gesellschaft zuständig ist. Es verstößt daher gegen das Gesetz, wenn die Gesellschafterversammlung ihr Weisungs- und Instruktionsrecht gegenüber dem Verwaltungsrat dergestalt ausübt, dass in tatsächlicher Hinsicht die Gesellschaft durch die Gesellschafterversammlung und nicht durch den Verwaltungsrat geführt wird.[525] In den Gesetzesmaterialien zu § 6-12 Asl heißt es daher: „Für den Fall, dass die Gesellschafterversammlung ihre Weisungsbefugnis in einem Umfang benutzt, der zur Folge hat, dass in Wahrheit die Geschäftsführung durch die Gesellschafter ausgeübt wird, kann dies dazu führen, dass die Haftungsbeschränkung der Gesellschafter nicht mehr greift, sondern diese persönlich haften.“[526] Insbesondere kann die Gesellschafterversammlung dem Verwaltungsrat keine Weisungen im Hinblick auf die Aufstellung des Jahresabschlusses erteilen.[527] Die Organisationsstruktur der AS baut auf einer Teilung der Kompetenzen zwischen Gesellschafterversammlung und Verwaltungsrat auf, so dass eine durch die Gesellschafterversammlung geprägte Geschäftsführung gegen die Grundprinzipien des Aksjeloven verstößt.[528]

Ebenso kann die Gesellschafterversammlung in der Satzung oder durch einfachen Gesellschafterbeschluss festsetzen, dass bestimmte Angelegenheiten der Gesellschaft bzw. der Geschäftsführung der Vorlage bedürfen.[529] Eine solche

---

521 *Aarbakke*, Aksjeloven & allmenaksjeloven, § 6-12 Rn. 1.7; *K. Normann*, Festskrift til Mads Henry Andenæs 70 år, S. 233, 246.

522 *Bråthen*, in Norsk Lovkommentar, Aksjeloven, § 5-1 Rn. 636.

523 *Aarbakke*, Aksjeloven & allmenaksjeloven, § 5-1 Rn. 1.4.

524 *Aarbakke*, Aksjeloven & allmenaksjeloven, § 5-1 Rn. 1.3; *Andenæs*, Aksjeselskaper & Allmennaksjeselskaper, Kap. 24, Rn. 24.1.1.

525 *Aarbakke*, Aksjeloven & allmenaksjeloven, § 5-1 Rn. 1.5; *K. Normann*, Festskrift til Mads Henry Andenæs 70 år, S. 233, 246 f.

526 NOU 1996: 3, S. 127.

527 *Andenæs*, Aksjeselskaper & Allmennaksjeselskaper, Kap. 23, Rn. 23.3.

528 *K. Normann*, Festskrift til Mads Henry Andenæs 70 år, S. 233, 246.

529 *Andenæs*, Aksjeselskaper & Allmennaksjeselskaper, Kap. 28, Rn. 28.1.1.

Vorlagepflicht kann sowohl eine Zustimmungspflicht nach sich ziehen als auch aus informatorischen Gründen angeordnet werden.[530] Die Gesellschafterversammlung kann im zuletzt genannten Fall im Anschluss an die Vorlage dem Verwaltungsrat eine Weisung mit dem Inhalt erteilen, inwiefern er die Geschäftsführungsmaßnahme umzusetzen oder zu ändern hat.[531] Zudem kann die Gesellschafterversammlung Entscheidungen des Verwaltungsrats abändern, solange der Beschluss über die Geschäftsführungsmaßnahme noch keine Rechtswirkung gegenüber Dritten entfaltet hat.[532]

Als Annexkompetenz steht dem Verwaltungsrat das Recht zu, eine Entscheidung über eine Geschäftsführungsangelegenheit, die in seinen Zuständigkeitsbereich fällt, der Gesellschafterversammlung vorzulegen. Nach Vorlage kann die Gesellschafterversammlung entscheiden, ob sie in dieser Sache einen Beschluss fassen will oder die Angelegenheit unbearbeitet an den Verwaltungsrat zurückgibt, so dass dieser letztendlich die Geschäftsführungsmaßnahme zu beschließen und durchzuführen hat. Es besteht kein Anspruch des Verwaltungsrats gegenüber der Gesellschafterversammlung auf eine Entscheidung in der Sache.[533]

2. *Zuständigkeit des Geschäftsleiters*

Ebenso findet die Geschäftsführungskompetenz des Verwaltungsrats seine Grenzen durch die dem Geschäftsleiter obliegenden Geschäftsführungsaufgaben. Die genaue Abgrenzung der Zuständigkeitsbereiche sowie das konkrete Ausmaß der Kompetenzeinschränkung werden weiter unten bei der Untersuchung der Zusammenarbeit und Geschäftsverteilung zwischen Verwaltungsrat und Geschäftsleiter dargestellt.[534]

IV. Geschäftsleiter

Der Geschäftsleiter ist an die ihm vom Verwaltungsrat aufgegebenen Richtlinien und Weisungen zur Verwirklichung des Unternehmensgegenstandes und des Geschäftszweckes sowie an eine etwaige Geschäftsordnung gebunden.[535] Ferner

530 *Aarbakke*, Aksjeloven & allmenaksjeloven, § 5-1 Rn. 1.3; *Andenæs*, Aksjeselskaper & Allmennaksjeselskaper, Kap. 24, Rn. 24.1.1.

531 *Aarbakke*, Aksjeloven & allmenaksjeloven, § 5-1 Rn. 1.3; *Bråthen*, S. 118.

532 *Aarbakke*, Aksjeloven & allmenaksjeloven, § 5-1 Rn. 1.3; *Andenæs*, Aksjeselskaper & Allmennaksjeselskaper, Kap. 24, Rn. 24.1.1.

533 *Andenæs*, Aksjeselskaper & Allmennaksjeselskaper, Kap 28, Rn. 28.1.1.

534 siehe hierzu die Ausführungen unten bei S. 108.

535 NOU 1996: 3, S. 137 f.; *Aarbakke*, Aksjeloven & allmenaksjeloven, § 6-12 Rn. 2.4; *Andenæs*, Aksjeselskaper & Allmennaksjeselskaper, Kap. 28, Rn. 28.2.1.

unterliegt der Geschäftsleiter ebenso wie der Verwaltungsrat dem Weisungsrecht der Gesellschafterversammlung.

1. Weisungsrechte des Verwaltungsrats nach §§ 6-13 Abs. 2, 6-14 Abs. 1 Asl

Dem Verwaltungsrat steht gegenüber dem Geschäftsleiter unter anderem ein Weisungsrecht aus § 6-13 Abs. 2 Asl zu. Das Weisungsrecht des Verwaltungsrats dient dazu, den Geschäftsleiter als dem Verwaltungsrat untergeordnetes Geschäftsführungsorgan in der Gesellschaft zu etablieren, und ist Folge der hierarchisch strukturierten Geschäftsführungsorgane der AS.[536] Das Weisungsrecht des Verwaltungsrats ist mithin das zentrale Merkmal des norwegischen bzw. skandinavischen Gesellschaftsrechtsmodells bezüglich der Gesellschaften mit beschränkter Haftung.[537] Zu welchem Grad der Verwaltungsrat sein Weisungsrecht gegenüber dem Geschäftsleiter in dessen Zuständigkeitsbereich ausüben kann, hängt davon ab, wie die Gesellschaft organisiert ist. Sofern der Verwaltungsrat vollständig in die laufende Geschäftsführung integriert ist oder diese vollständig kontrolliert und an ihr mitwirkt, kann davon gesprochen werden, dass lediglich ein Geschäftsführungsorgan vorliegt. Eine derartige Ausgestaltung der Geschäftsführung würde sich den Grundzügen des englischen Board Systems annähern bzw. diesem entsprechen.[538] Im Gegensatz zu diesem Modell kann der Verwaltungsrat auch lediglich die ihm durch Gesetz zwingend aufgelegten Aufgaben wahrnehmen und einen Großteil der laufenden Geschäftsführung dem Geschäftsleiter überlassen.[539] Dies führt dazu, dass die beiden Geschäftsführungsorgane der AS zwei weitestgehend unabhängige Aufgabenfelder wahrnehmen. Der Verwaltungsrat würde in diesem Fall lediglich die Kontrolle bzw. Aufsicht über die Geschäftsführung ausüben, ähnlich einem aus dem deutschen GmbH- bzw. Aktienrecht bekannten Aufsichtsrat, und der Geschäftsleiter würde die Stellung eines Geschäftsführers einer GmbH einnehmen.[540]

Die Weisungen können einzelfallbezogen oder von allgemeiner Natur sein.[541] In der Praxis sind insbesondere Weisungen üblich, die den Umfang der dem Geschäftsleiter obliegenden laufenden Geschäftsführung konkretisieren, die

---

536 *Aarbakke*, Aksjeloven & allmenaksjeloven, § 6-14 Rn. 1.1; *Andenæs*, Aksjeselskaper & Allmennaksjeselskaper, Kap. 28, Rn. 28.2.1; *Smith Ulseth*, S. 144.

537 *Aarbakke*, Aksjeloven & allmenaksjeloven, § 6-14 Rn. 1.1; *Smith Ulseth*, S. 144.

538 *Smith Ulseth*, S. 144.

539 NOU 1996: 3, S. 137.

540 NOU 1996: 3, S. 137; *Smith Ulseth*, S. 144.

541 NOU 1996: 3, S. 138; *Aarbakke*, Aksjeloven & allmenaksjeloven, § 6-14 Rn. 1.2; *Smith Ulseth*, S. 145.

Geschäftsführungsmaßnahmen, die der Genehmigung durch den Verwaltungsrat bedürfen, aufzählen oder die Berichterstattungspflichten des Geschäftsleiters gegenüber dem Verwaltungsrat konkretisieren.[542] Ebenso üblich sind Weisungen, die es dem Geschäftsführer erlauben, Aufgaben an die Angestellten der Gesellschaft zu delegieren.[543]

Eine besondere Ausgestaltung erfährt das Weisungsrecht in § 6-14 Abs. 1 Asl. Gemäß § 6-14 Abs. 1 Asl hat der Geschäftsleiter in den Angelegenheiten der laufenden Geschäftsführung den Weisungen des Verwaltungsrats Folge zu leisten. Die Weisungen des Verwaltungsrats wiederum müssen stets im Interesse der Gesellschaft sein.[544] Dies folgt aus der Loyalitäts- und Treuepflicht gegenüber der Gesellschaft.[545] Ferner unterliegt das Weisungsrecht dort einer Grenze, wo eine Weisung zwar im Interesse der Gesellschaft ist, diese jedoch dazu führt, dass der Geschäftsleiter gegen das Gesetz verstoßen würde. Zudem darf eine Weisung nicht dahingehend erteilt werden, dass die Geschäftsführungskompetenz des Geschäftsleiters über die ihm in § 6-14 Asl zugewiesenen Rechte hinausgeht. Auch wenn der Geschäftsleiter dem Weisungsrecht des Verwaltungsrats unterliegt, gibt es Bereiche, in denen er eigenständig entscheiden darf.[546] Wie bereits erwähnt, baut das System der AS darauf auf, dass sowohl die Kompetenz des Verwaltungsrats als auch die des Geschäftsleiters in Geschäftsführungsangelegenheiten begrenzt werden können.[547] Der Verwaltungsrat kann nicht derart wesentliche Eingriffe in die tägliche Geschäftsführung vornehmen, dass der Geschäftsleiter keine Funktion mehr hat und lediglich eine Marionette des Verwaltungsrats ist.[548] Dies wird insbesondere durch § 6-1 Abs. 3 Asl. deutlich, da diese Regelung aussagt, dass der Geschäftsleiter nicht zum Vorsitzenden des Verwaltungsrats gewählt werden kann, und dies damit begründet wird, der Gesetzgeber habe nicht die Absicht gehabt, dass die Organfunktion von Geschäftsleiter und Verwaltungsrat zusammenfallen. Würde der Verwaltungsrat alle wesentlichen Aufgaben der täglichen Geschäftsführung übernehmen, würde hiermit auch die Kontrollfunktion des

---

542 NOU 1996: 3, S. 138; *Aarbakke*, Aksjeloven & allmenaksjeloven, § 6-13 Rn. 2.2; *Andenæs*, Aksjeselskaper & Allmennaksjeselskaper, Kap. 28, Rn. 28.2.1.

543 NOU 1996: 3, S. 138; *Aarbakke*, Aksjeloven & allmenaksjeloven, § 6-13 Rn. 2.2; *Andenæs*, Aksjeselskaper & Allmennaksjeselskaper, Kap. 28, Rn. 28.2.1.

544 *Smith Ulseth*, S. 146 f.

545 *Smith Ulseth*, S. 146 f.

546 *Aarbakke*, Aksjeloven & allmenaksjeloven, § 6-14 Rn. 2.1; *Smith Ulseth*, S. 145.

547 *Smith Ulseth*, S. 145.

548 *Smith Ulseth*, S. 146.

Verwaltungsrats geschwächt bzw. fiele gänzlich weg.[549] Der Geschäftsleiter kann den an ihn gestellten gesetzlichen Anforderungen nur nachkommen, wenn er in Bezug auf die Gesellschaft eine gewisse Beschlusskompetenz hat und diese auch im Außenverhältnis ausüben kann.[550]

2. *Weisungsrechte der Gesellschafterversammlung*

Ferner kann die Gesellschafterversammlung dem Geschäftsleiter rechtsverbindliche Auflagen und Weisungen erteilen, um so dessen Befugnisse zu beschränken.[551] Zum Umfang dieses Weisungsrechts gelten die Ausführungen zu dem Weisungsrecht gegenüber dem Verwaltungsrat.[552] Zudem kann die Gesellschafterversammlung auch die Entscheidungen des Geschäftsleiters abändern, solange der Beschluss über die Geschäftsführungsmaßnahme noch keine Rechtswirkung gegenüber Dritten entfaltet hat.[553]

V. *Rechtsvergleichende Analyse*

Die Geschäftsführungsbefugnis der geschäftsführenden Organe sowohl in der GmbH als auch in der AS findet in den Grundlagenentscheidungen, wie etwa Satzungsänderungen, Kapitalmaßnahmen sowie Beschlüssen zur Auflösung der Gesellschaft, ihre Grenzen, da diese Entscheidungen in den Kernbereich der Zuständigkeit der Gesellschafterversammlung fallen. Beschlüsse zu Maßnahmen nach dem Umwandlungsgesetz zählen hingegen lediglich in der GmbH zum Kernbereich der Zuständigkeit der Gesellschafterversammlung. Der norwegische Gesetzgeber sieht hingegen vor, dass ein gemeinsamer Zuständigkeitsbereich zwischen Gesellschafterversammlung und Verwaltungsrat besteht, wodurch das Recht zur Geschäftsführung in der AS weniger stark zu Gunsten der Gesellschafter eingeschränkt wird als in der GmbH. Grund hierfür ist, dass der Verwaltungsrat in der AS mit größeren Befugnissen im Bereich der Geschäftsführung ausgestattet ist, da seine Mitglieder aus Sicht des Gesetzgebers in tatsächlicher Hinsicht die wirtschaftliche Situation der Gesellschaft besser einschätzen können als die Gesellschafter selbst.

---

549 *Smith Ulseth*, S. 146.

550 *Smith Ulseth*, S. 145 f.

551 *Andenæs*, Aksjeselskaper & Allmennaksjeselskaper, Kap. 24, Rn. 24.1.1; *Bråthen*, in Norsk Lovkommentar, Aksjeloven, § 5-1 Rn. 636.

552 Siehe zum Verwaltungsrat S. 93.

553 *Aarbakke*, Aksjeloven & allmenaksjeloven, § 5-1 Rn. 1.3; *Andenæs*, Aksjeselskaper & Allmennaksjeselskaper, Kap. 24, Rn. 24.1.1.

Eine weitere Einschränkung ihrer Kompetenzen erfahren der Geschäftsführer, der Beirat sowie der Verwaltungsrat und der Geschäftsleiter durch das der jeweiligen Gesellschafterversammlung zustehende Weisungsrecht. Wie erwähnt, sind das Weisungsrecht und die daraus resultierende Folgepflicht kennzeichnend für die Organisationsstruktur der GmbH sowie der AS. In der deutschen Literatur herrscht Streit darüber, ob dem Geschäftsführer ein weisungsimmuner Zuständigkeitsbereich zugesprochen werden kann bzw. darf. Mit der wohl überwiegenden Meinung ist ein weisungsimmuner Bereich – abgesehen von den dem Geschäftsführer zustehenden zwingenden Geschäftsführungskompetenzen – abzulehnen, da dies weder durch den Wortlaut des § 37 GmbHG vorgesehen noch mit der Organisationsstruktur der GmbH zu vereinbaren ist, da anders als in der AG der Geschäftsführer gegenüber der Gesellschafterversammlung als oberstes Organ der Gesellschaft weisungsabhängig ist und die Gesellschaft nicht in eigener Verantwortung leitet. Das Weisungsrecht kann infolgedessen so ausgestaltet werden, dass der Geschäftsführer zu einem reinen Vollzugsorgan mit der zuvor erwähnten Bereichsausnahme herabgestuft werden kann.

Anders sieht dies der norwegische Gesetzgeber. In der AS muss dem Verwaltungsrat ein weisungsimmuner Bereich zustehen, damit er nicht zu einem bloßen Exekutivorgan der Gesellschafter wird. Es ist davon auszugehen, dass bei Entscheidungen über Geschäftsführungsmaßnahmen nach den §§ 8-2 Abs. 1 Satz 2, 12-1 Abs. 2, Satz 3 Asl, bei denen die Gesellschafterversammlung an den Beschluss des Verwaltungsrats gebunden ist, Weisungen *per se* nicht möglich sind. Anhand der Vorarbeiten zum Aksjeloven ist zu erkennen, dass der dort geforderte Kernbereich der Zuständigkeit und damit der Bereich der Weisungsfreiheit gegenüber der Gesellschafterversammlung über die zuvor genannten Einzelfälle hinausgehen muss. So soll es zu einem Haftungsdurchgriff auf die Gesellschafter kommen, wenn die Mitglieder des Verwaltungsrats zu reinen Exekutivorganen herabgestuft werden und die Gesellschafter die eigentlichen Herren der Geschäftsführung sind. Der genaue Umfang der Weisungsfreiheit wird hingegen weder durch den Gesetzgeber noch in der Literatur näher thematisiert bzw. konkretisiert, so dass hier noch im Einzelnen Rechtsunsicherheit herrscht. Bei der Bewertung der Situation in Norwegen ist somit festzuhalten, dass es unbestritten möglich ist, dem Verwaltungsrat Weisungen auch in seinem Zuständigkeitsbereich zu erteilen. Die Weisungen dürfen aber nicht in einem Umfang eingesetzt werden, dass der Verwaltungsrat zum reinen Vollzugsorgan herabgesetzt wird. Mithin muss ihm ein Kompetenzbereich verbleiben, der ihn mit Rücksicht auf seine starke Stellung in der AS als verantwortliches Geschäftsführungsorgan bestehen lässt.

Insoweit ähnelt der Umgang mit dem Weisungsrecht der Gesellschafterversammlung in der AS der in der deutschen Literatur vertretenen Mindermeinung, die neben einem zwingend weisungsfreien Zuständigkeitsbereich bei den dem Geschäftsführer durch Gesetz zugewiesenen Pflichtaufgaben auch eine Degradierung des Geschäftsführers zu einem reinen Vollzugsorgan der Gesellschafter ablehnt.

Die Untersuchung hat gezeigt, dass die Kompetenzstruktur innerhalb der GmbH wesentlich stärker auf eine Zuständigkeit der Gesellschafterversammlung in den wesentlichen Fragen der Geschäftsführung zugeschnitten ist, als dies in der AS der Fall ist.

C. Geschäftsverteilung, innere Ordnung und Zusammenarbeit in den geschäftsführenden Organen

Der folgende Abschnitt setzt sich mit der Geschäftsverteilung, der inneren Ordnung in sowie der Zusammenarbeit zwischen den jeweiligen Geschäftsführungsorganen auseinander. Einen besonderen Schwerpunkt bildet hierbei die Untersuchung der Zusammenarbeit zwischen Verwaltungsrat und Geschäftsleiter.

I. Die geschäftsführenden Organe in der GmbH

Zunächst wird auf die Besonderheiten der Bestellung mehrerer Geschäftsführer und deren Auswirkungen auf die Geschäftsführungsbefugnis eingegangen, bevor die innere Ordnung des Beirats untersucht wird. Abschließend wird die Zusammenarbeit zwischen den beiden Geschäftsführungsorganen dargestellt und analysiert.

1. Der Geschäftsführer

a) Einzel- und Gesamtgeschäftsführungsbefugnis des Geschäftsführers

Sind in einer GmbH mehrere Personen zu Geschäftsführern bestellt, so steht die Geschäftsführungskompetenz im Grundsatz allen gemeinsam zur Wahrnehmung zu; es handelt sich hier um den sog. Grundsatz der Gesamtgeschäftsführung.[554] Anders als im Aktienrecht – dort in § 77 Abs. 1 AktG geregelt – fehlt es im GmbH-Gesetz jedoch an einer ausdrücklichen Regelung der Gesamtgeschäftsführungsbefugnis.[555] Für die gesetzliche Gesamtgeschäftsführungsbefugnis gilt nach herrschender

---

554 *Zöllner/Noack*, in Baumbach/Hueck, GmbHG, § 37 Rn. 24; *Altmeppen,* in Roth/Altmeppen, GmbHG, § 37 Rn. 33; *Leuering/Dornhegge*, NZG 2010, 13, 13.

555 *Uwe W. Schneider*, in Scholz, GmbHG, § 37 Rn. 21; *Leuering/Dornhegge*, NZG 2010, 13, 13.

Meinung jedoch § 35 Abs. 2 Satz 1 GmbHG analog, so dass sämtliche Geschäftsführer auch innerhalb der Gesellschaft zusammenwirken müssen.[556] Dies erstreckt sich sowohl auf Entscheidungen als auch auf Ausführungshandlungen der Geschäftsführer, die einstimmig zu beschließen sind.[557]

In der Satzung kann die Geschäftsführungsbefugnis jedoch abweichend geregelt werden. Es kann eine Einzelgeschäftsführungsbefugnis für alle Geschäftsführer, für namentlich Benannte oder für die Leiter bestimmter Ressorts vereinbart werden.[558] Ferner kann die Gesamtgeschäftsführungsbefugnis nur für bestimmte Geschäftsführer gelten, eine Gesamtgeschäftsführungsbefugnis eines Geschäftsführers zusammen mit einem anderen Geschäftsführer oder einem Prokuristen erteilt werden sowie eine Gesamtgeschäftsführungsbefugnis aller Geschäftsführer mit Mehrheitsbeschluss vereinbart werden.[559]

Die Gesellschafter können in der Satzung der Gesellschaft festlegen, dass ein Geschäftsführer zum Vorsitzenden der Geschäftsführung ernannt wird.[560] Dem Vorsitzenden obliegt die Koordination der Aufgaben der einzelnen Geschäftsführer.[561] Das „Amt" als Vorsitzender oder Sprecher der Geschäftsleitung ist jedoch nicht im Handelsregister eintragungsfähig.[562] Sofern die Satzung keine Regelungen zu Sonderrechten wie zum Beispiel dem Stichentscheid, einem Vetorecht oder einem Zustimmungsvorbehalt enthält, gilt das Kollegialitätsprinzip mit der Folge, dass dem Vorsitzenden keine Sonderrechte zustehen.[563]

---

556 *Zöllner/Noack,* in Baumbach/Hueck, GmbHG, § 37 Rn. 29; *Kleindiek,* in Lutter/Hommelhoff, GmbHG, § 37 Rn. 27 f.; *Leuering/Dornhegge,* NZG 2010, 13, 13.

557 *Kleindiek,* in Lutter/Hommelhoff, GmbHG, § 37 Rn. 28; *Uwe W. Schneider,* in Scholz, GmbHG, § 37 Rn. 21.

558 *Kleindiek,* in Lutter/Hommelhoff, GmbHG, § 37 Rn. 33; *Uwe W. Schneider,* in Scholz, GmbHG, § 37 Rn. 24; *Leuering/Dornhegge,* NZG 2010, 13, 13 f.

559 *Kleindiek,* in Lutter/Hommelhoff, GmbHG, § 37 Rn. 33; *Uwe W. Schneider,* in Scholz, GmbHG, § 37 Rn. 24.

560 *Uwe W. Schneider,* in Scholz, GmbHG § 37 Rn. 29.

561 *Kleindiek,* in Lutter/Hommelhoff, GmbHG, § 37 Rn. 34; *Uwe W. Schneider,* in Scholz, GmbHG, § 37 Rn. 29a.

562 OLG München, NJW-RR 2012, 614, 614; *Kleindiek,* in Lutter/Hommelhoff, GmbHG, § 37 Rn. 34.

563 *Zöllner/Noack,* in Baumbach/Hueck, GmbHG, § 37 Rn. 30; *Kleindiek,* in Lutter/Hommelhoff, GmbHG, § 37 Rn. 34; *Uwe W. Schneider,* in Scholz, GmbHG, § 37 Rn. 29a.

b) Geschäftsverteilung und Zusammenarbeit mehrerer Geschäftsführer

In der Satzung, durch Gesellschafterbeschluss oder als Bestandteil einer entsprechenden Regelung in einer Geschäftsordnung für die Geschäftsführer kann festgelegt werden, dass die Geschäftsführungsaufgaben unter den jeweiligen Geschäftsführern aufgeteilt werden und jeder Geschäftsführer für ein Ressort verantwortlich ist.[564] Sofern weder die Satzung hierzu eine Regelung enthält noch ein entgegenstehender Gesellschafterbeschluss besteht, können die Geschäftsführer auch untereinander solche Geschäftsführungsressorts vereinbaren, wenn die Gesellschafter sie hierzu ermächtigen oder verpflichten.[565]

Ob den Geschäftsführern hingegen ein eigenes Initiativrecht zur Beschlussfassung über eine Geschäftsverteilung zusteht, wird unterschiedlich beurteilt. Die wohl überwiegende Meinung in der Literatur bejaht ein solches Initiativrecht, sofern sich aus der Satzung nichts Gegenteiliges ergebe.[566] Eine Mindermeinung ist hingegen der Auffassung, dieses Recht stehe alleine den Gesellschaftern zu, da eine Geschäftsverteilung auf die einzelnen Geschäftsführer eine haftungsbeschränkende Wirkung habe.[567] Für ein solches Recht der Geschäftsführer spricht allerdings der allgemein gültige Grundsatz, dass jedes Kollegialorgan selbst über seine Geschäftsordnung bestimmen kann; es besteht mithin ein Recht auf Selbstorganisation.[568] Zudem greift das Argument der Haftungsbegrenzung nicht, da durch die Geschäftsverteilung den Geschäftsführern eine Überwachungspflicht auferlegt wird und sich diese zudem nicht von der Gesamtverantwortung für die Geschäftsführung befreien können.[569] Mithin ist der letztgenannten Meinung aufgrund der vorgenannten Gründe zu folgen.

Zu beachten ist, dass nicht alle Geschäftsführungsaufgaben auf einzelne Ressorts aufgeteilt werden dürfen. Es besteht mithin ein Geschäftsverteilungsverbot für Geschäftsführungsmaßnahmen, die für die Gesellschaft von besonderer

---

564 *Uwe W. Schneider*, in Scholz, GmbHG, § 43 Rn. 42; *Leuering/Dornhegge*, NZG 2010, 13, 13 f.

565 *Zöllner/Noack*, in Baumbach/Hueck, GmbHG, § 37 Rn. 29; *Peters*, GmbHR 2008, 682, 683; *Leuering/Dornhegge*, NZG 2010, 13, 14.

566 *Lenz*, in Michalski, GmbHG, § 37 Rn. 34; *Koppensteiner*, in Rowedder/Schmidt-Leithoff, GmbHG, § 37 Rn. 42; *Peters*, GmbHR 2008, 682, 683; *Leuering/Dornhegge*, NZG 2010, 13, 14.

567 *Leuering/Dornhegge*, NZG 2010, 13, 14; *Lohr*, NZG 2000, 1204, 1210.

568 *Uwe H. Schneider*, in Scholz, GmbHG, § 37 Rn. 62; *Leuering/Dornhegge*, NZG 2010, 13, 14.

569 *Lenz*, in Michalski, GmbHG, § 37 Rn. 34; *Leuering/Dornhegge*, NZG 2010, 13, 14; *Lohr*, NZG 2000, 1204, 1210.

Bedeutung sind, da diese nur von allen Geschäftsführern zusammen beschlossen werden dürfen.[570] Zu diesen Maßnahmen gehören insbesondere Vorschläge der Geschäftsführer an die Gesellschafter für die Unternehmenspolitik und ihre Entwicklung, Vorschläge für Maßnahmen mit hohem unternehmerischem Risiko für die Gesellschaft sowie in Angelegenheiten der Buchführung, Bilanzierung und Abschlussaufstellung.[571] Ferner greift die Allzuständigkeit sämtlicher Geschäftsführer beim Eintritt einer Krise oder sonstigen Ausnahmesituationen der Gesellschaft.[572] Sofern gesetzlich bestimmte Aufgaben ausdrücklich den Geschäftsführern auferlegt sind, gilt abhängig von Sinn und Zweck der Norm die Gesamtgeschäftsführungsbefugnis.[573] Auch grundsätzlich ressortfähige Aufgaben können, wenn sie die Politik des Gesamtunternehmens betreffen oder wenn mit einem Widerspruch der anderen Geschäftsführer zu einer Geschäftsführungsmaßnahme zu rechnen ist, der Gesamtverantwortung unterliegen.[574]

Diese Aufteilung in eigene Zuständigkeitsbereiche entbindet die Geschäftsführer jedoch nicht von ihrer Verantwortung für die Führung der Geschäfte der Gesellschaft im Ganzen, der sog. Gesamtverantwortung.[575] Die Geschäftsführer bleiben weiterhin für die gesamte Geschäftsführung gemeinschaftlich verantwortlich. Jeder Geschäftsführer darf sich jedoch grundsätzlich darauf verlassen, dass die anderen Geschäftsführer ihr jeweiliges Ressort ordnungsgemäß führen; es gilt der sog. Vertrauensgrundsatz.[576] Aus der Gesamtverantwortung jedes Geschäftsführers folgt ferner die Pflicht jedes einzelnen Geschäftsführers, auch ressortübergreifend die Geschäftsführungstätigkeiten der anderen Geschäftsführer auf Recht- und Ordnungsgemäßheit sowie Zweckmäßigkeit zu beobachten und

---

570 *Mertens*, in Hachenburg, GmbHG, § 35 Rn. 110; *Kleindiek*, in Lutter/Hommelhoff, GmbHG, § 37 Rn. 31; *Leuering/Dornhegge*, NZG 2010, 13, 15.

571 *Kleindiek*, in Lutter/Hommelhoff, GmbHG, § 37 Rn. 31; *Lenz*, in Michalski, GmbHG, § 37 Rn. 35; *Leuering/Dornhegge*, NZG 2010, 13, 15; *Lohr*, NZG 2000, 1204, 1210.

572 *Kleindiek*, in Lutter/Hommelhoff, GmbHG, § 37 Rn. 31; *Leuering/Dornhegge*, NZG 2010, 13, 15.

573 *Haas/Ziemons*, in Michalski, GmbHG, § 43 Rn. 155; *Peters*, GmbHR 2008, 682, 683; *Leuering/Dornhegge*, NZG 2010, 13, 15.

574 *Kleindiek*, in Lutter/Hommelhoff, GmbHG, § 37 Rn. 32; *Leuering/Dornhegge*, NZG 2010, 13, 15.

575 *Kleindiek*, in Lutter/Hommelhoff, GmbHG, § 37 Rn. 29; *Peters*, GmbHR 2008, 682, 684;

576 *Froesch*, DB 2009, 722, 725; *Peters*, GmbHR 2008, 682, 683; *Leuering/Dornhegge*, NZG 2010, 13, 15; *Habersack*, WM 2005, 2360, 2363.

zu kontrollieren.[577] Diese Kontroll- bzw. Überwachungspflicht geht jedoch nicht so weit, dass sie zu einer umfassenden Überwachungspflicht bei jeder einzelnen Handlung eines Mitgeschäftsführers erwächst.[578] Bei der Wahrnehmung öffentlich-rechtlicher Pflichten sowie in Krisenzeiten können jedoch erhöhte Anforderungen an den Umfang der Beobachtungs- und Überwachungspflicht gestellt werden.[579]

Aus dieser Überwachungs- und Kontrollpflicht der anderen Geschäftsführer erwächst ein Informations- und Auskunftsrecht gegenüber den Mitgeschäftsführern.[580] Dieses muss jeder einzelne Geschäftsführer im Sinne eines Interventionsrechts analog § 151 Abs. 1 HGB dann ausüben, wenn er genügend Anlass zur Annahme hat, dass sich um eine bestimmte Geschäftsführungsmaßnahme alle Geschäftsführer kümmern müssten.[581] Hierdurch soll sichergestellt werden, dass sich alle Geschäftsführer mit einer entsprechenden Maßnahme eines anderen Ressorts befassen und dass der zuständige Geschäftsführer in dieser Angelegenheit zunächst nicht mehr alleine tätig wird.[582] Die Geschäftsführung hat daher für ein zweckmäßiges Informationssystem zu sorgen, das allen Geschäftsführern die Wahrnehmung der Gesamtverantwortung durch einen regelmäßigen gegenseitigen Informationsaustausch ermöglicht.[583] Hieraus folgt ferner das Recht, dass jeder Geschäftsführer den Mitgeschäftsführern eine Geschäftsführungsmaßnahme aus seinem Ressort zur Mitentscheidung antragen kann. Dieses Recht verstärkt sich zu einer Pflicht, sofern es sich um eine herausragend

577 BGH, NJW 1997, 130, 132; *Zöllner/Noack*, in Baumbach/Hueck, GmbHG, § 37 Rn. 32; *Kleindiek*, in Lutter/Hommelhoff, GmbHG, § 37 Rn. 31; *Peters*, GmbHR 2008, 682, 683; *Leuering/Dornhegge*, NZG 2010, 13, 15.

578 OLG Karlsruhe NZG 2000, 264, 266; *Kleindiek*, in Lutter/Hommelhoff, GmbHG, § 37 Rn. 31; *Lohr*, NZG 2000, 1204, 1210.

579 BGH, NZG 2001, 320, 322; *Peters*, GmbHR 2008, 682, 683; *Leuering/Dornhegge*, NZG 2010, 13, 16; *Lohr*, NZG 2000, 1204, 1210; *Habersack*, WM 2005, 2360, 2362.

580 *Kleindiek*, in Lutter/Hommelhoff, GmbHG, § 37 Rn. 31; *Peters*, GmbHR 2008, 682, 684.

581 *Kleindiek*, in Lutter/Hommelhoff, GmbHG, § 37 Rn. 32; *Leuering/Dornhegge*, NZG 2010, 13, 15.

582 *Kleindiek*, in Lutter/Hommelhoff, GmbHG, § 37 Rn. 32; *Lenz*, in Michalski, GmbHG, § 37 Rn. 34; *Peters*, GmbHR 2008, 682, 685 f.; *van Venrooy*, GmbHR 2001, 7, 12.

583 BGH, NJW-RR 1995, 669, 669 f.; *Zöllner/Noack*, in Baumbach/Hueck, GmbHG, § 37 Rn. 32; *Peters*, GmbHR 2008, 682, 684; *Leuering/Dornhegge*, NZG 2010, 13, 15.

bedeutsame Entscheidung handelt oder er den Widerspruch der anderen Geschäftsführer befürchtet.[584]

2. *Der Beirat*

Aufgrund der Tatsache, dass es sich bei dem Beirat um ein freiwillig zu bestellendes Organ handelt, das seine Grundlage in § 52 GmbHG findet, und es deshalb an zwingenden Vorschriften für die Ausgestaltung des Innenlebens des Beirats fehlt, kommt es insbesondere auf die Ausgestaltung in der jeweiligen Satzung der Gesellschaft an.[585] Insbesondere finden die aktienrechtlichen Regelungen der §§ 107 bis 110 AktG, die die innere Ordnung des Aufsichtsrats in der AG regeln, keine Anwendung.[586] Anstelle einer Regelung in der Satzung besteht auch die Möglichkeit, das Innenverhältnis des Beirats und die Beziehungen der einzelnen Beiratsmitglieder zueinander in einer Geschäftsordnung zu vereinbaren.[587] Die vom Beirat zu treffenden Entscheidungen werden im Wege der Beschlussfassung verabschiedet. Hierbei können beliebige Beschlusserfordernisse aufgestellt werden. Sofern weder durch Satzung noch durch Geschäftsordnung etwas anderes geregelt ist, entscheidet der Beirat bei seiner Sitzung mit der Mehrheit seiner erschienenen Mitglieder.[588] Sofern ein Beiratsvorsitzender bestellt ist, kann diesem ebenso wie dem Vorsitzenden der Geschäftsführer ein Stichentscheid zugebilligt oder ein Vetorecht eingeräumt werden.[589]

3. *Geschäftsverteilung und Zusammenarbeit zwischen Geschäftsführer und Beirat*

Sofern neben den Geschäftsführern auch ein Beirat bestellt ist, können die Geschäftsführungskompetenzen zwischen den beiden Organen konkurrierend oder verdrängend ausgestaltet werden.[590] In den Verantwortungsbereich der Geschäftsführer und somit zum unabdingbaren Kernbereich gehört unter anderem die

---

584 *Kleindiek*, in Lutter/Hommelhoff, GmbHG, § 37 Rn. 32; *Leuering/Dornhegge*, NZG 2010, 13, 14 f.

585 *Mutter*, in MünchHdb. GesR II, § 8, Rn. 60; *Voormann*, S. 168.

586 *Spindler*, in MüKo, GmbHG, § 52 Rn. 696; *Voormann*, S. 165.

587 *Spindler*, in MüKo, GmbHG, § 52 Rn. 696; *Mutter*, in MünchHdb. GesR II, § 8, Rn. 60; *Hölters*, S. 27 f.

588 *Spindler*, in MüKo, GmbHG, § 52 Rn. 697; *Reichert*, in Sudhoff, GmbH & Co. KG, § 18, Rn. 106; *Voormann*, S. 167.

589 *Mutter*, in MünchHdb. GesR II, § 8, Rn. 62; *Voormann*, S. 166.

590 *Giedinghagen*, in Michalski, GmbHG, § 52 Rn. 421; *Spindler*, in MüKo, GmbHG, § 52 Rn. 682.

Pflicht zur Erhaltung der Kapitalgrundlage gemäß §§ 30, 31, 33 GmbHG, die Insolvenzantrags- und Massesicherungspflicht gemäß § 64 GmbHG, die Anmeldung von Eintragungen zum Handelsregister gemäß § 78 GmbHG und die Pflicht zur ordnungsgemäßen Buchführung und Bilanzierung gemäß §§ 41 ff. GmbHG.[591]

Ferner kann die Befugnis zur organschaftlichen Vertretung der Gesellschaft gemäß § 35 GmbHG nicht auf den Beirat übertragen werden.[592] Mitumfasst wird durch die gemäß § 35 GmbHG allein den Geschäftsführern obliegende Zuständigkeit zur Vertretung auch das Recht, Arbeitsverträge, Betriebsvereinbarungen und Tarifverträge abzuschließen, sowie das arbeitsrechtliche Direktionsrecht gegenüber den Arbeitnehmern.[593] Ebenso kann der Beirat keine rechtsgeschäftliche Vertretungsmacht, das heißt weder Prokura noch Handlungsvollmacht, für die Gesellschaft erteilen.

Im Übrigen kann die Geschäftsführungskompetenz auf den Beirat in vollem Umfang übertragen werden. Für den Fall, dass ein Teil oder die Geschäftsführungskompetenz als solche – mit Ausnahme des unabdingbaren Kernbereichs – auf einen Beirat übertragen worden ist, steht dem Geschäftsführer gegenüber dem Beirat ein Recht auf Information zu.[594] Zudem kann der Geschäftsführer alle notwendigen Auskünfte vom Beirat verlangen, die im Rahmen und zur Erfüllung der gesetzlichen Pflichtaufgaben benötigt werden.[595] Dieser Anspruch erwächst aus dem zwischen den einzelnen Gesellschaftsorganen wirkenden Loyalitätsprinzip.[596]

II. Die geschäftsführenden Organe in der AS

Nachfolgend werden zunächst die innere Ordnung des Verwaltungsrats und anschließend die Geschäftsführungsbefugnis des Geschäftsleiters beleuchtet. Abschließend wird auf die Zusammenarbeit zwischen Verwaltungsrat und Geschäftsleiter eingegangen, wobei hier insbesondere auch die Möglichkeit der Bestellung eines Geschäftsleiters in den Verwaltungsrat untersucht wird.

---

591 *Giedinghagen*, in Michalski, GmbHG, § 52 Rn. 417 f.; *Härer*, S. 78 f.; *Hölters*, S. 14; *Spindler/Kepper*, DStR 2005, 1775, 1776; *Loges*, ZIP 1997, 437, 440.

592 *Hölters*, S. 14; *Rohleder*, S. 30; *Robertz*, MittRhNotK 1991, 239, 242; siehe hierzu auch S. 116.

593 *Raiser/Heermann*, in Ulmer, GmbHG, § 52 Rn. 350.

594 *Kleindiek*, in Lutter/Hommelhoff, GmbHG, § 37 Rn. 13; *Rohleder*, S. 30 f.

595 *Kleindiek*, in Lutter/Hommelhoff, GmbHG, § 37 Rn. 13.

596 *Kleindiek*, in Lutter/Hommelhoff, GmbHG, § 37 Rn. 13.

1. *Der Verwaltungsrat*

Der Verwaltungsrat ist ein Kollektivorgan mit der Folge, dass er nur durch gemeinsame Beschlussfassung seiner Mitglieder handeln kann.[597] Beschlussfähig ist der Verwaltungsrat, wenn in der Sitzung mehr als die Hälfte der bestellten Mitglieder anwesend ist.[598] Ein Beschluss ist angenommen, wenn die Mehrheit für den jeweiligen Beschluss stimmt, wobei die Satzung strengere Anforderungen an die Mehrheitserfordernisse stellen kann.[599] Weder der Verwaltungsratsvorsitzende noch ein einzelnes Verwaltungsratsmitglied alleine oder mehrere Verwaltungsratsmitglieder gemeinsam sind daher berechtigt, eine Geschäftsführungsmaßnahme durchzuführen.[600] Davon unabhängig ist es auch möglich, dass der Verwaltungsrat sich eine Geschäftsordnung gibt, bei der einzelne Aufgaben dergestalt delegiert werden, dass einzelne Verwaltungsratsmitglieder oder Ausschüsse in diesem Bereich die Verantwortung tragen und Beschlüsse vorbereiten.[601]

Die Sitzungen des Verwaltungsrats werden durch den Verwaltungsratsvorsitzenden einberufen und durch diesen geleitet.[602] Ferner trägt er die Verantwortung dafür, dass die Zusammenarbeit im Verwaltungsrat zweckmäßig und ordnungsgemäß erfolgt und die dem Verwaltungsrat übertragenen Aufgaben erfüllt werden.[603] Bei Stimmengleichheit steht dem Verwaltungsratsvorsitzenden ein Stichentscheid zu.[604] Ferner kann dem Verwaltungsratsvorsitzenden das Recht eingeräumt werden, vorbereitende Maßnahmen etwa bei der Ausarbeitung der Unternehmensstrategie, bei Verhandlungen im Vorfeld von Geschäftsabschlüssen oder bei Fusionsgesprächen vorzunehmen. Die endgültige Entscheidungsgewalt über eine der zuvor genannten Maßnahmen liegt jedoch weiterhin beim Verwaltungsrat als Kollegialorgan.[605]

---

597 Rt. 2000 610; *Aarbakke*, Aksjeloven & allmennaksjeloven, § 6-2 Rn. 1.4; *Bråthen*, in Norsk Lovkommentar, Aksjeloven, § 6-12, Rn. 1057.

598 *Aarbakke*, Aksjeloven & allmennaksjeloven, § 6-24 Rn. 1.1.

599 *Aarbakke*, Aksjeloven & allmennaksjeloven, § 6-25 Rn. 1.2 und Rn. 2.1.

600 *Aarbakke*, Aksjeloven & allmennaksjeloven, § 6-2 Rn. 1.4; *Bråthen*, in Norsk Lovkommentar, Aksjeloven, § 6-12 Rn. 1057.

601 *Aarbakke*, Aksjeloven & allmennaksjeloven, § 6-2 Rn. 1.4; *Bråthen*, in Norsk Lovkommentar, Aksjeloven, § 6-12 Rn. 1057.

602 *Aarbakke*, Aksjeloven & allmennaksjeloven, § 6-19 Rn. 3.1.

603 *Aarbakke*, Aksjeloven & allmennaksjeloven, § 6-1 Rn. 2.6; ders. § 6-20 Rn. 1.1.

604 *Aarbakke*, Aksjeloven & allmennaksjeloven, § 6-25 Rn. 1.3.

605 siehe hierzu bereits S. 15.

2. *Der Geschäftsleiter*

a) Einzel- und Gesamtgeschäftsführungsbefugnis

Das Gesetz sieht in § 6-2 Abs. 1 Asl vor, dass die Gesellschaft einen Geschäftsleiter haben kann. Denknotwendig besteht für den Fall, dass lediglich ein Geschäftsleiter bestellt wird, eine Einzelgeschäftsführungsbefugnis. Sofern eine Gesellschaft mehr als einen Geschäftsleiter haben soll, muss dies nach § 6-2 Abs. 1 Satz 2 Asl ausdrücklich in der Satzung festgelegt werden. Diesen kann dann jeweils eine Einzelgeschäftsführungsbefugnis oder eine Gesamtgeschäftsführungsbefugnis eingeräumt werden.[606] Sofern die Geschäftsführungskompetenz der Geschäftsleiter in Form einer Gesamtgeschäftsführungskompetenz ausgestaltet werden soll, bedarf dies ausdrücklich der Regelung in der Satzung, da der gesetzliche Regelfall auch bei mehreren Geschäftsleitern die Einzelgeschäftsführungsbefugnis vorsieht.[607]

b) Geschäftsverteilung und Zusammenarbeit bei mehreren Geschäftsleitern

Die Einzelgeschäftsführung kann in der Praxis derart ausgestaltet werden, dass jeder Geschäftsleiter für die vollständige tägliche Geschäftsführung zuständig ist oder jedem Geschäftsleiter ein bestimmtes Aufgabenressort zugeteilt wird.[608] Hierbei ist jedoch zu beachten, dass eine derartige Aufteilung der Zuständigkeitsbereiche nicht im Handelsregister eintragungsfähig ist, so dass jeder Geschäftsleiter sowohl im Außenverhältnis als auch im Innenverhältnis gegenüber der Gesellschafterversammlung sowie dem Verwaltungsrat verantwortlich ist.[609] Es gilt also auch in der AS der Grundsatz der Gesamtverantwortung. Ebenso kann die Satzung es vorsehen, dass die Geschäftsführung allen Geschäftsleitern zur gemeinsamen Ausübung übertragen wird und die Geschäftsführungsmaßnahmen durch Beschluss verabschiedet werden.[610] Nach § 6-2 Abs. 1 Satz 3 Asl können die Geschäftsleiter jedoch nur dann ihre Aufgaben in Gesamtgeschäftsführung wahrnehmen, wenn dies in der Satzung festgelegt ist.

---

606 NOU 1996: 3, S. 207; *Aarbakke*, Aksjeloven & allmennaksjeloven, § 6-2 Rn. 1.4; *Smith Ulseth*, S. 63 f.

607 *Aarbakke*, Aksjeloven & allmennaksjeloven, § 6-2 Rn. 1.4; *Smith Ulseth*, S. 63 f.

608 NOU 1996: 3, S. 207; *Aarbakke*, Aksjeloven & allmennaksjeloven, § 6-2 Rn. 1.4; *Smith Ulseth*, S. 63 f.

609 *Aarbakke*, Aksjeloven & allmennaksjeloven, § 6-2 Rn. 1.4; *Smith Ulseth*, S. 64.

610 *Aarbakke*, Aksjeloven & allmennaksjeloven, § 6-2 Rn. 1.4; *Smith Ulseth*, S. 64.

3. *Die Zusammenarbeit zwischen Verwaltungsrat und Geschäftsleiter*

a) Aufgabenverteilung

Der norwegische Gesetzgeber verfolgte bei der Entwicklung des Aksjeloven die Prämisse, dass die beiden Geschäftsführungsorgane eng miteinander zusammenarbeiten sollen, um eine möglichst effektive Geschäftsführung in der AS zu erhalten.[611] Dennoch bzw. gerade deshalb besteht ein Stufenverhältnis zwischen den beiden Geschäftsführungsorganen. Der Verwaltungsrat hat im Verhältnis zum Geschäftsleiter eine übergeordnete Stellung. Daraus erwächst das Recht des Verwaltungsrats, in alle dem Geschäftsleiter übertragenen Angelegenheiten der Geschäftsführung einzugreifen.[612] Dies kann durch Weisung gegenüber dem Geschäftsleiter oder durch Übernahme der Aufgaben der laufenden Geschäftsführung erfolgen, ohne dass der Verwaltungsrat den Geschäftsleiter einschalten bzw. informieren muss.[613] Eine derartige Übernahme der Kompetenzen darf jedoch nicht so weit führen, dass dem Geschäftsleiter in der Praxis keine eigene Entscheidungsfreiheit bzw. kein eigener Aufgabenbereich mehr zusteht.[614] Im Gegenzug steht dem Geschäftsleiter nach § 6-20 Abs. 2 Asl das Recht zu, vom Verwaltungsrat eine Auseinandersetzung mit einer Angelegenheit der täglichen Geschäftsführung im Gesellschaftsinteresse einzufordern.[615] Allerdings steht dem Verwaltungsrat ein Verweigerungsrecht dahingehend zu, dass er die zur Entscheidung vorgelegte Geschäftsführungsmaßnahme nicht entscheiden muss.[616] Dies gilt aber nur dann, sofern diese nicht den eigenen Pflichtenbereich des Verwaltungsrats tangiert.[617]

Im Einvernehmen mit dem Vorsitzenden des Verwaltungsrats soll der Geschäftsleiter gemäß § 6-21 Abs. 1 Asl Geschäftsführungsmaßnahmen, über die der Verwaltungsrat abzustimmen hat, vorbereiten.

b) Die Pflichten des Geschäftsleiters

Damit der Verwaltungsrat seine Aufgaben nach § 6-12 und § 6-13 Asl wahrnehmen kann, muss der Geschäftsleiter ihn über die Angelegenheiten der täglichen

---

611 *Aarbakke*, Aksjeloven & allmennaksjeloven, § 6-15 Rn. 1.1; *Smith Ulseth*, S. 142.

612 *Andenæs*, Aksjeselskaper & Allmennaksjeselskaper, Kap 28, Rn. 28.1.1.

613 Siehe auch die Ausführungen auf S. 95; *Andenæs*, Aksjeselskaper & Allmennaksjeselskaper, Kap 28, Rn. 28.1.1.

614 *Andenæs*, Aksjeselskaper & Allmennaksjeselskaper, Kap 28, Rn. 28.1.1.

615 *Aarbakke*, Aksjeloven & allmenaksjeloven, § 6-20 Rn. 2.1.

616 *Andenæs*, Aksjeselskaper & Allmennaksjeselskaper, Kap 28, Rn. 28.1.1.

617 *Andenæs*, Aksjeselskaper & Allmennaksjeselskaper, Kap 28, Rn. 28.1.1.

Geschäftsführung ausreichend in Kenntnis setzen.[618] Zudem treffen den Geschäftsleiter gegenüber dem Verwaltungsrat Aufklärungs- und Handlungspflichten. Die Aufklärungspflicht des Geschäftsleiters gegenüber dem Verwaltungsrat ist in § 6-15 Asl niedergelegt. Nach § 6-15 Abs. 1 Asl soll der Geschäftsleiter schriftlich oder in einer Versammlung mindestens jeden vierten Monat dem Verwaltungsrat über die wirtschaftliche Situation der Gesellschaft Bericht erstatten. Der Umfang der Berichtserstattungspflicht ist einzelfallabhängig und orientiert sich an der jeweiligen wirtschaftlichen Situation der Gesellschaft.[619] Der Bericht muss jedoch so ausführlich sein, dass sich der Verwaltungsrat über die laufende Geschäftsführung der Gesellschaft ein vollständiges Bild machen kann.[620] Als Annexkompetenz hierzu kann der Verwaltungsrat gemäß § 6-15 Abs. 2 Asl jederzeit vom Geschäftsleiter verlangen, dass dieser gegenüber dem Verwaltungsrat Bericht erstattet. Dieses Auskunftsrecht steht jedem Verwaltungsratsmitglied einzeln zu. Neben der Auskunfts- bzw. Informationspflicht obliegt es dem Geschäftsleiter, seiner Pflicht zur Zusammenarbeit mit dem Verwaltungsrat nachzukommen. Der Geschäftsleiter muss dazu beitragen, dass die wichtigsten Angelegenheiten der laufenden Geschäftsführung bei den Versammlungen des Verwaltungsrats behandelt werden. Ihm obliegt es, dafür Sorge zu tragen, dass der Verwaltungsrat die Wichtigkeit jeder einzelnen Angelegenheit einzuordnen weiß.[621] Dies ist wiederum Ausfluss der Aufklärungs- und Informationspflicht.

Ferner hat der Verwaltungsrat dafür Sorge zu tragen, dass die laufende Geschäftsführung ordnungsgemäß und stets im Interesse der Gesellschaft durch den Geschäftsleiter erfolgt.[622]

c) Der Geschäftsleiter als Mitglied des Verwaltungsrats

Grundsätzlich kann der Geschäftsleiter auch Mitglied des Verwaltungsrats sein. Dies ist im Aksjeloven nicht verboten, dennoch ist eine Mitgliedschaft im Verwaltungsrat für den Geschäftsleiter in der Praxis mit Problemen behaftet, da dies die Unabhängigkeit des Verwaltungsrats infrage stellen kann. Der Verwaltungsrat soll über die Geschäftsführung des Geschäftsleiters Aufsicht führen gemäß § 6-13 Abs. 1 Asl. Für den Fall, dass der Geschäftsleiter auch Mitglied des Verwaltungsrats ist, wird sein Einfluss auf den Verwaltungsrat steigen. Hierdurch kann

618 *Aarbakke*, Aksjeloven & allmennaksjeloven, § 6-15 Rn. 1.1.

619 *Aarbakke*, Aksjeloven & allmennaksjeloven, § 6-15 Rn. 1.1.

620 NOU 1992: 29, S. 152; *Aarbakke*, Aksjeloven & allmennaksjeloven, § 6-15 Rn. 1.1; *Smith Ulseth*, S. 143.

621 *Aarbakke*, Aksjeloven & allmennaksjeloven, § 6-15 Rn. 1.1.

622 *Aarbakke*, Aksjeloven & allmenaksjeloven, § 6-12 Rn. 1.2.

es für den Verwaltungsrat schwieriger werden, seine Kontrollfunktion effektiv auszuüben.[623] Andererseits kann der Geschäftsleiter ein besseres Verständnis bzw. eine bessere Einsicht in die Angelegenheiten der laufenden Geschäftsführung und des Unternehmens haben, wenn er Mitglied des Verwaltungsrats ist.[624] Um sicherzustellen, dass der Verwaltungsrat über genügend Informationen hinsichtlich der täglichen Geschäftsführung durch den Geschäftsleiter verfügt und somit seinen Aufgaben gerecht werden kann, unterliegt der Geschäftsleiter gegenüber dem Verwaltungsrat, wie bereits zuvor erwähnt, einer strikten Auskunfts- bzw. Rechenschaftspflicht.[625] Daher gilt unabhängig davon, ob der Geschäftsleiter Mitglied des Verwaltungsrats ist oder nicht, dass beide Geschäftsführungsorgane eng miteinander zusammenarbeiten und so ein steter Informationsaustausch stattfindet.[626]

Mehrere Leitlinien bzw. Empfehlungen, die sich mit der ordentlichen Führung einer Gesellschaft beschäftigen, sehen vor, dass der Geschäftsleiter nicht zum Mitglied des Verwaltungsrats bestellt werden soll. Es soll eine strikte personelle Trennung zwischen den beiden Organen stattfinden. Das norwegische Wirtschafts- und Handelsministerium hat in einem Leitfaden für staatlich geführte Gesellschaften ein Zehn-Punkte-Prinzip für gute Unternehmensführung vorgestellt. In der Begründung zu diesen Prinzipien steht unter anderem, dass der Geschäftsleiter nicht zum Mitglied des Verwaltungsrats der eigenen Gesellschaft gewählt werden sollte.[627] Unter Punkt 8 des norwegischen Corporate-Governance-Kodexes heißt es zudem, dass der Repräsentant der täglichen Geschäftsführung nicht Mitglied des Verwaltungsrats sein soll.[628]

III. Rechtsvergleichende Analyse

Hinsichtlich der inneren Ordnung der jeweiligen Geschäftsführungsorgane in der GmbH und in der AS lassen sich, der Organisationsstruktur der jeweiligen Gesellschaft geschuldet, gemeinsame Anhaltspunkte für eine umfassende vergleichende Betrachtung nur dem Grundsatz nach finden. Eine vergleichende Betrachtung ist insbesondere bei der Ausgestaltung der Geschäftsführungsbefugnis der Geschäftsführer und der Geschäftsleiter sowie hinsichtlich der Ressortaufteilung mit Blick auf einzelne Geschäftsführungsmaßnahmen möglich.

---

623 *Smith Ulseth*, S. 71.
624 *Smith Ulseth*, S. 71.
625 Siehe S. 107.
626 *Aarbakke*, Aksjeloven & allmennaksjeloven, § 6-15 Rn. 1.1; *Smith Ulseth*, S. 71.
627 St. Meld. Nr. 22 (2001–2002), S. 56; *Smith Ulseth*, S. 72.
628 Norsk anbefaling for eierstyring og selskapsledelse, S. 30; *Smith Ulseth*, S. 72.

Anders als in der GmbH sieht das Aksjeloven auch bei der Bestellung von mehreren Geschäftsleitern grundsätzlich die Einzelgeschäftsführungsbefugnis vor. Soll hiervon abgewichen werden, muss dies explizit in der Satzung vereinbart sein. Eine derart explizite Regelung, wie im norwegischen Recht, sieht das GmbHG für die Ausgestaltung der Geschäftsführungsbefugnis bei mehreren Geschäftsführern nicht vor. Hier wird jedoch aufgrund der Regelung des § 35 Abs. 2 GmbHG analog grundsätzlich eine Gesamtgeschäftsführungsbefugnis angenommen. In beiden Gesellschaften ist es jedoch möglich, durch Satzungsregelung entweder eine Gesamt- oder eine Einzelgeschäftsführung zu vereinbaren.

Ebenso ist es sowohl bei der AS als auch bei der GmbH möglich, einzelne Aufgaben der Geschäftsführung in Ressorts aufzuteilen, so dass eine bessere Allokation der Ressourcen der Geschäftsführer bzw. Geschäftsleiter gewährleistet wird. Anders als das GmbH-Gesetz sieht das Aksjeloven auf den ersten Blick keine Beschränkung dahingehend vor, dass Geschäftsführungsmaßnahmen, die von besonderer Bedeutung sind, nicht in einzelne Ressorts aufgeteilt werden dürfen, sondern stets durch alle Geschäftsführer entschieden werden müssen. Bei genauerer Betrachtung stellt man jedoch fest, dass gerade solche Aufgaben in der AS nicht den Geschäftsleitern unterliegen, sondern durch das Kollegialorgan des Verwaltungsrats entschieden werden, so dass auch hier ein gemeinsamer Entschluss der Verwaltungsratsmitglieder dafür sorgt, dass eine umfassende Auseinandersetzung mit der jeweiligen Entscheidung stattfindet.

Hinsichtlich der Geschäftsverteilung zwischen den jeweiligen Kollegialorganen, Beirat und Verwaltungsrat, kommt es insbesondere bei der GmbH aufgrund der nicht gesetzlich festgelegten Regelungen zur inneren Ordnung des Beirats stark auf den Einzelfall an, so dass ein Vergleich in diesem Bereich schwieriger darstellbar ist. Wie bereits gezeigt, ist der Verwaltungsrat das dominierende Geschäftsführungsorgan in der AS, er ist dem Geschäftsleiter übergeordnet und kann in jedwede Geschäftsführungsmaßnahme eingreifen. Einen dem Geschäftsführer gegenüber dem Beirat zustehenden Kernbereich in Geschäftsführungsaufgaben billigt der norwegische Gesetzgeber dem Geschäftsleiter gerade nicht zu. Dennoch lassen sich auch Gemeinsamkeiten feststellen; so sind etwa die Beschlussfassungsregeln vom Grundsatz her identisch.

§ 2 Die Vertretungsbefugnis in der GmbH und der AS

Im folgenden Abschnitt werden die Vertretungsregelungen in der GmbH und der AS untersucht. Hierbei wird ein Schwerpunkt auf den Umfang der Vertretungsmacht sowie die daraus resultierenden Grenzen gelegt. Ein Hauptaugenmerk gilt wiederum dem Geschäftsführer und den Beiratsmitgliedern in der GmbH sowie den Verwaltungsratsmitgliedern und dem Geschäftsleiter in der AS. Der Vollständigkeit halber erfahren zudem weitere organschaftlich sowie rechtsgeschäftlich zur Vertretung der jeweiligen Gesellschaft Berechtigte eine nähere Betrachtung.

A. Die Vertretung der GmbH und der AS

I. Die Vertretung der GmbH

Die Vertretungsbefugnis in der GmbH wird in § 35 GmbHG den Geschäftsführern zugewiesen. Unter die Vertretung der Gesellschaft fällt – anders als bei der sich lediglich auf das Innenverhältnis beziehenden Geschäftsführungsbefugnis – die Befugnis der Geschäftsführer, im Außenverhältnis gegenüber Dritten für die Gesellschaft zu handeln.[629] Die Vertretungsbefugnis ist somit streng von der Geschäftsführungsbefugnis zu trennen. Sie erstreckt sich nur auf rechtsgeschäftliche Erklärungen und nicht auf Erklärungen, die keine rechtsgeschäftliche Bindung nach sich ziehen sollen, wie etwa Erläuterungen oder Wissenserklärungen.[630] Das GmbHG enthält seit dem MoMiG keine Regelung mehr, die zur Wirkung der Stellvertretung eine Aussage trifft, so dass die allgemeinen Regelungen zur Stellvertretung gemäß §§ 164 ff. BGB Anwendung finden.[631]

Neben den Geschäftsführern kann die Gesellschaft auch durch einen Beirat, die Gesellschafter, den Aufsichtsrat oder einen Prokuristen sowie weitere rechtsgeschäftlich bestellte Vertreter vertreten werden.

1. Die Vertretung der GmbH durch einen Geschäftsführer

a) Die Bedeutung und Funktion der organschaftlichen Vertretung

Die GmbH als juristische Person ist ohne ihre gesetzlich vorgesehenen Vertretungsorgane nicht handlungsfähig.[632] Die Geschäftsführer nehmen diese Stellung von Gesetzes wegen ein und verhelfen der GmbH somit zur Teilnahme am Rechtsverkehr. Von der Vertretung der Gesellschaft durch die Geschäftsführer ist die bereits erläuterte Geschäftsführung abzugrenzen.[633] Die organschaftliche Vertretung der Gesellschaft durch den Geschäftsführer umfasst die Abgabe und Annahme

629 *Stephan/Tieves*, in MüKo, GmbHG, § 35 Rn. 95; Trölitzsch in Oppenländer/Trölitzsch, GmbH-Geschäftsführung, § 17, Rn. 1.

630 *Lenz*, in Michalski, GmbHG, § 35 Rn. 30.

631 *Lenz*, Michalski, GmbHG, § 35 Rn. 70; *Stephan/Tieves*, in MüKo, GmbHG, § 35 Rn. 89 f.; *Oetker*, in Henssler/Strohn, Gesellschaftsrecht, § 35 GmbHG Rn. 43.

632 *Trölitzsch*, in Oppenländer/Trölitzsch, GmbH-Geschäftsführung, § 17, Rn. 1.

633 Siehe zur Geschäftsführung S. 71 ff.

von Willenserklärungen und rechtsgeschäftliche Handlungen gegenüber Dritten im gerichtlichen sowie außergerichtlichen Bereich.[634]

Eine Abgrenzung von der rechtsgeschäftlichen Vertretungsmacht, die oftmals Prokuristen oder den Mitgliedern eines Beirats eingeräumt wird, findet zu einem späteren Zeitpunkt statt.[635] Vorwegzunehmen ist lediglich, dass die rechtsgeschäftliche Vertretungsmacht nicht in einem Subordinationsverhältnis zur organschaftlichen Vertretungsmacht steht, sondern sich von dieser insbesondere durch die Art und Weise der Einräumung sowie in ihrem Umfang unterscheiden kann.[636]

Der GmbH-Geschäftsführer vertritt die Gesellschaft jedoch nicht nur gegenüber Dritten, sondern grundsätzlich auch beim Abschluss von Rechtsgeschäften zwischen der Gesellschaft und den Gesellschaftern sowie anderen Organen der Gesellschaft.[637]

b) Der Umfang der Vertretungsmacht

Die organschaftliche Vertretungsmacht der Geschäftsführer ist ein zwingendes Element der GmbH-Verfassung und kann daher weder durch Satzung noch durch sonstige Regelungen oder Beschlüsse beseitigt werden. Sie gilt somit uneingeschränkt und ist uneinschränkbar.[638] Die Vertretungsmacht umfasst daher sämtliche unternehmensbezogenen Geschäfte und wird auch nicht durch den satzungsmäßigen Unternehmensgegenstand, die tatsächliche Geschäftstätigkeit oder den Gewinnerzielungszweck der Gesellschaft beschränkt.[639] Insoweit ist in § 37 Abs. 2 GmbHG klarstellend geregelt, dass Beschränkungen der Vertretungsmacht im Innenverhältnis nicht gegenüber Dritten wirken. Der Umfang der organschaftlichen Vertretungsmacht des Geschäftsführers ist somit weiter als der bei Prokura oder einer Handlungsvollmacht, da diese jeweils auf Rechtsgeschäfte

---

634 *Zöllner/Noack*, in Baumbach/Hueck, GmbHG, § 35 Rn. 3; *Lenz*, in Michalski, GmbHG, § 35 Rn. 6; *Koppensteiner*, in Rowedder/Schmidt-Leithoff, GmbHG, § 35 Rn. 8.

635 Siehe hierzu insbesondere die Ausführungen bei S. 117.

636 *Lenz*, in Michalski, GmbHG, § 35 Rn. 7; *Stephan/Tieves*, in MüKo, GmbHG, § 35 Rn. 91 ff.

637 *Lenz*, in Michalski, GmbHG, § 35 Rn. 33; *Stephan/Tieves*, in MüKo, GmbHG, § 35 Rn. 97; *Trölitzsch*, in Oppenländer/Trölitzsch, GmbH-Geschäftsführung, § 17, Rn. 2.

638 *Zöllner/Noack*, in Baumbach/Hueck, GmbHG, § 35 Rn. 76; *Lenz*, in Michalski, GmbHG, § 35 Rn. 6 f; *Lutter/Bayer/J. Schmidt*, EuropUR, § 19 Rn. 70.

639 *Zöllner/Noack*, in Baumbach/Hueck, GmbHG, § 35 Rn. 80; *Lenz*, in Michalski, GmbHG, § 35 Rn. 31; *Oetker*, in Henssler/Strohn, Gesellschaftsrecht, § 35 GmbHG Rn. 38.

beschränkt sind, die im Rahmen eines Handelsgewerbes anfallen.[640] Eine Begrenzung der Vertretungsmacht ist insbesondere auch nicht auf einen bestimmten Geschäftsbereich oder eine Niederlassung der Gesellschaft möglich.[641] Grund hierfür ist das Bedürfnis nach Rechtssicherheit des Rechtsverkehrs.[642]

c) Die Vertretung der GmbH bei mehreren Geschäftsführern

Sofern in einer GmbH mehrere Geschäftsführer bestellt sind, sieht das Gesetz vor, dass sämtliche Geschäftsführer nur gemeinsam vertretungsberechtigt sind, sofern durch die Satzung der Gesellschaft nichts anderes geregelt ist. Hier gilt also die sog. Gesamtvertretung, § 35 Abs. 2 Satz 1 GmbHG. Dieser Grundsatz gilt jedoch lediglich für die Aktivvertretung der Gesellschaft durch die Geschäftsführer.[643] Unter Aktivvertretung ist die Abgabe von Willenserklärungen nach außen zu verstehen.[644] Für die Passivvertretung sieht das Gesetz in § 35 Abs. 2 Satz 2 GmbHG zwingend die Einzelvertretungsbefugnis jedes Geschäftsführers vor. Unter Passivvertretung sind die Abgabe und der Zugang einer Willenserklärung an einen Geschäftsführer durch einen Dritten zu verstehen.[645] Für die Aktivvertretung kann jedoch durch Satzung von der gesetzlichen Regelung abgewichen werden.[646] Somit kann den Geschäftsführern neben der gesetzlich vorgesehenen Gesamtvertretungsbefugnis auch eine modifizierte Gesamtvertretung, eine unechte Gesamtvertretung oder eine Einzelvertretung eingeräumt werden.[647]

Die Festsetzung einer modifizierten Gesamtvertretung hat zur Folge, dass die Gesellschaft lediglich durch die durch Satzung festgelegte Anzahl an Geschäftsführern vertreten werden kann. Bei Wegfall der notwendigen Anzahl an

---

640 *Oetker*, in Henssler/Strohn, Gesellschaftsrecht, § 35 GmbHG Rn. 38.

641 *Stephan/Tieves,* in MüKo, GmbHG, § 35 Rn 132; Trölitzsch in Oppenländer/Trölitzsch, GmbH-Geschäftsführung, § 17, Rn. 2; zu den Einschränkungen der Vertretungsbefugnis siehe unten S. 127 ff.

642 *Lenz*, in Michalski, GmbHG, § 35 Rn. 9; *Oetker*, in Henssler/Strohn, Gesellschaftsrecht, § 35 GmbHG Rn. 29.

643 *Zöllner/Noack*, in Baumbach/Hueck, GmbHG, § 35 Rn. 103.

644 *Zöllner/Noack*, in Baumbach/Hueck, GmbHG, § 35 Rn. 79.

645 *Zöllner/Noack*, in Baumbach/Hueck, GmbHG, § 35 Rn. 104; *Lenz*, Michalski, GmbHG, § 35 Rn. 69; *Stephan/Tieves*, in MüKo, GmbHG, § 35 Rn. 95.

646 *Zöllner/Noack*, in Baumbach/Hueck, GmbHG, § 35 Rn. 106; *Oetker*, in Henssler/Strohn, Gesellschaftsrecht, § 35 GmbHG Rn. 48; *Lutter/Bayer/J. Schmidt*, EuropUR, § 19 Rn. 80.

647 *Zöllner/Noack*, in Baumbach/Hueck, GmbHG, § 37 Rn. 38; *Stephan/Tieves*, in MüKo, GmbHG, § 35 Rn. 121 ff.; *Trölitzsch*, in Oppenländer/Trölitzsch, GmbH-Geschäftsführung, § 17, Rn. 4.

Geschäftsführern sind die übrigen Geschäftsführer nicht aktiv vertretungsfähig. Die Gesellschaft ist gegenüber Dritten erst dann wieder handlungsfähig, wenn die vorgeschriebene Anzahl an Geschäftsführern bestellt ist.[648]

Bei der unechten Gesamtvertretung wird die Gesellschaft analog §§ 125 Abs. 3 HGB, 78 Abs. 3 AktG durch den Geschäftsführer und einen Prokuristen vertreten.[649] Eine derartige rechtliche Gestaltung ist lediglich möglich, wenn mehr als ein Geschäftsführer bestellt ist, da ansonsten der Prokurist eine wirksame Vertretung der Gesellschaft dauerhaft – oder zumindest bis zu einer Satzungsänderung – verhindern könnte.[650] Die unechte Gesamtvertretung dient daher nur der Erleichterung der Vertretung der Gesellschaft, da anstelle von zwei Geschäftsführern nunmehr ein Geschäftsführer und ein Prokurist die Gesellschaft wirksam vertreten können.[651] Neben der unechten Gesamtvertretung muss den Geschäftsführern eine wie auch immer geartete Möglichkeit zustehen, ohne Mithilfe eines Prokuristen wirksam Rechtsgeschäfte im Namen der Gesellschaft vorzunehmen.[652]

Bei der Einzelvertretungsbefugnis ist jeder der bestellten Geschäftsführer berechtigt, die Gesellschaft gegenüber Dritten einzeln zu vertreten. Hierbei kann die Einzelvertretung nur allgemein, nicht aber lediglich nur für eine bestimmte Art von Geschäften eingeräumt werden.[653] Sofern durch die Einzelvertretungsbefugnis der einzelnen Geschäftsführer gegensätzlich gehandelt wird, wird die Gesellschaft dennoch verpflichtet, es sei denn, dem Vertragspartner drängt sich ein Missbrauch der Vertretungsmacht auf.[654] Ferner besteht die Möglichkeit, durch Satzung einzelnen Geschäftsführern Einzelvertretungsbefugnis zu erteilen und anderen lediglich Gesamtvertretungsbefugnis einzuräumen.[655]

---

648 *Zöllner/Noack*, in Baumbach/Hueck, GmbHG, § 35 Rn. 109f.; *Oetker*, in Henssler/Strohn, Gesellschaftsrecht, § 35 GmbHG Rn. 49.

649 *Stephan/Tieves*, in MüKo, GmbHG, § 35 Rn 124, *Oetker*, in Henssler/Strohn, Gesellschaftsrecht, § 35 GmbHG Rn. 51.

650 *Lenz*, in Michalski, GmbHG, § 35 Rn. 57 f.; *Stephan/Tieves*, in MüKo, GmbHG, § 35 Rn 126.

651 *Stephan/Tieves*, in MüKo, GmbHG, § 35 Rn 126.

652 *Stephan/Tieves*, in MüKo, GmbHG, § 35 Rn 126 f.

653 *Zöllner/Noack*, in Baumbach/Hueck, GmbHG, § 35 Rn. 107; *Lenz*, in Michalski, GmbHG, § 35 Rn. 50; *Oetker*, in Henssler/Strohn, Gesellschaftsrecht, § 35 GmbHG Rn. 50.

654 *Lenz*, in Michalski, GmbHG, § 35 Rn. 51.

655 *Lenz*, in Michalski, GmbHG, § 35 Rn. 54.

2. *Die Vertretung der GmbH durch einen Beirat*

Die organschaftliche Befugnis zur Vertretung der Gesellschaft kann weder durch eine Satzungsbestimmung noch durch Gesellschafterbeschluss auf einen Beirat übertragen werden.[656] Wie zuvor erwähnt, steht sie, wie auch § 37 Abs. 2 Satz 1 GmbHG deutlich macht, grundsätzlich den Geschäftsführern zu. Auch eine teilweise Übertragung der organschaftlichen Vertretungsbefugnis auf den Beirat mit der Wirkung, dass der Beirat neben den Geschäftsführern zur organschaftlichen Vertretung der Gesellschaft befugt ist, ist aus Gründen des Verkehrsschutzes nicht möglich.[657] Daher sind grundsätzlich nur die Geschäftsführer vertretungsbefugt, es sei denn, einzelnen Mitgliedern oder der Gesamtheit der Mitglieder des Beirats wird eine rechtsgeschäftliche Vertretungsmacht durch die Geschäftsführer oder in der Satzung eingeräumt.[658] Der Umfang der eingeräumten Vertretungsbefugnis kann variieren, wobei die rechtsgeschäftliche Vollmacht nicht derart stark ausgestaltet werden darf, dass sie den Geschäftsführer aus seiner Position als organschaftlichen Vertreter der Gesellschaft verdrängt und die bevollmächtigten Beiratsmitglieder an dessen Stelle treten.[659] Daher kann die Vertretungsbefugnis der Beiratsmitglieder lediglich die nicht zwingenden organschaftlichen Aufgaben des Geschäftsführers umfassen und darf daher nicht in den unentziehbaren Kompetenz- und Verantwortungsbereich des Geschäftsführers eingreifen.[660]

3. *Die Vertretung der GmbH durch die Gesellschafter*

Den Gesellschaftern steht lediglich in Einzelfällen eine organschaftliche Vertretungsbefugnis zu.[661] Hierzu zählen die sogenannten Innengeschäfte. Hierbei handelt es sich um reine Verkehrsgeschäfte zwischen den Geschäftsführern, anderen Organen der GmbH und den Gesellschaftern.[662] Darunter fallen etwa die Bestellung und die Abberufung der Geschäftsführer sowie die von weiteren Organen der Gesellschaft sowie ferner der Abschluss des Anstellungsvertrags eines Geschäftsführers, sofern dies nicht in der Satzung der jeweiligen Gesellschaft eine

656 *Giedinghagen*, in Michalski, GmbHG, § 52 Rn. 419; *Müller/Wolf*, GmbHR 2003, 810, 813; *Robertz*, MittRhNotK, 1991, 239, 242.

657 *Müller/Wolf*, GmbHR 2003, 810, 813.

658 *Voormann*, S. 157; *Müller/Wolf*, GmbHR 2003, 810, 813.

659 BGH, NJW-RR 2002, 1325, 1326; *Stephan/Tieves*, in MüKo, GmbHG, § 35 Rn. 236 f.

660 *Stephan/Tieves*, in MüKo, GmbHG, § 35 Rn. 236 f.

661 *Stephan/Tieves*, in MüKo, GmbHG, § 35 Rn 223; *Oetker*, in Henssler/Strohn, Gesellschaftsrecht, § 35 GmbHG Rn. 30.

662 *Stephan/Tieves*, in MüKo, GmbHG, § 35 Rn 223.

anderweitige Regelung erfährt.[663] Ebenso wird die Gesellschaft bei Kapitalmaßnahmen oder der Durchführung einer Satzungsänderung durch die Gesellschafter vertreten.[664]

Für den Fall, dass die Gesellschaft führungslos ist, sieht § 35 Abs. 1 Satz 2 GmbHG vor, dass die Gesellschafter für die Empfangnahme von Willenserklärungen zuständig sind und die Gesellschaft wirksam im Rahmen dieser Passivvertretung vertreten können.[665]

4. *Weitere Fälle rechtsgeschäftlicher Vertretung der GmbH*

Die Gesellschaft kann ebenfalls durch rechtsgeschäftlich bestellte Vertreter vertreten werden. Dies geschieht insbesondere durch Erteilung einer Prokura gemäß § 48 HGB, einer Handlungsvollmacht gemäß § 54 HGB oder durch Erteilung einer rechtsgeschäftlichen Vollmacht nach §§ 164 ff. BGB. Eine derartige rechtsgeschäftliche Vollmacht kann als Generalvollmacht ausgestaltet werden, die eine über die Grenzen der §§ 49 Abs. 2, 54 Abs. 2 HGB hinausgehende Vertretungsbefugnis umfasst. Die Erteilung einer solchen Vollmacht ist unzulässig, wenn sie lediglich erteilt wird, um den Geschäftsführer aus seiner Position als Vertreter der Gesellschaft zu verdrängen und den Bevollmächtigten an dessen Stelle zu positionieren.[666] Eine derartige starke Ausgestaltung verstößt gegen das zwingende Prinzip der organschaftlichen Vertretung der Gesellschaft durch die Geschäftsführer. Sie kann jedoch in eine Vollmacht umgedeutet werden, die alle Rechtsgeschäfte umfasst, die nicht originär organschaftliche Aufgaben des Geschäftsführers betreffen und nicht in den unentziehbaren Kompetenz- und Verantwortungsbereich des Geschäftsführers eingreifen.[667]

II. *Die Vertretung der AS*

Die organschaftliche Vertretungsbefugnis in der AS obliegt sowohl dem Verwaltungsrat gemäß § 6-30 Asl als auch dem Geschäftsleiter gemäß § 6-32 Asl. Daneben kann der Verwaltungsrat gemäß § 6-31 Abs. 1 Asl einzelnen Mitgliedern des Verwaltungsrats, dem Geschäftsleiter oder namentlich benannten Angestellten Vollmacht zur Vertretung der Gesellschaft erteilen, ohne dass dies einen Verlust

---

663 *Koppensteiner*, in Rowedder/Schmidt-Leithoff, GmbHG, § 35 Rn. 13ff.
664 *Stephan/Tieves*, in MüKo, GmbHG, § 35 Rn 107.
665 *Stephan/Tieves*, in MüKo, GmbHG, § 35 Rn 223; *Fest*, NZG 2011, 130, 130.
666 *Stephan/Tieves*, in MüKo, GmbHG, § 35 Rn. 237.
667 *Stephan/Tieves*, in MüKo, GmbHG, § 35 Rn. 237.

der eigenen Vertretungskompetenz zur Folge hätte.[668] Zudem besteht die Möglichkeit der Erteilung einer Prokura.

Weder die Gesellschafterversammlung noch der Aufsichtsrat – sofern ein solcher besteht – können die Gesellschaft nach außen hin vertreten und in ihrem Namen verpflichten.[669] Ebenso kann die Gesellschaft nicht durch weitere durch Satzungsbestimmung bestellte Organe vertreten werden.[670] Auch ist ein einzelner Gesellschafter nicht berechtigt, die Gesellschaft zu vertreten. Dies gilt selbst dann, wenn eine Geschäftsführungsmaßnahme der vorherigen Entscheidung der Gesellschafter bedarf.[671] Ebenso wenig können gesellschaftsfremde Dritte sowie einzelne Mitglieder des Aufsichtsrats mit Vertretungsmacht ausgestattet werden.[672]

1. *Die Vertretung der AS durch den Verwaltungsrat*

Auch bei der Vertretung der Gesellschaft gilt – wie bereits bei der Geschäftsführung – im Grundsatz die Allzuständigkeit des Verwaltungsrats mit der Konsequenz, dass der Verwaltungsrat die Gesellschaft im Außenverhältnis grundsätzlich vertritt.[673] Die organschaftliche Vertretung durch den Verwaltungsrat umfasst die Abgabe und Empfangnahme von Willenserklärungen und rechtsgeschäftliche Handlungen gegenüber Dritten im gerichtlichen sowie außergerichtlichen Bereich.[674] Das Recht zur Vertretung der Gesellschaft kann in allen dem Verwaltungsrat originär obliegenden Bereichen der Geschäftsführung weder durch Satzungsregelung noch durch Beschlüsse begrenzt werden, es gilt somit uneingeschränkt und ist uneinschränkbar.[675] Der Verwaltungsrat ist auch für den Fall, dass ein Geschäftsleiter bestellt ist und diesem die Vertretungsbefugnis nach § 6-32 i. V. m. § 6-14 Asl zusteht, gegenüber Dritten stets vertretungsberechtigt.[676] Dies gilt selbst für den

668 *Norheim*, NTS 2003, 382, 383.

669 *Aarbakke*, Aksjeloven & allmennaksjeloven, Innledning Kap. 6, 3.1; *Bråthen*, in Norsk Lovkommentar, Aksjeloven, § 6-30 Rn. 1235; *Ders.*, S. 150.

670 *Aarbakke*, Aksjeloven & allmennaksjeloven, Innledning Kap. 6, 3.1; *Bråthen*, S. 150 f.

671 *Aarbakke*, Aksjeloven & allmennaksjeloven, Innledning Kap. 6, 3.1.

672 *Bråthen*, in Norsk Lovkommentar, Aksjeloven, § 6-31 Rn. 1242; *Norheim*, NTS 2003, 382, 388.

673 *Aarbakke*, Aksjeloven & allmenaksjeloven, § 6-30 Rn. 1.1; *Andenæs*, Aksjeselskaper & Allmennaksjeselskaper, Kap. 29, Rn. 29.1.1. (S. 389); *Woxholth*, Avtalerett, S. 241; *Norheim*, NTS 2003, 382, 383.

674 *Bråthen*, in Norsk Lovkommentar, Aksjeloven, § 6-31 Rn. 1245; *Ders.*, S. 150 f.; *Norheim*, NTS 2003, 382, 383.

675 *Andenæs*, Aksjeselskaper & Allmennaksjeselskaper, Kap. 29, Rn. 29.1.2; *Bråthen*, in Norsk Lovkommentar, Aksjeloven, § 6-31 Rn. 1245; *Norheim*, NTS 2003, 382, 383.

676 *Bråthen*, S. 150 f.; *Mörsdorf*, RIW 2012, 211, 221.

Fall, dass die Angelegenheit unter die laufende Geschäftsführung fällt und somit im Innenverhältnis dem Zuständigkeitsbereich des Geschäftsleiters unterliegt.[677]

Der Verwaltungsrat vertritt die Gesellschaft einheitlich, so dass weder einzelnen Mitgliedern des Verwaltungsrats noch dem Verwaltungsratsvorsitzenden grundsätzlich das Recht zusteht, die Gesellschaft ohne gemeinsam gefassten Beschluss zu vertreten.[678] Es gilt somit das Prinzip der Gesamtvertretungsbefugnis.[679] Einzige Ausnahme ist hierbei der Fall, dass der Verwaltungsrat lediglich aus einer Person besteht. Hinsichtlich der Vertretung der Gesellschaft gelten die allgemeinen Regeln zur Beschlussfassung entsprechend.[680] Es ist daher für die wirksame Vertretung ausreichend, dass der Verwaltungsrat mit der Mehrzahl seiner Mitglieder einen entsprechenden Beschluss fasst.

Neben der Gesamtvertretungsbefugnis kann die Satzung vorsehen, dass einzelnen oder mehreren Mitgliedern des Verwaltungsrats die Einzelvertretungsbefugnis oder eine modifizierte Gesamtvertretung erteilt wird.[681] In der Praxis erhält regelmäßig der Verwaltungsratsvorsitzende das Recht eingeräumt, die Gesellschaft alleine oder gemeinsam mit einem anderen Mitglied des Verwaltungsrats zu vertreten.[682] Ebenso besteht die Möglichkeit, die Vertretungsbefugnis derart auszugestalten, dass jedes Verwaltungsratsmitglied alleine oder gemeinsam mit einem anderen Verwaltungsratsmitglied die Gesellschaft vertreten kann.[683] Die

---

677 *Andenæs*, Aksjeselskaper & Allmennaksjeselskaper, Kap. 29, Rn. 29.1.1; *Woxholth*, Selskapsrett, S. 200 f.; *Mörsdorf*, RIW 2012, 211, 221.

678 *Aarbakke*, Aksjeloven & allmenaksjeloven, § 6-30 Rn. 1.1; *Andenæs*, Aksjeselskaper & Allmennaksjeselskaper, Kap. 29, Rn. 29.1.1; *Ders.*, S. 194; *Norheim*, NTS 2003, 382, 383.

679 RG 1992 964; *Andenæs*, Aksjeselskaper & Allmennaksjeselskaper, Kap. 29, Rn. 29.1.1; *Bråthen*, S. 150; *Andenæs*, S. 194.

680 *Aarbakke*, Aksjeloven & allmenaksjeloven, § 6-30 Rn. 1.3; *Andenæs*, Aksjeselskaper & Allmennaksjeselskaper, Kap. 29, Rn. 29.1.1; *Ders.*, S. 195; *Norheim*, NTS 2003, 382, 383 f.

681 Innstilling om lov om Aksjeselskaper 1970, S. 122; *Bråthen*, in Norsk Lovkommentar, Aksjeloven, § 6-31 Rn. 1239; *Mörsdorf*, RIW 2012, 211, 221; *Norheim*, NTS 2003, 382, 386.

682 *Bråthen*, in Norsk Lovkommentar, Aksjeloven, § 6-31, Rn. 1239; *Mörsdorf*, RIW 2012, 211, 221; *Norheim*, NTS 2003, 382, 386.

683 *Bråthen*, in Norsk Lovkommentar, Aksjeloven, § 6-31 Rn. 1239; *Mörsdorf*, RIW 2012, 211, 221; *Norheim*, NTS 2003, 382, 386.

Gesamtvertretungsbefugnis des Verwaltungsrats in seiner Gesamtheit bleibt jedoch auch in den zuvor aufgezählten Fällen in jedem Fall bestehen.[684]

2. *Die Vertretung der AS durch den Geschäftsleiter*

a) Der Umfang der Vertretungsmacht

Der Geschäftsleiter hat gemäß § 6-32 Asl in Verbindung mit § 6-14 Asl grundsätzlich Vertretungsmacht in Angelegenheiten, die unter die laufende Geschäftsführung fallen. Dieses Recht kann dem Geschäftsleiter auch nicht entzogen werden.[685] In seinem Anwendungsbereich ist die organschaftliche Vertretung des Geschäftsleiters weder durch Satzung noch durch sonstige Regelungen einschränkbar und gilt daher uneingeschränkt.

Ebenso wie bereits bei der Geschäftsführungskompetenz des Geschäftsleiters angesprochen, ergibt sich auch hinsichtlich der Vertretungsbefugnis ein Auslegungsproblem dahingehend, was unter die laufende bzw. tägliche Geschäftsführung fällt und somit von der organschaftlichen Vollmacht des Geschäftsleiters bei Abschluss eines Rechtsgeschäfts gedeckt ist. Der norwegische Oberste Gerichtshof hat hierzu entschieden, dass es aufgrund dieser Auslegungsschwierigkeit stets auf den Einzelfall ankommt, wie weit die Vertretungsbefugnis des Geschäftsleiters reicht.[686] Zur Bestimmung der äußersten Grenze der Vollmacht wird § 6-14 Abs. 2 Asl herangezogen, so dass jedenfalls Geschäfte, die nach den Gesellschaftsverhältnissen bzw. dem Gesellschaftszweck von ungewöhnlicher Art oder großer Bedeutung sind, nicht umfasst sind.[687] Sofern dem Geschäftsleiter aufgrund von § 6-14 Abs. 3 Asl in Fällen der Ermächtigung zur Geschäftsführung durch den Verwaltungsrat oder bei Gefahr im Verzug das Recht zur Geschäftsführung zusteht, folgt hieraus nicht aus einem Umkehrschluss, dass er in diesen Fällen auch Vertretungsmacht innehat. Eine entsprechende Vollmacht müsste ihm ausdrücklich erteilt werden.[688]

Dem Geschäftsleiter kann jedoch neben dieser ihm aus seiner Organstellung zustehenden Vertretungsmacht durch Übertragung der Vertretungsmacht des Verwaltungsrats gemäß § 6-31 Abs. 1 Asl, durch Erteilung einer Prokura nach § 1

---

684 *Bråthen*, in Norsk Lovkommentar, Aksjeloven, § 6-31 Rn. 1245; *Mörsdorf*, RIW 2012, 211, 221.

685 *Aarbakke*, Aksjeloven & allmenaksjeloven, § 6-32 Rn. 1.1; *Bråthen*, in Norsk Lovkommentar, Aksjeloven, § 6-32 Rn. 1250; *Andenæs*, S. 196; *Norheim*, NTS 2003, 382, 389.

686 Rt. 1999 353; *Bråthen*, S. 151 f.; *Norheim*, NTS 2003, 382, 390.

687 *Andenæs*, S. 196; *Bråthen*, S. 151 f.; *Woxholth*, Avtalerett, S. 241; *Norheim*, NTS 2003, 382, 390.

688 *Bråthen*, S. 152; *Mörsdorf*, RIW 2012, 211, 221.

Prokuraloven (Prokl)[689] oder durch Rechtsgeschäft eine weiter gehende Vertretungsmacht eingeräumt werden.[690] Hierdurch wird die organschaftlich bestehende Vertretungsmacht durch eine rechtsgeschäftlich erteilte Vollmacht ergänzt.[691] Sofern dem Geschäftsleiter daher eine Vollmacht nach § 6-31 Abs. 1 Asl oder Prokura erteilt wird, tritt die organschaftliche Vertretungsbefugnis regelmäßig aufgrund des beschränkten Anwendungsbereichs hinter diesen rechtsgeschäftlich erteilten Vollmachten zurück, so dass es in der Praxis auf die organschaftliche Vertretungsbefugnis aus § 6-32 kaum ankommt.[692]

Innerhalb seiner durch § 6-14 Asl festgesetzten Geschäftsführungskompetenz darf der Geschäftsleiter ebenfalls eine – auf diesen Bereich begrenzte – rechtsgeschäftliche Vollmacht erteilen.[693]

b) Die Vertretung der AS durch mehrere Geschäftsleiter

Für den Fall, dass die Gesellschaft mehrere Geschäftsleiter bestellt hat und diesen unterschiedliche Aufgabenbereiche innerhalb der laufenden Geschäftsführung zugeteilt sind, kann jeder einzelne Geschäftsleiter die Gesellschaft in allen Angelegenheiten der täglichen Geschäftsführung alleine vertreten, es besteht somit Einzelvertretungsbefugnis.[694] Dies gilt insbesondere auch für die Geschäftsführungsaufgaben, die originär nicht zu seinem Aufgabenbereich zählen.[695] Eine dahingehende Beschränkung im Innenverhältnis hat keine Wirkung im Außenverhältnis. Sofern allerdings die Geschäftsleiter als Kollektivorgan die Aufgaben der laufenden Verwaltung wahrzunehmen haben, hat dies auch Auswirkungen auf die Vertretung der Gesellschaft im Außenverhältnis mit der Folge, dass eine Gesamtvertretungsbefugnis an die Stelle der Einzelvertretungsbefugnis tritt.[696]

c) Die Vertretung der Gesellschaft bei Fehlen eines Geschäftsleiters

Für den Fall, dass der Verwaltungsratsvorsitzende auch die Aufgaben des Geschäftsleiters in der Gesellschaft wahrnimmt, weil ein solcher nicht bestellt wurde,

689 Lov om prokura (prokuraloven) vom 01.01.1988; (Gesetz zur Erteilung der Prokura).

690 *Andenæs*, Aksjeselskaper & Allmennaksjeselskaper, Kap. 29, Rn. 29.1.3; *Bråthen*, in Norsk Lovkommentar, Aksjeloven, § 6-32 Rn. 1252; *Mörsdorf*, RIW 2012, 211, 221.

691 Rt 2011, 410; *Woxholth*, Avtalerett, S. 241; *Mörsdorf*, RIW 2012, 211, 221.

692 *Aarbakke*, Aksjeloven & allmenaksjeloven, § 6-32 Rn. 1.1; *Bråthen*, in Norsk Lovkommentar, Aksjeloven, § 6-32 Rn. 1252; *Andenæs*, S. 196.

693 *Aarbakke*, Aksjeloven & allmenaksjeloven, § 6-32 Rn. 1.1.

694 *Norheim*, NTS 2003, 382, 388.

695 *Norheim*, NTS 2003, 382, 388; *Mörsdorf*, RIW 2012, 211, 221.

696 *Aarbakke*, Aksjeloven & allmennaksjeloven, § 6-32 Rn. 1.1.

steht dem Verwaltungsratsvorsitzenden nicht das Recht zu, in Angelegenheiten der laufenden Geschäftsführung die Gesellschaft alleine zu vertreten.[697] Auch in diesem Fall bleibt es bei der Gesamtvertretungsbefugnis des Verwaltungsrats, es sei denn, der Verwaltungsrat oder die Satzung machen von dem Recht aus § 6-31 Abs. 1 Asl Gebrauch und erteilen dem Verwaltungsratsvorsitzenden die Befugnis, die Gesellschaft in diesen Angelegenheiten der laufenden Geschäftsführung einzeln zu vertreten.[698] Ebenso ist es möglich, dem Verwaltungsratsvorsitzenden Prokura zu erteilen, damit er die Aufgaben der täglichen Geschäftsführung als Einzelvertretungsberechtigter wahrnehmen kann.[699]

3. *Die Vertretung der AS aufgrund Vollmacht nach § 6-31 Asl*

Daneben kann der Verwaltungsrat gemäß § 6-31 Abs. 1 Asl einzelnen Mitgliedern des Verwaltungsrats, dem Geschäftsleiter oder namentlich benannten Angestellten Vollmacht zur Vertretung der Gesellschaft erteilen, ohne dass dies einen Verlust der eigenen Vertretungskompetenz zur Folge hätte.[700]

a) Grundlage

Gemäß § 6-31 Abs. 1 Satz 1 Asl steht dem Verwaltungsrat kraft Gesetzes das Recht zu, die ihm zustehende Vertretungsmacht auf die dort aufgeführten Dritten zu übertragen. Zudem können die Gesellschafter bereits die Zuteilung eines solchen Sonderrechts in der Satzung festlegen, so dass den zuvor aufgezählten Personen aufgrund der Satzungsregelung eine Vertretungsbefugnis eingeräumt ist. Ebenso kann eine Satzungsregelung vorsehen, dass der Verwaltungsrat ermächtigt wird, von einer solchen Erteilung einer rechtsgeschäftlichen Vollmacht Gebrauch zu machen.[701] In diesem Fall darf der Verwaltungsrat lediglich in dem in der Satzung vorgesehenen Umfang Vollmachten übertragen.[702] Beide der zuvor genannten Arten von Satzungsbestimmungen haben zur Folge, dass das Recht des Verwaltungsrats nach § 6-31 Abs. 1 Asl eingeschränkt wird, so dass der Verwaltungsrat in seiner Befugnis zur Erteilung von rechtsgeschäftlichen Vollmachten auf die durch die Gesellschafter vorgesehenen Fälle beschränkt ist.[703] Eine derartige Einschränkung der dem Verwaltungsrat zustehenden Rechte kann hingegen nicht

---

697 *Norheim*, NTS 2003, 382, 389.
698 Ot. prp. Nr. 65 (1998–99), S. 14-15; *Norheim*, NTS 2003, 382, 389.
699 Ot. prp. Nr. 65 (1998–99), S. 14–15; *Norheim*, NTS 2003, 382, 389.
700 *Andenæs*, S. 195; *Norheim*, NTS 2003, 382, 383.
701 *Andenæs*, S. 195; *Norheim*, NTS 2003, 382, 388.
702 *Norheim*, NTS 2003, 382, 388.
703 *Andenæs*, S. 195; *Norheim*, NTS 2003, 382, 387 f.

durch einfachen Beschluss der Gesellschafterversammlung erfolgen, sondern bedarf wie bereits gezeigt einer Regelung in der Satzung.[704]

Gemäß § 6-31 Abs. 2 Asl kann der Verwaltungsrat die erteilte Vollmacht und die damit einhergehende Vertretungsbefugnis jederzeit zurücknehmen. Soll eine durch Satzung festgelegte Vertretungsmacht aufgehoben werden, bedarf es eines satzungsändernden Gesellschafterbeschlusses.[705] Lediglich für den Fall, dass der Gesellschaft ein massiver Schaden droht und die Gesellschafterversammlung nicht schnell genug einberufen werden kann, um diesen abzuwenden, kann der Verwaltungsrat sie zurücknehmen, § 6-31 Abs. 2 Asl.

b) Umfang der Vollmacht nach § 6-31 Asl

Der Umfang der derart erteilten Vollmacht ist einzelfallabhängig, so dass sie sich etwa lediglich auf einen bestimmten Geschäfts- und Aufgabenbereich erstrecken kann oder aber derart ausgeprägt ist, dass sie zur Vornahme aller mit dem Unternehmensgegenstand in Verbindung stehenden Geschäfte berechtigt und somit deckungsgleich mit der Vertretungsbefugnis des Verwaltungsrats sein kann.[706] Dies führt dazu, dass die nach § 6-31 Abs. 1 Asl erteilte Vollmacht oftmals in der Praxis weiter reicht als die organschaftliche Vertretungsbefugnis des Geschäftsleiters oder eine erteilte Prokura.[707]

Die derart erteilten Vollmachten können zur Einzelvertretung oder Gesamtvertretung berechtigen; es kommt insoweit auf die Satzungsregelung bzw. den Beschluss des Verwaltungsrats an.[708]

c) Die Vertretung der AS durch namentlich benannte Angestellte

Ebenso kann in der Satzung oder durch Beschluss des Verwaltungsrats namentlich genannten Angestellten der Gesellschaft eine Vertretungsbefugnis eingeräumt werden. Hierbei bedarf es einer Abgrenzung gegenüber Mitgliedern des Aufsichtsrats und solchen von freiwillig bestellten Gesellschaftsorganen, die, sofern

---

704 *Andenæs*, Aksjeselskaper & Allmennaksjeselskaper, Kap. 29, Rn. 29.1.2; *Ders*, S. 195; *Norheim*, NTS 2003, 382, 387 f.

705 *Andenæs*, Aksjeselskaper & Allmennaksjeselskaper, Kap. 29, Rn. 29.1.2; *Bråthen*, in Norsk Lovkommentar, Aksjeloven, § 6-31 Rn. 1246 f.; *Andenæs*, S. 196.

706 *Aarbakke*, Aksjeloven & allmennaksjeloven, § 6-31 Rn. 1.2; *Bråthen*, in Norsk Lovkommentar, Aksjeloven, § 6-31 Rn. 1243; *Ders.*, Selskapsrett, Kap. 4, Rn. 4.16.2.

707 *Aarbakke*, Aksjeloven & allmennaksjeloven, § 6-31 Rn. 1.2; *Bråthen*, in Norsk Lovkommentar, Aksjeloven, § 6-31, Rn. 1243; *Ders.*, Selskapsrett, Kap. 4, Rn. 4.16.2.

708 *Bråthen*, Norsk Lovkommentar, Aksjeloven, § 6-31 Rn. 1239; *Norheim*, NTS 2003, 382, 386.

sie nicht auch Angestellte der Gesellschaft sind, nicht vom Anwendungsbereich des § 6-31 Asl umfasst sind.[709] Durch die zusätzliche Angabe des Namens soll verhindert werden, dass die Vertretungsbefugnis einem bestimmten Posten, wie zum Beispiel dem Abteilungsleiter im Bereich Finanzen, in der Gesellschaft dauerhaft übertragen wird. Die Vertretungsbefugnis ist somit personen- und nicht stellungsgebunden, wodurch einem etwaigen Missbrauch bei Haftungsfällen aufgrund des Überschreitens der Vertretungsmacht entgegengetreten werden soll.[710]

4. Die Prokura nach § 1 Prokuraloven

Zusätzlich zu den im Aksjeloven verankerten Regelungen zur Vertretungsbefugnis ist insbesondere die Erteilung einer Prokura ein gängiges Mittel zur Erteilung von Vertretungsbefugnis in der AS. Die Prokura berechtigt den Prokuristen, alle Rechtsgeschäfte einzugehen, die zum Betrieb der Gesellschaft dazugehören, vgl. § 1 Prokl. Eingeschränkt wird dies lediglich durch das Verbot der Vertretung der Gesellschaft bei Geschäften, die die Übertragung und Verpfändung von Gesellschaftsgrundstücken sowie beweglichen Sachen, die im Schifffahrtsregister sowie im Luftfahrtregister eintragungsfähig sind, betreffen. Ferner kann der Prokurist nicht vor einem Gericht Klage einreichen.

Die Prokura kann in der AS nur durch den Verwaltungsrat erteilt werden, so dass weder die Gesellschafterversammlung noch der Geschäftsleiter hierzu berechtigt sind.[711]

III. Rechtsvergleichende Analyse

Die Untersuchung der Vertretungsregelungen in der GmbH und der AS hat gezeigt, dass die organschaftliche Vertretungsbefugnis der Geschäftsführer sowie die des Verwaltungsrats und des Geschäftsleiters jeweils zwingende Elemente der jeweiligen Organisationsverfassung sind und weder durch Satzung noch durch sonstige Regelungen beseitigt werden können. Sie gelten daher uneingeschränkt und sind uneinschränkbar.

In der AS haben beide Geschäftsführungsorgane organschaftliche Vertretungsmacht. In der GmbH ist lediglich der Geschäftsführer mit einer derartigen Vertretungsmacht ausgestattet. Dies ist jedoch dem Umstand geschuldet, dass es sich zum einen bei dem Beirat um ein nicht gesetzlich reguliertes Organ handelt, das neben geschäftsführenden Aufgaben auch lediglich beratende oder überwachende

---

709 *Andenæs,* S. 195; *Norheim,* NTS 2003, 382, 387.

710 *Andenæs,* S. 195; *Norheim,* NTS 2003, 382, 387.

711 *Andenæs,* S. 197.

Tätigkeiten ausüben kann, und zum anderen das GmbH-Gesetz grundsätzlich von der alleinigen Vertretung der Gesellschaft in deren Angelegenheiten durch den Geschäftsführer ausgeht, so dass dieser Unterschied auf die unterschiedliche Organisationstruktur der beiden Gesellschaften zurückzuführen ist.

Die den Mitgliedern des Beirats eingeräumte rechtsgeschäftliche Vertretungsbefugnis steht jedoch nicht zwingend in einem Subordinationsverhältnis zur organschaftlichen Vertretungsbefugnis, sondern unterscheidet sich von dieser insbesondere durch die Art und Weise der Einräumung sowie des Umfangs. Insbesondere kann den Beiratsmitgliedern keine Vertretungsbefugnis innerhalb des dem Geschäftsführer zwingend zustehenden unentziehbaren Kompetenz- und Verantwortungsbereichs erteilt werden.

Anders ist dies jedoch in der AS. Hier sind die organschaftliche und die gewillkürte Vertretung in derselben Person, namentlich des Geschäftsleiters, möglich. Diese dem deutschen Recht unbekannte Ausgestaltung im Rahmen der Vertretungsbefugnis ergibt sich bei der Ausgestaltung der Vertretungsmacht des Geschäftsleiters. Dem Geschäftsleiter ist – wie gezeigt – organschaftlich lediglich eine Vertretungsbefugnis hinsichtlich der laufenden Geschäftsführung zugedacht. Diese kann jedoch aufgrund rechtsgeschäftlicher Vollmachterteilung dahingehend erweitert werden, dass die organschaftliche hinter die rechtsgeschäftliche Vertretungsbefugnis zurücktritt, mit der Folge, dass der Geschäftsleiter im Außenverhältnis gegenüber Dritten seine im Innenverhältnis beschränkte Geschäftsführungsbefugnis bewusst überschreiten darf. Begründet wird dies damit, dass hierdurch eine bessere Handlungsfähigkeit des Geschäftsleiters und eine erhöhte Flexibilität im Umgang mit Dritten im Rahmen von Geschäftsabschlüssen bzw. bei der Abgabe von Willenserklärungen gewährleistet werden, was wiederum der Gesellschaft als solcher zugutekommt.

Die rechtliche Grundlage hierfür ist in § 6-31 Abs. 1 Asl zu finden. Danach ist es dem Verwaltungsrat sowie den Gesellschaftern möglich, eine rechtsgeschäftliche Vollmacht, die mit der umfassenden organschaftlichen Vollmacht des Verwaltungsrats identisch ist, auf den Geschäftsleiter zu übertragen. Demnach kann eine Vollmacht derart ausgestaltet sein, dass sie zur Vornahme aller mit dem Unternehmensgegenstand in Verbindung stehenden Geschäfte berechtigt.

Die Bedenken, die gegenüber einer gleichwertigen Vertretungsbefugnis des Geschäftsführers und etwa der Mitglieder eines Beirats in der GmbH mit Blick auf eine etwaige Unsicherheit im Rechtsverkehr sowie die Gefahr von widersprüchlichen Erklärungen geäußert werden, teilt der norwegische Gesetzgeber nicht. Dies ist umso beachtlicher, als einem Beirat im Innenverhältnis weitaus mehr Rechte zugebilligt werden können, als dies etwa bei einem Geschäftsleiter in der AS der Fall ist. Im Ergebnis ist die Beschränkung der Erteilung einer rechtsgeschäftlichen Generalvollmacht auf die Bereiche, die dem Geschäftsführer nicht zwingend zustehen, jedoch aus GmbH-rechtlicher Sicht nur konsequent, da auch im Innenverhältnis dem Geschäftsführer dieser unantastbare Kernbereich seiner Geschäftsführungsaufgaben zugestanden wird.

In beiden Gesellschaftsformen ist es möglich, von den gesetzlichen Regelungen hinsichtlich der Vertretung bei mehreren Geschäftsführern oder Geschäftsleitern sowie den Kollegialorganen Beirat und Verwaltungsrat abzuweichen. So kann anstelle einer Gesamtvertretung durch Satzung eine modifizierte oder eine unechte Gesamtvertretung oder eine Einzelvertretung vereinbart werden.

Schließlich kann die Vertretungsbefugnis des Geschäftsführers ebenso wenig wie die des Geschäftsleiters auf einen bestimmten Geschäftsbereich oder eine Niederlassung des Unternehmens begrenzt werden. Eine dahingehende Beschränkung im Innenverhältnis hat keine Wirkung im Außenverhältnis.

Es lässt sich somit festhalten, dass mit Ausnahme der aus § 31-1 Asl folgenden erheblichen Abweichung die Regelungen zur Stellvertretung in beiden Gesellschaftsformen – mit kleinen Unterschieden im Detail, die dem unterschiedlichen Organisationsstatut der Gesellschaften geschuldet sind – gleichlaufend sind.

B. Beschränkung und Grenzen der Vertretungsbefugnis in der GmbH und der AS

Der folgende Abschnitt beschäftigt sich mit den gesetzlich vorgesehenen Grenzen der Vertretung in der GmbH und der AS. Hierbei werden insbesondere das Verbot des Selbstkontrahierens sowie die Fallgruppe des Missbrauchs der Vertretungsmacht untersucht.

I. Beschränkung und Grenzen der Vertretungsbefugnis in der GmbH

Wie bereits festgestellt, ist die Vertretungsmacht des Geschäftsführers unbeschränkt und unbeschränkbar.[712] Dennoch erfährt die organschaftliche Vertretungsmacht auch ihre Grenzen.

1. Das Verbot des Selbstkontrahierens

Der Geschäftsführer unterliegt zum einen dem Verbot des Selbstkontrahierens. Das Verbot des Selbstkontrahierens folgt nicht aus dem GmbH-Recht selbst, sondern ist in § 181 BGB gesetzlich kodifiziert. Danach sind In-sich-Geschäfte

712 Siehe S. 113.

grundsätzlich unzulässig. Unter einem In-sich-Geschäft versteht man, dass niemand mit sich selbst zugleich im Namen eines Dritten ein Rechtsgeschäft vornehmen darf, sog. Verbot des Selbstkontrahierens.[713] Ferner fällt hierunter auch der Fall, dass der Handelnde für die am Rechtsgeschäft beteiligten Seiten jeweils als Vertreter handelt, sog. Verbot der Mehrfachvertretung.[714] Das Verbot gilt nicht nur für rechtsgeschäftlich Bevollmächtigte, sondern auch bei den organschaftlich bestellten Geschäftsführern der GmbH.[715]

Ein Verstoß gegen § 181 BGB führt nicht zur Nichtigkeit des Rechtsgeschäfts, sondern hat die schwebende Unwirksamkeit des abgeschlossenen Rechtsgeschäfts gemäß § 177 Abs. 1 BGB zur Folge.[716] Durch Genehmigung der Gesellschafterversammlung in analoger Anwendung des § 46 Nr. 5 GmbHG oder durch eine vertretungsbefugte Anzahl an Geschäftsführern wird das Rechtsgeschäft wirksam und die Gesellschaft muss dieses Rechtsgeschäft gegen sich wirken lassen.[717]

Für den Fall, dass die GmbH jedoch aus dem Geschäft lediglich einen rechtlichen Vorteil zieht, wird § 181 teleologisch mit der Folge reduziert, dass die Beschränkung des § 181 BGB nicht gilt.[718] Eine weitere gesetzliche Ausnahme vom Verbot des In-sich-Geschäfts liegt vor, wenn es ausschließlich um die Erfüllung einer Verbindlichkeit geht, vgl. § 181 BGB. Bei beiden Geschäften besteht nicht die Gefahr eines Interessenkonflikts des Geschäftsführers, der eventuell zum Nachteil der Gesellschaft gelöst würde.

Der Geschäftsführer kann jedoch auch von den Beschränkungen des § 181 BGB befreit werden. Diese Beschränkung kann generell durch eine entsprechende Regelung in der Satzung oder durch eine in der Satzung angelegte

---

713 *Mansel*, in Jauernig, BGB, § 181 Rn. 4; *Lenz*, in Michalski, GmbHG, § 35 Rn. 84; Jaeger/*Stephan/Tieves*, in MüKo, GmbHG, § 35 Rn. 174; *Schilken*, in Staudinger, BGB, § 181 Rn. 10.

714 Jaeger/*Stephan/Tieves*, in MüKo, GmbHG, § 35 Rn. 174.

715 *Stephan/Tieves*, in MüKo, GmbHG, § 35 Rn 174 f.; *Uwe H. Schneider/Sven H. Schneider*, in Scholz, GmbHG, § 35 Rn. 133; *Trölitzsch*, in Oppenländer/Trölitzsch, GmbH-Geschäftsführung, § 17, Rn. 12.

716 *Lenz*, in Michalski, GmbHG, § 35 Rn. 86; *Stephan/Tieves*, in MüKo, GmbHG, § 35 Rn 196; *Uwe H. Schneider/Sven H. Schneider*, in Scholz, GmbHG, § 35 Rn. 140; *Wegmann*, DStR 1992, 866, 867.

717 *Lenz*, in Michalski, GmbHG, § 35 Rn. 86; *Stephan/Tieves*, in MüKo, GmbHG, § 35 Rn 198; *Uwe H. Schneider/Sven H. Schneider*, in Scholz, GmbHG, § 35 Rn. 1140; *Wegmann*, DStR 1992, 866, 867.

718 BGHZ 59, 236, 240f.; *Lenz*, in Michalski, GmbHG, § 35 Rn 87; *Stephan/Tieves*, in MüKo, GmbHG, § 35 Rn. 177; *Uwe H. Schneider/Sven H. Schneider*, in Scholz, GmbHG, § 35 Rn. 142.

Befreiungsmöglichkeit festgesetzt werden.[719] Der Geschäftsführer wird dann durch Beschluss des für die Bestellung zuständigen Organs von den Pflichten des § 181 BGB entbunden.[720] Auch ohne Regelung in der Satzung kann durch Gesellschafterbeschluss jederzeit die Befreiung für ein einzelnes, konkret bestimmtes Rechtsgeschäft erteilt werden.[721]

2. Missbrauch der Vertretungsmacht

Wie bereits gezeigt, ist die Vertretungsbefugnis des Geschäftsführers grundsätzlich unbeschränkt und unbeschränkbar, so dass außenstehende Dritte interne Beschränkungen nicht gegen sich gelten lassen müssen. Dies soll jedoch nicht gelten, wenn die Voraussetzungen der Grundsätze zum Missbrauch der Vertretungsmacht vorliegen, welche aus dem Grundgedanken des § 242 BGB entwickelt worden sind.[722] Danach kann ein Rechtsgeschäft, das ein Geschäftsführer im Rahmen seiner Vertretungsmacht, aber unter Missachtung des rechtlichen Dürfens im Innenverhältnis gegenüber dem Vertretenen, tätigt, ausnahmsweise unwirksam oder nichtig sein.[723] Unter den Oberbegriff des Missbrauchs der Vertretungsmacht werden drei Fallgruppen gefasst.

Ein Missbrauch der Vertretungsmacht liegt zunächst vor, wenn der Geschäftsführer mit einem Dritten in schädigender Absicht zu Lasten der Gesellschaft zusammenwirkt, sog. Kollusion.[724] Umstritten ist, ob ein derartiges Rechtsgeschäft nach § 138 Abs. 1 BGB nichtig oder lediglich schwebend unwirksam ist.[725] Die

719 *Uwe H. Schneider/Sven H. Schneider*, in Scholz, GmbHG, § 35 Rn. 143; *Wegmann*, DStR 1992, 866, 867.

720 *Lenz*, in Michalski, GmbHG, § 35 Rn. 88; *Uwe H. Schneider/Sven H. Schneider*, in Scholz, GmbHG, § 35 Rn. 143 f.; *Oetker*, in Henssler/Strohn, Gesellschaftsrecht, § 35 GmbHG Rn. 61.

721 *Lenz*, in Michalski, GmbHG, § 35 Rn. 86; *Trölitzsch*, in Oppenländer/Trölitzsch, GmbH-Geschäftsführung, § 17, Rn. 14; *Wegmann*, DStR 1992, 866, 867.

722 *Schramm*, in MüKo, BGB, § 164 Rn. 106; *Altmeppen*, in Roth/Altmeppen, GmbHG § 37 Rn. 38.

723 *Zöllner/Noack*, in Baumbach/Hueck, GmbHG, § 37 Rn. 43 f.; *Fichtelmann/Schmitt*, in Heidelberger Kommentar GmbHG, § 37 Rn. 39; *Altmeppen*, in Roth/Altmeppen, GmbHG § 37 Rn. 40.

724 BGH, NZG 2004, 139, 140; *Koppensteiner*, in Rowedder/Schmidt-Leithoff, GmbHG, § 37 Rn. 54; *Uwe H. Schneider/Sven H. Schneider*, in Scholz, GmbHG, § 35 Rn. 188 f.; *Wegmann*, DStR 1992, 866, 868.

725 BGH, NJW 1968, 1379, 1380; *Zöllner/Noack*, in Baumbach/Hueck, GmbHG, § 35 Rn. 160; *Fleischer*, NZG 2005, 529, 530.

wohl überwiegende Ansicht geht von einer schwebenden Unwirksamkeit aus, so dass das Rechtsgeschäft nach § 177 BGB genehmigt werden kann.[726]

Ebenso wie der Fall der Kollusion wird der Fall behandelt, dass das durch den Geschäftsführer abgeschlossene Rechtsgeschäft für die Gesellschaft nachteilig ist, der Geschäftsführer bewusst zum Nachteil der vertretenen GmbH gehandelt hat und der Dritte diesen Umstand kannte.[727] Hierbei muss die Schädigungsabsicht des Geschäftsführers dem Dritten bekannt sein oder sich ihm zumindest bewusst aufgedrängt haben.[728] Auch hier finden die Regelungen des Vertreters ohne Vertretungsmacht Anwendung, §§ 177 ff. BGB, so dass auch dieses Rechtsgeschäft genehmigt werden kann.[729]

Ein dritter Fall des Missbrauchs der Vertretungsmacht kann vorliegen, wenn ein Geschäftsführer eine Willenserklärung unter Verletzung der internen Zuständigkeitsordnung abgibt und somit objektiv pflichtwidrig handelt.[730] Dies ist der Fall, wenn das Rechtsgeschäft mit dem Gegenstand des Unternehmens oder dem Gesellschaftszweck nicht zu vereinbaren ist oder satzungsmäßige Beschränkungen, wie etwa ein Zustimmungsvorbehalt oder Weisungsrecht der Gesellschafterversammlung oder eines Beirats, verletzt werden.[731] Subjektiv wird auf Tatbestandsseite gefordert, dass für den an dem Rechtsgeschäft beteiligten Dritten die objektive Pflichtverletzung des Geschäftsführers bekannt ist oder sich ihm aufdrängen und erkennbar auf der Hand liegen muss.[732] Nicht erforderlich soll dagegen sein, dass der Gesellschaft objektiv ein Schaden entstanden ist.[733] Der Geschäftsführer selbst muss hierbei auch nicht mit Schädigungsabsicht gehandelt

---

726 *Zöllner/Noack,* in Baumbach/Hueck, GmbHG, § 35 Rn. 160; *Lenz,* in Michalski, GmbHG, § 35 Rn. 40; *Roth,* in Roth/Altmeppen, GmbHG, § 37 Rn. 44; *Uwe H. Schneider/Sven H. Schneider,* in Scholz, GmbHG, § 35 Rn. 200.

727 OLG Hamm, NZG 2006, 827, 828; *Zöllner/Noack,* in Baumbach/Hueck, GmbHG, § 37 Rn. 46; *Altmeppen,* in Roth/Altmeppen, GmbHG, § 37 Rn. 44; *Uwe H. Schneider/Sven H. Schneider,* in Scholz, GmbHG, § 35 Rn. 194.

728 *Altmeppen,* in Roth/Altmeppen, GmbHG, § 37 Rn. 40; *Uwe H. Schneider/Sven H. Schneider,* in Scholz, GmbHG, § 35 Rn. 194.

729 *Zöllner/Noack,* in Baumbach/Hueck, GmbHG, § 37 Rn. 50.

730 *Uwe H. Schneider/Sven H. Schneider,* in Scholz, GmbHG, § 35 Rn. 190.

731 *Kleindiek,* in Lutter/Hommelhoff, GmbHG, § 35 Rn. 23; *Altmeppen,* in Roth/Altmeppen, GmbHG, § 37 Rn. 40 f.; *Uwe H. Schneider/Sven H. Schneider,* in Scholz, GmbHG, § 35 Rn. 190; *Wegmann,* DStR 1992, 866, 868.

732 BGH, GmbHR 2006, 876, 877; *Uwe H. Schneider/Sven H. Schneider,* in Scholz, GmbHG, § 35 Rn. 194; *Wegmann,* DStR 1992, 866, 868; *Fleischer,* NZG 2005, 529, 530.

733 BGH, GmbHR 2006, 876, 877; *Uwe H. Schneider/Sven H. Schneider,* in Scholz, GmbHG, § 35 Rn. 190; *Wegmann,* DStR 1992, 866, 868.

haben.[734] Eine derart abgegebene oder entgegengenommene Willenserklärung ist schwebend unwirksam nach § 177 ff. BGB, so dass sie zunächst nicht für oder gegen die Gesellschaft wirkt.[735] Die Willenserklärung kann von den Gesellschaftern oder den übrigen Geschäftsführern innerhalb ihrer Vertretungsmacht durch Erklärung gegenüber dem Dritten oder dem pflichtwidrig handelnden Geschäftsführer genehmigt werden.[736]

3. *Weitere gesetzliche Beschränkungen*

Nicht umfasst von der Vertretungsmacht des Geschäftsführers sind etwa Willenserklärungen hinsichtlich einer Satzungsänderung oder der Aufnahme neuer Gesellschafter sowie solche Willenserklärungen, die die Organisation und die Grundlagen der Gesellschaft betreffen.[737] Ebenfalls steht dem Geschäftsführer keine Vertretungsmacht zu, wenn die Vornahme des Rechtsgeschäfts in den Kompetenzbereich eines anderen Gesellschaftsorgans fällt.[738] Bei Prozessen gegen die Geschäftsführer nach § 46 Nr. 8 GmbHG ist zudem die Bestellung eines besonderen Prozessvertreters durch die Gesellschafterversammlung erforderlich.[739]

II. *Beschränkung und Grenzen der Vertretungsbefugnis in der AS*

1. *Das Verbot des Selbstkontrahierens*

Auch im norwegischen Recht gilt das Verbot des Selbstkontrahierens, wonach niemand mit sich selbst zugleich im Namen eines Dritten ein Rechtsgeschäft vornehmen darf.[740] Ausdrücklich ist dies jedoch nicht geregelt. Das Verbot wird zum einen aus dem Rechtsgedanken des § 6-27 Abs. 1 Asl hergeleitet, wonach ein Mitglied des Verwaltungsrats nicht an der Beschlussfassung über Angelegenheiten mitwirken kann, die für ihn oder für ihm nahestehende Personen von derartiger

734 BGH, NJW 2006, 2776, 2776; *Kleindiek*, in Lutter/Hommelhoff, GmbHG, § 35 Rn. 23; *Uwe H. Schneider/Sven H. Schneider*, in Scholz, GmbHG, § 35 Rn. 190; *Wegmann*, DStR 1992, 866, 868.

735 *Kleindiek*, in Lutter/Hommelhoff, GmbHG, § 35 Rn. 22; *Fichtelmann/Schmitt*, in Heidelberger Kommentar GmbHG, § 37 Rn. 40; *Uwe H. Schneider*, in Scholz, GmbHG, § 35 Rn. 139; *Wegmann*, DStR 1992, 866, 868.

736 *Kleindiek*, in Lutter/Hommelhoff, GmbHG, § 35 Rn. 22; *Fichtelmann/Schmitt*, in Heidelberger Kommentar GmbHG, § 37 Rn. 40; *Uwe H. Schneider*, in Scholz, GmbHG, § 35 Rn. 132; *Wegmann*, DStR 1992, 866, 868.

737 *Oetker*, in Henssler/Strohn, Gesellschaftsrecht, § 35 GmbHG Rn. 40.

738 *Oetker*, in Henssler/Strohn, Gesellschaftsrecht, § 35 GmbHG Rn. 41 f.

739 *Trölitzsch*, in Oppenländer/Trölitzsch, GmbH-Geschäftsführung, § 17, Rn. 2.

740 *Mathisen*, TFF 2003, 316, 356.

Bedeutung sind, dass davon auszugehen ist, dass ein persönliches oder wirtschaftliches Eigeninteresse vorhanden ist. Zum anderen wird das Verbot aus der allgemeinen Loyalitäts- und Treuepflicht gegenüber der Gesellschaft abgeleitet, so dass die Mitglieder der geschäftsführenden Organe in der AS nicht die Gesellschaft bei Abschluss eines Rechtsgeschäfts vertreten dürfen, wenn sie selbst an dem Geschäft als Vertragspartner beteiligt sind.[741] Ferner fällt hierunter auch der Fall, dass das handelnde Mitglied der geschäftsführenden Organe für die am Rechtsgeschäft beteiligten Seiten jeweils als Vertreter handelt; dies betrifft das sog. Verbot der Mehrfachvertretung.[742]

Das Aksjeloven selbst sieht keine Rechtsfolgen eines unter einem derartigen Verstoß zustande gekommenen Rechtsgeschäfts vor. Ebenso wenig enthält das Avtaleloven (Avtl)[743] eine entsprechende Regelung hierzu, so dass auf allgemeine Rechtsgrundsätze zurückgegriffen werden muss. Hier sind insbesondere die §§ 10, 20, 33 Avtl sowie § 36 Avtl heranzuziehen, wobei vorliegend dahinstehen kann, ob die Regelungen des Avtaleloven direkt oder lediglich analog auf gesellschaftsrechtliche Sachverhalte angewendet werden kann.[744] Aufgrund der bestehenden Vertrauensbeziehung zwischen den Mitgliedern der geschäftsführenden Organe und der Gesellschaft schulden das einzelne Mitglied des Verwaltungsrats sowie der Geschäftsleiter der Gesellschaft eine umfassende Treuepflicht. Aus dem Zusammenspiel mit § 6-27 Asl und dem auch in dieser Vorschrift zum Ausdruck kommenden Prinzip, dass eigene persönliche oder wirtschaftliche Interessen an einem Vertragsschluss nicht zu Lasten der Gesellschaft gehen dürfen, muss daher davon ausgegangen werden, dass ein derartig zustande gekommenes Rechtsgeschäft durch die Gesellschaft angefochten werden kann, sofern sich nicht nachweisen lässt, dass ein Interessenkonflikt im konkreten Fall nicht bestand. Für diese Annahme spricht ebenso, dass in den Auffangtatbeständen der §§ 6-30 und 6-33 Asl zum Ausdruck kommt, dass eine Willenserklärung, die eine Partei bei Abschluss eines Rechtsgeschäfts unangemessen benachteiligt bzw. gegen Treu und Glauben verstößt, nicht bindet bzw. aufgehoben werden kann.[745]

---

741 *Mathisen*, TFF 2003, 316, 356.

742 *Mathisen*, TFF 2003, 316, 320.

743 Lov om avslutning av avtaler, om fullmagt og om viljeserklæringer vom 31.05.1918 (Gesetz über den Vertragsschluss, Vollmachten und Willenserklärungen).

744 *Hov*, in Norsk Lovkommentar, Avtaleloven, § 10 Rn. 43; siehe zur Diskussion der Anwendbarkeit des Avtaleloven auf gesellschaftsrechtliche Sachverhalte insbesondere auch *Woxholth*, JV 1993, 149, 149 ff.

745 *Hov*, in Norsk Lovkommentar, Avtaleloven, § 33 Rn. 114 f.; *Ders.*, ebda, § 36 Rn. 130 f.

2. *Missbrauch der Vertretungsmacht*

Das norwegische Aksjeloven regelt in § 6-33 die Voraussetzungen und die damit einhergehenden Rechtsfolgen einer Überschreitung des rechtlichen Dürfens im Innenverhältnis gegenüber dem rechtlichen Können im Außenverhältnis bei Abschluss eines Rechtsgeschäftes mit einem Dritten. Gemäß § 6-33 Asl wird die Gesellschaft bei Abschluss eines Rechtsgeschäfts, das ein nach §§ 6-30, 6-31 Abs. 1 sowie § 6-32 Asl Vertretungsberechtigter unter Überschreitung der internen Kompetenzen abschließt, grundsätzlich verpflichtet. Dies gilt nur dann nicht, wenn die Gesellschaft darlegen kann, dass der Dritte die Überschreitung kannte oder hätte kennen müssen und es außerdem gegen das Gebot aus Treu und Glauben verstoßen würde, an dem Rechtsgeschäft festzuhalten, vgl. § 6-33 Asl.

Ein solcher Fall des § 6-33 Asl kann vorliegen, wenn der Vertretungsberechtigte ein Rechtsgeschäft unter Verletzung der internen Zuständigkeitsregelung abgeschlossen hat. Dies kann eine Überschreitung seiner durch Gesetz eingeräumten Entscheidungskompetenz sein oder der Verstoß gegen Beschlüsse und Weisungen eines ihm übergeordneten Organs.[746] Zudem findet § 6-33 Asl Anwendung, wenn aufgrund einer nach § 6-31 Asl erteilten Vollmacht der Geschäftsleiter außerhalb der im aufgrund seiner organschaftlich zustehenden Vertretungsmacht, die sich nach § 6-32 Asl lediglich auf die ihm auch im Innenverhältnis zustehende laufende Geschäftsführung beschränkt, ein Rechtsgeschäft abschließt, ohne dass der Verwaltungsrat hierzu intern einen entsprechenden Beschluss gefasst hat, durch den die Vertretungshandlung auch im Innenverhältnis gedeckt wäre.[747] Sofern der Dritte diese Überschreitung positiv kannte oder hätte erkennen müssen, ist die Gesellschaft nicht an das Rechtsgeschäft gebunden.

Eine weitere Fallgruppe des Missbrauchs der Vertretungsmacht liegt vor, wenn die vertretungsberechtigten Organe der Gesellschaft ein Rechtsgeschäft auf Kosten der Gesellschaft und zu Gunsten eines Dritten gemäß § 6-28 Abs. 1 Asl abschließen.[748] Grundsätzlich bindet auch ein solches trotz Überschreitung der Vertretungsmacht abgeschlossenes Rechtsgeschäft die Gesellschaft, sofern der Dritte keine Kenntnis hatte oder hätte haben können sowie nicht bösgläubig ist.[749].

---

746 *Aarbakke*, Aksjeloven & allmenaksjeloven, § 6-33 Rn. 1.1; *Bråthen*, S. 151; *Mörsdorf*, RIW 2012, 211, 222.

747 *Aarbakke*, Aksjeloven & allmenaksjeloven, § 6-33 Rn. 1.2; *Woxholth*, Selskapsrett, S. 235; *Norheim*, NTS 2003, 382, 391 f.

748 Rt. 1995, S. 1026; *Aarbakke*, Aksjeloven & allmenaksjeloven, § 6-33 Rn. 1.11; *Eriksrud*, TFF 1995, 76, 78 f.

749 *Aarbakke*, Aksjeloven & allmenaksjeloven, § 6-33 Rn. 1.1; *Woxholth*, Avtalerett, S. 238; *Norheim*, NTS 2003, 382, 390 f.

Sofern der Dritte jedoch Kenntnis von schädigenden Umständen des Rechtsgeschäfts hatte, wird die Gesellschaft nicht an das Rechtsgeschäft gebunden und dieses ist grundsätzlich unwirksam.

Für diesen Fall des kollusiven Zusammenwirkens zwischen dem Vertreter der Gesellschaft und dem Dritten besteht jedoch nach höchstrichterlicher Rechtsprechung ein aus der Vorschrift des § 6-33 Asl im Einzelfall bestehendes abgeleitetes Änderungs- bzw. Anpassungsrecht dahingehend, dass die mit dem Abschluss des Rechtsgeschäfts verbundene, für die Gesellschaft nachteilige Regelung derart angepasst werden kann, dass der Nachteil ausgeglichen wird bzw. verschwindet und die Gesellschaft somit das Rechtsgeschäft gegen sich wirken lassen kann.[750] Im konkret vom Gericht entschiedenen Fall ging es um die Anpassung eines Mietvertrags mit einer Laufzeit von 99 Jahren auf 25 Jahre, wobei insbesondere die Mietkonditionen für die eine Vertragspartei von erheblichen wirtschaftlichen Nachteilen waren.[751]

3. Weitere gesetzliche Beschränkungen

§ 6-33 findet jedoch keine Anwendung auf Rechtsgeschäfte, bei denen das Aksjeloven eine spezielle Rechtsfolge für eine Überschreitung der Vertretungsmacht, etwa die Unwirksamkeit, ausdrücklich normiert. Die Unwirksamkeit sieht etwa § 9-7 Abs. 1 Satz 1 Asl bei einem Verstoß gegen die Regelungen zum Erwerb eigener Anteile durch die Gesellschaft vor. Ebenso wenig findet § 6-33 Anwendung, wenn bei der Vertretung gegen die zwingenden Regelungen hinsichtlich der Organzuständigkeit verstoßen worden ist.[752] Dies ist etwa der Fall, wenn der Beschluss bzw. das Rechtsgeschäft von Gesetzes wegen von der Gesellschafterversammlung getroffen werden muss oder deren Zustimmung bedarf, die im konkreten Fall nicht vorlag. Dies hat zur Folge, dass die Gesellschaft aus den derart zustande gekommenen Rechtsgeschäften nicht verpflichtet wird.[753]

---

750 Rt. 1995, S. 1026; *Aarbakke*, Aksjeloven & allmenaksjeloven, § 6-33 Rn. 1.11.

751 Rt. 1995, S. 1026; *Aarbakke*, Aksjeloven & allmenaksjeloven, § 6-33 Rn. 1.11; *Eriksrud*, TFF 1995, 76, 76 f.

752 *Aarbakke*, Aksjeloven & allmenaksjeloven, § 6-33 Rn. 1.4; *Bråthen*, S. 151; *Mörsdorf*, RIW 2012, 211, 222.

753 *Aarbakke*, Aksjeloven & allmenaksjeloven, § 6-33 Rn. 1.4; *Bråthen*, S. 151; *Mörsdorf*, RIW 2012, 211, 222.

III. Rechtsvergleichende Analyse

Anders als der deutsche Gesetzgeber in § 181 BGB hat der norwegische Gesetzgeber keine ausdrückliche gesetzliche Normierung des Verbots des Selbstkontrahierens vorgenommen. Dennoch kennt auch das norwegische Recht das Verbot des Selbstkontrahierens sowie das Verbot der Mehrfachvertretung.[754] Sofern diese Fallgruppen bei Rechtsgeschäften mit einem gesellschaftsrechtlichen Zusammenhang auftreten, werden diese im norwegischen Recht insbesondere aus den die geschäftsführenden Organe gegenüber der Gesellschaft treffenden Loyalitäts- und Treuepflichten sowie dem Verbot, eigene Interessen oder die nahestehender Dritter vor die Interessen der Gesellschaft zu stellen, abgeleitet.

Sofern das Rechtsgeschäft für die Gesellschaft lediglich rechtlich vorteilhaft ist, sieht das deutsche Recht eine teleologische Reduktion des § 181 BGB vor. Dies hat zur Folge, dass die Gesellschaft wirksam verpflichtet wird. Begründet wird dies damit, dass in diesem Fall nicht die Gefahr eines Interessenkonflikts zwischen Gesellschaftsinteresse und dem Interesse der vertretungsberechtigten Person besteht. Eine entsprechende Wertung lässt sich auch dem norwegischen Recht entnehmen, da, wie gezeigt, das Verbot des In-sich-Geschäfts gerade auch mit dem Vorliegen eines derartigen Interessenkonflikts begründet wird.

Hinsichtlich der mit einem derartigen Rechtsverstoß einhergehenden Rechtsfolgen schweigt das norwegische Recht. Aus einer Gesamtschau der Regelungen des Aksjeloven und des Avtaleloven lässt sich jedoch ebenso wie im deutschen Recht die schwebende Unwirksamkeit des Rechtsgeschäfts bis zur Genehmigung durch die Gesellschaft bzw. das hierfür zuständige Organ feststellen.

Die Untersuchung der Grundsätze des Missbrauchs der Vertretungsmacht hat gezeigt, dass ein wesentlicher Unterschied hinsichtlich der Rechtsfolgen der behandelten Fallgruppen zwischen dem deutschen und dem norwegischen Recht besteht. Grundsätzlich sieht das norwegische Aksjeloven bei einem Missbrauch der Vertretungsmacht die Bindung an das abgeschlossene Rechtsgeschäft als Rechtsfolge vor, sofern es der Gesellschaft nicht gelingt darzulegen, dass der Dritte die Überschreitung kannte oder hätte kennen müssen und ein Festhalten am Rechtsgeschäft gegen Treu und Glauben verstoßen würde. Demgegenüber hängt nach den allgemeinen Vorschriften des BGB zur Wirkung der Vertretung ohne Vertretungsmacht gemäß § 177 BGB die Wirksamkeit des Rechtsgeschäft von der Genehmigung des Vertretenen ab, und bis zu dieser ist das Rechtsgeschäft schwebend unwirksam. Bei einer Verweigerung der Genehmigung des Rechtsgeschäfts wird die Gesellschaft daher grundsätzlich nicht gebunden.

754 Siehe hierzu die Ausführungen bei S. 131.

Eine Besonderheit besteht bei der Rechtsfolge im Fall des kollusiven Zusammenwirkens im norwegischen Aksjeloven. Wie bereits gezeigt, kann ein im Einzelfall bestehendes Anpassungsrecht aus § 6-33 Asl abgeleitet werden, wenn hierdurch der Nachteil ausgeglichen werden kann, den die Gesellschaft durch das kollusive Zusammenwirken zwischen ihrem Vertreter und dem Dritten erlitten hat.[755] Ob sich dies auch auf die weiteren Fallkonstellationen nach § 6-33 Asl mit der Folge einer Anerkennung eines allgemeinen Anpassungsrechts zum Schutze der Gesellschaft gegen die Wirkungen des abgeschlossenen Rechtsgeschäfts auswirkt, kann derzeit nicht abschließend beurteilt werden.

755 Hierzu bereits ausführlich S. 132.

Kapitel 5 Weitere Pflichten der Geschäftsführungsorgane

Im vorangegangenen Kapitel wurden mit der Geschäftsführung sowie der Vertretung der Gesellschaft die Hauptpflichten der geschäftsführenden Organe untersucht. Im Folgenden werden weitere wesentliche Pflichten der Geschäftsführungsorgane in der GmbH und der AS, die sowohl aus dem Organ- als auch aus dem Anstellungsverhältnis sowie aus einem Zusammenspiel beider resultieren können, den Schwerpunkt der Untersuchung bilden. Die folgenden Pflichten greifen oft ineinander und bedingen sich wechselseitig. Dennoch wird versucht, anhand der vorgenommen Unterteilung jede der folgenden Pflichten der Übersicht halber einzeln darzustellen.

A. Pflichten des Geschäftsführers sowie der Beiratsmitglieder

Die nachfolgenden Pflichten des Geschäftsführers bzw. der Beiratsmitglieder können sowohl gegenüber der Gesellschaft als auch gegenüber anderen Organen oder Dritten bestehen.

I. Pflicht zur ordnungsgemäßen Unternehmensleitung

Gemäß § 43 Abs. 1 GmbHG haben die Geschäftsführer – vice versa die Mitglieder des Beirats gemäß §§ 43, 93 GmbHG, 116 AktG analog – in den Angelegenheiten der Gesellschaft die Sorgfalt eines ordentlichen Geschäftsmannes anzuwenden.[756] Die zuvor genannten Normen konkretisieren den Pflichten- und Sorgfaltsmaßstab, an dem sich die Pflicht zur ordnungsgemäßen Unternehmensleitung messen lassen muss.[757] Dies bedeutet, dass die Mitglieder der Geschäftsführungsorgane gegenüber der Gesellschaft zur bestmöglichen Förderung des Gesellschaftszwecks verpflichtet sind, und zwar in allen zentralen unternehmerischen Bereichen.[758] Die Pflicht zur ordnungsgemäßen Geschäftsführung umfasst daneben auch die Verpflichtung zur Einrichtung eines Systems der Risikoüberwachung.[759] Anders als das Aktiengesetz in § 91 Abs. 2 enthält das GmbH-Gesetz jedoch keine ausdrückliche Regelung, ein derartiges Überwachungssystem durch

---

756 *Henssler*, in Henssler/Strohn, Gesellschaftsrecht, § 52 GmbHG Rn. 42; Hirte, S. 119.
757 *Bork*, ZIP 2011, 101, 101 f.; *Huber*, GmbHR 2004, 772, 776.
758 *Kleindiek*, in Lutter/Hommelhoff, GmbHG, § 43 Rn. 12; *Voormann*, S. 146.
759 *Kleindiek*, in Lutter/Hommelhoff, GmbHG, § 43 Rn. 31; *Bork*, ZIP 2011, 101, 104.

die Geschäftsführung einzurichten.[760] Dieses ist dahingehend auszurichten, dass wirtschaftliche und finanzielle Entwicklungen und Risiken, die den Fortbestand der Gesellschaft gefährden könnten, frühzeitig erkannt werden.[761] Die Geschäftsführungsorgane sind daher verpflichtet, für eine Organisation innerhalb der Gesellschaft zu sorgen, die sie in die Lage versetzt, die wirtschaftliche und finanzielle Lage der Gesellschaft jederzeit zu überblicken, Risiken zu erkennen und ggf. Maßnahmen zum Erhalt der Gesellschaft zu ergreifen.[762]

II. Legalitätspflicht

Ferner unterliegen die Mitglieder der Geschäftsführungsorgane ausnahmslos der sog. Legalitätspflicht.[763] Hierunter versteht man die Pflicht, den Gesellschaftszweck unter Einhaltung des Gesetzes, der Satzung und ggf. des durch den Anstellungsvertrag festgesetzten Rahmens zu fördern.[764] Zur Erfüllung der Legalitätspflicht hat der Geschäftsführer bzw. das Beiratsmitglied neben den persönlich an ihn adressierten gesetzlichen Verhaltensanforderungen, etwa im Hinblick auf die Kapitalbindung oder die Insolvenzantragspflicht, auch für die Erfüllung der Anforderungen an die Gesellschaft zu sorgen, die dieser etwa durch das bürgerliche Recht, das Kartellrecht oder weitere öffentlich-rechtliche Vorschriften auferlegt werden.[765] Ferner umfasst die Legalitätspflicht auch die Bindung an innerverbandliche Kompetenzzuteilungen mit der Folge, dass insbesondere die Satzungsregelungen über den Unternehmensgegenstand sowie zu Zuständigkeiten bzw. Zuständigkeitsvorbehalten zu Gunsten von Gesellschaftern, eines Aufsichtsrats oder Beirats eingehalten und befolgt werden müssen.[766]

---

760 *Kleindiek*, in Lutter/Hommelhoff, GmbHG, § 43 Rn. 31; *Leinekugel*, Oppenländer/Trölitzsch, GmbH-Geschäftsführung, § 18, Rn. 8.

761 BGH, NJW-RR 2012, 1122, 1123; *Kleindiek*, in Lutter/Hommelhoff, GmbHG, § 43 Rn. 31; *Leinekugel*, Oppenländer/Trölitzsch, GmbH-Geschäftsführung, § 18, Rn. 8 f.

762 *Kleindiek*, in Lutter/Hommelhoff, GmbHG, § 43 Rn. 31; *Leinekugel*, Oppenländer/Trölitzsch, GmbH-Geschäftsführung, § 18, Rn. 9.

763 *Kleindiek*, in Lutter/Hommelhoff, GmbHG, § 43 Rn. 10; *Leinekugel*, Oppenländer/Trölitzsch, GmbH-Geschäftsführung, § 18, Rn. 6.

764 *Kleindiek*, in Lutter/Hommelhoff, GmbHG, § 43 Rn. 10; *Leinekugel*, Oppenländer/Trölitzsch, GmbH-Geschäftsführung, § 18, Rn. 6.

765 *Kleindiek*, in Lutter/Hommelhoff, GmbHG, § 43 Rn. 12; *Fleischer*, BB 2008, 1070, 1071.

766 *Kleindiek*, in Lutter/Hommelhoff, GmbHG, § 43 Rn. 16; *Fleischer*, in MüKo, GmbHG, § 43 Rn. 26 f.

III. Treuepflicht

Den Mitgliedern der geschäftsführenden Organe obliegt gegenüber der Gesellschaft ferner eine Treuepflicht. Diese ergibt sich zum einen aus ihrer Organstellung und der damit einhergehenden treuhänderischen oder jedenfalls treuhänderähnlichen Stellung.[767] Zum anderen ist sie Pendant zu den weitreichenden Befugnissen, dem Informationsvorsprung und den faktischen Einwirkungsmöglichkeiten, die einem Mitglied der Geschäftsführung *qua* Organstellung zustehen.[768] Die Treuepflicht der zur Geschäftsführung bestellten Personen ist im GmbH-Gesetz zwar nicht ausdrücklich erwähnt, gleichwohl jedoch allgemein anerkannt.[769] Folge der Treuepflicht ist, dass sich die Mitglieder der geschäftsführenden Organe gegenüber dem Unternehmen loyal zu verhalten und die wirtschaftlichen und ideellen Interessen sowie das Vermögen der Gesellschaft zu sichern und zu schützen haben und allein zu deren Wohl handeln sollen.[770] Sie verbietet es ihnen, die Organstellung im eigenen Interesse auszunutzen und sich persönlich zu bereichern.[771] Insbesondere folgt daraus das Verbot, eine sich der Gesellschaft konkret bietende Geschäftschance auf eigene Rechnung zu nutzen.[772]

Bei Vorliegen eines Interessenkonflikts bei der Ausübung seines bzw. ihres Amtes haben der Geschäftsführer sowie die Beiratsmitglieder ferner der Gesellschafterversammlung unverzüglich diesen Interessenkonflikt offenzulegen und ggf. die übrigen Mitgeschäftsführer bzw. die übrigen Beiratsmitglieder in Kenntnis zu setzten.[773] Sofern bei Vorliegen eines derartigen Interessenkonflikts die Gesellschafterversammlung in Kenntnis gesetzt worden ist oder anderweitig hiervon Kenntnis erlangt hat, besteht keine generelle Pflicht der Mitglieder der geschäftsführenden Organe, dahingehend von ihrer Geschäftsführungsbefugnis keinen Gebrauch zu machen. Es steht mithin im Ermessen der Gesellschafter, ob

---

767 *Zöllner/Noack,* in Baumbach/Hueck, GmbHG, § 35 Rn. 38; *Hölters*, S. 38; *Schmolke*, RIW 2008, 365, 369; *Huber*, GmbHR 2004, 772, 776; *Fleischer*, WM 2003, 1045, 1046.

768 *Zöllner/Noack,* in Baumbach/Hueck, GmbHG, § 35 Rn. 38; *Schmolke*, RIW 2008, 365, 371.

769 *Jaeger*, in Oppenländer/Trölitzsch, GmbH-Geschäftsführung, § 18, Rn. 69; *Schmolke*, RIW 2008, 365, 369; *Fleischer*, WM 2003, 1045, 1045.

770 *Zöllner/Noack,* in Baumbach/Hueck, GmbHG, § 35 Rn. 39; *Spindler*, in MüKo, GmbHG, § 52 Rn. 689; *Nießen/Kempermann*, NJW-Spezial 2012, 271, 272.

771 *Kleindiek*, in Lutter/Hommelhoff, GmbHG, § 43 Rn. 19; *Voormann*, S. 151; *Schmolke*, RIW 2008, 365, 369.

772 *Michalski/Funke*, in Michalski, GmbHG, § 13 Rn. 248; *Merkt*, in MüKo, GmbHG, § 13 Rn. 248 ff.

773 *Leinekugel*, in Oppenländer/Trölitzsch, GmbH-Geschäftsführung, § 18, Rn. 69.

sie auf die mögliche Befangenheit der Organmitglieder reagieren und einen Mitgeschäftsführer oder Dritten mit der infrage stehenden Geschäftsführungsmaßnahme betrauen.[774]

IV. Wettbewerbsverbot

Als Folge der Treuepflicht unterliegen die Geschäftsführer sowie die Beiratsmitglieder während der Dauer ihres Amtes aufgrund ihrer Organstellung und der hieraus abzuleitenden Treuepflichten einem allgemeingültigen Wettbewerbsverbot mit der Folge, dass dieses weder durch explizite vertragliche Vereinbarung noch per Satzungsregelung festgesetzt werden muss.[775] Dieses ungeschriebene Wettbewerbsverbot entspricht inhaltlich dem Wettbewerbsverbot des § 112 HGB sowie des § 88 Abs. 1 AktG.[776] Nach § 112 HGB darf ein OHG-Gesellschafter nicht ohne Einwilligung der übrigen Gesellschafter in dem Handelszweig der Gesellschaft Geschäfte machen oder an einer gleichartigen Handelsgesellschaft als persönlich haftender Gesellschafter beteiligt sein. § 88 Abs. 1 AktG besagt, dass die Mitglieder des Vorstands nicht ohne die Einwilligung des Aufsichtsrats ein Handelsgewerbe betreiben oder für eigene oder fremde Rechnung Geschäfte im Geschäftszweig der Gesellschaft abschließen dürfen. Zudem dürfen die Vorstandsmitglieder auch nicht Vorstandsmitglied, Geschäftsführer oder persönlich haftender Gesellschafter in einer anderen Handelsgesellschaft sein. Den Mitgliedern der geschäftsführenden Organe ist es danach untersagt, im Handelszweig der Gesellschaft auf eigene Rechnung Geschäfte zu machen oder sich an einer Gesellschaft im selben Tätigkeitsbereich zu beteiligen.[777] Das Wettbewerbsverbot gilt insofern, als andernfalls durch das Verhalten der Mitglieder der geschäftsführenden Organe schutzwürdige Interessen der Gesellschaft konkret beeinträchtigt werden.[778]

In zeitlicher Hinsicht gilt das Wettbewerbsverbot grundsätzlich für die Dauer der Organstellung.[779] Problematisch ist dagegen die Vereinbarung eines nachträglichen

---

774 *Leinekugel*, in Oppenländer/Trölitzsch, GmbH-Geschäftsführung, § 18, Rn. 69.

775 OLG Oldenburg, NZG 2000, 1038, 1039; *Kleindiek*, in Lutter/Hommelhoff, GmbHG, § 43 Rn. 19; *Schmolke*, RIW 2008, 365, 369; *Rudersdorf*, RNotZ 2011, 509, 518.

776 *Leinekugel*, in Oppenländer/Trölitzsch, GmbH-Geschäftsführung, § 18, Rn. 70; *Armbrüster*, ZIP 1997, 1269, 1278.

777 *Jaeger*, in MüKo, GmbHG, § 35 Rn. 361; *Rudersdorf*, RNotZ 2011, 509, 517; *Armbrüster*, ZIP 1997, 1269, 1276 ff.

778 OLG Oldenburg, NZG 2000, 1038, 1039; *Kleindiek*, in Lutter/Hommelhoff, GmbHG, Anh. zu § 6 Rn. 20; *Rudersdorf*, RNotZ 2011, 509, 518.

779 *Jaeger*, in MüKo, GmbHG, § 35 Rn. 362; *Lohr*, DStR 2002, 2173, 2180; *Rudersdorf*, RNotZ 2011, 509, 517; *Armbrüster*, ZIP 1997, 1269, 1276 ff.

vertraglichen Wettbewerbsverbots, das sowohl in der Satzung als auch im Anstellungsvertrag vereinbart werden kann.[780] Dieses muss in zeitlicher, räumlicher und gegenständlicher Hinsicht auf das notwendige Maß beschränkt bleiben und dem Schutz eines berechtigten geschäftlichen Interesses der Gesellschaft dienen.[781]

V. *Verschwiegenheitspflicht*

Ebenfalls als Ausprägung der Treupflicht treffen jedes Mitglied der Geschäftsführung auch Verschwiegenheitspflichten.[782] Für den Geschäftsführer ergibt sich dies mittelbar aus § 85 Abs. 1 GmbHG, der die unbefugte Offenbarung von Betriebs- und Geschäftsgeheimnissen unter Strafe stellt.[783] Für den Beirat als Organ der Geschäftsführung wird eine derartige Pflicht aus §§ 93 Abs. 1 Satz 2, 116 AktG analog abgeleitet.[784] Danach haben die Mitglieder der Geschäftsführung gegenüber gesellschaftsfremden Dritten über vertrauliche Angaben und Geheimnisse der Gesellschaft Stillschweigen zu bewahren.[785] Geheimnisse der Gesellschaft stellen Tatsachen dar, die nur einem kleinen Personenkreis zugänglich und bekannt sind und die die Gesellschaft im Interesse des Unternehmens geheim halten will.[786] Unter vertraulichen Angaben versteht man Vorgänge und Tatsachen, die zwar nicht geheim, aber von solchem Interesse für die Gesellschaft sind, dass eine Weitergabe für das Unternehmen nachteilig wäre.[787]

B. Pflichten der Verwaltungsratsmitglieder und des Geschäftsleiters

Ebenso wie in der GmbH können die nachfolgend behandelten Pflichten der Verwaltungsratsmitglieder sowie des Geschäftsleiters gegenüber der Gesellschaft sowie gegenüber anderen Organen der Gesellschaft oder Dritten bestehen.

---

780 *Rudersdorf*, RNotZ 2011, 509, 518

781 *Zöllner/Noack*, in Baumbach/Hueck, GmbHG, § 35 Rn. 198; *Leinekugel*, in Oppenländer/Trölitzsch, GmbH-Geschäftsführung, § 18, Rn. 72; *Stück*, GmbHR 2006, 1009, 1014.

782 *Hirte*, S. 123; *Hölters*, S. 39; *Voormann*, S. 155.

783 *Hirte*, S. 123; *Stück*, GmbHR 2006, 1009, 1014; *Armbrüster*, ZIP 1997, 1269, 1276.

784 *Lutter*, in Lutter/Hommelhoff, GmbHG, § 52 Rn. 25; *Spindler*, in MüKo, GmbHG, § 52 Rn. 691; *Voormann*, S. 155.

785 *Kleindiek*, in Lutter/Hommelhoff, GmbHG, § 43 Rn. 20; *Giedinghagen*, in Michalski, GmbHG, § 52 Rn. 414, *Huber*, GmbHR 2004, 772, 776; *Nießen/Kempermann*, NJW-Spezial 2012, 271, 272

786 *Voormann*, S. 155.

787 *Voormann*, S. 155.

I. *Pflicht zur ordnungsgemäßen Unternehmensleitung*

Das jeweilige Geschäftsführungsorgan hat innerhalb seines Zuständigkeitsbereichs eine generelle Pflicht zur Wahrung der Interessen der Gesellschaft.[788] Diese Pflicht umfasst vor allem, die Interessen der Gesellschaft auf aktive Art und Weise zu wahren und auf bestmögliche Weise den Gesellschaftszweck zu fördern.[789] Ferner entwächst aus der Pflicht zur ordnungsgemäßen Unternehmensleitung eine Pflicht dahingehend, dass das Verwaltungsratsmitglied es zu unterlassen hat, Interessen Dritter zu Lasten der Gesellschaft wahrzunehmen bzw. diese vor die Interessen der Gesellschaft zu stellen.[790] Eine Konkretisierung erfährt diese Pflicht durch § 6-28 Abs. 1 Asl, dem zufolge einzelnen Gesellschaftern oder Dritten auf Kosten der Gesellschaft oder der anderen Gesellschafter keine Vorteile eingeräumt werden dürfen.[791]

Gemäß § 6-12 Abs. 3 Asl hat der Verwaltungsrat die Pflicht, sich über die finanzielle Situation der Gesellschaft ständig informiert zu halten. Hierbei hat er sich auch über den Markt im Allgemeinen und dessen Entwicklung sowie über Konkurrenzunternehmen zu informieren. Zudem obliegt es ihm, die finanzielle Ausstattung der Gesellschaft zu überwachen und entsprechende Maßnahmen vorzunehmen, die eine ausreichende finanzielle Versorgung sicherstellen.[792] Hierzu hat er in der Gesellschaft ein funktionierendes Reportingsystem zu installieren, das es den Verwaltungsratsmitgliedern ermöglicht, ihren Informations- und Kontrollpflichten nachzukommen.[793] Die Pflicht zur ordnungsgemäßen Verwaltung der Gesellschaft in finanzieller Hinsicht umfasst insbesondere auch die Kontrolle darüber, dass das Gesellschaftskapital in einem angemessenen Verhältnis zum eingegangenen Risiko der Gesellschaft steht.[794]

II. *Legalitätspflicht*

Die Mitglieder der geschäftsführenden Organe in der AS unterliegen zudem der Legalitätspflicht. Diese ist für den Verwaltungsrat und den Geschäftsleiter ausdrücklich konkretisiert in § 6-28 Abs. 2 Asl. Demnach darf der Verwaltungsrat

---

788 *Andenæs*, Aksjeselskaper & Allmennaksjeselskaper, Kap. 27, Rn. 27.2.1; *Granden*, S. 112.

789 *Andenæs*, Aksjeselskaper & Allmennaksjeselskaper, Kap. 27, Rn. 27.2.1.

790 *Andenæs*, Aksjeselskaper & Allmennaksjeselskaper, Kap. 27, Rn. 27.2.1.

791 *Andenæs*, Aksjeselskaper & Allmennaksjeselskaper, Kap. 27, Rn. 27.2.1.

792 *Aarbakke*, Aksjeloven & allmenaksjeloven, § 6-12 Rn. 3.1.

793 *Aarbakke*, Aksjeloven & allmenaksjeloven, § 6-12 Rn. 3.2.

794 *Aarbakke*, Aksjeloven & allmenaksjeloven, § 6-12 Rn. 3.1 f.

sowie der Geschäftsleiter keinen Beschlüssen der Gesellschafterversammlung oder eines anderen Organs Folge leisten, wenn diese gegen die Satzung und/oder das Gesetz verstoßen. Die Legalitätspflicht beschränkt sich jedoch nicht nur auf gesellschaftsrechtliche Beschlüsse oder Weisungen, sondern bezieht sich grundsätzlich auf alle gegen geltendes Recht verstoßenden Beschlüsse, wie beispielsweise Verstöße gegen arbeitsrechtliche, wertpapierhandelsrechtliche oder börsenrechtliche Bestimmungen.[795] Auch wenn sich der Wortlaut des § 6-28 Abs. 2 Asl lediglich auf den Verwaltungsrat und den Geschäftsleiter bezieht, gilt die Legalitätspflicht auch für die weiteren Gesellschaftsorgane.[796]

III. Treuepflicht

Jedes Mitglied des Verwaltungsrats und den Geschäftsleiter trifft eine allgemeine Loyalitäts- und Treuepflicht gegenüber der Gesellschaft.[797] Diese ist im Aksjeloven nicht ausdrücklich normiert, leitet sich aber aus einem allgemein gültigen Gewohnheitsrecht sowie aus einem Zusammenspiel der §§ 6-17 Abs. 1, 6-27 Abs. 1 und Abs. 2, 6-28 Abs. 1 und Abs. 2, 8-6 Asl sowie § 8-7 Abs. 1 Asl ab und ist somit untrennbar mit der Organstellung verknüpft.[798] Von der Treuepflicht umfasst ist, dass die Mitglieder der geschäftsführenden Organe sich gegenüber der Gesellschaft loyal zu verhalten und deren Interessen sowohl wirtschaftlicher als auch ideeller Art zu vertreten haben. Ebenso müssen sie die Vermögensinteressen der Gesellschaft schützen und wahren.[799]

Daraus folgt mitunter das Verbot für die Mitglieder der geschäftsführenden Organe, ihre Stellung in der Gesellschaft auszunutzen, um sich persönliche oder ökonomische Vorteile zu verschaffen.[800] Es ist fraglich, ob die Treuepflicht eine Pflicht der Geschäftsleitung dahingehend mit sich bringt, dass die Chance zum Abschluss eines den Unternehmensgegenstand der Gesellschaft betreffenden Rechtsgeschäfts nur der Gesellschaft zugutekommen darf, oder ob das Verwaltungsratsmitglied bzw. der Geschäftsleiter diese Möglichkeit zum Abschluss eines Geschäfts auch für

---

795 *Aarbakke*, Aksjeloven & allmenaksjeloven, § 6-28 Rn. 2.2; *Andenæs*, Aksjeselskaper & Allmennaksjeselskaper, Kap. 27, Rn. 27.2.2; *Smith Ulseth*, S. 135.

796 *Aarbakke*, Aksjeloven & allmenaksjeloven, § 6-28 Rn. 2.1.

797 *Andenæs*, Aksjeselskaper & Allmennaksjeselskaper, Kap. 27, Rn. 27.2.3.; *Smith Ulseth*, Kap 10, Rn. 10.6 (S. 148).

798 Rt. 1990 607; *Smith Ulseth*, Kap 10, Rn. 10.6 (S. 148).

799 *Andenæs*, Aksjeselskaper & Allmennaksjeselskaper, Kap. 27, Rn. 27.2.3; *Smith Ulseth*, S. 148.

800 *Andenæs*, Aksjeselskaper & Allmennaksjeselskaper, Kap. 27, Rn. 27.2.3; *Smith Ulseth*, S. 148.

sich selbst nutzen darf.[801] Der norwegische Oberste Gerichtshof hat dazu in einer Leitentscheidung festgehalten, dass ein Mitglied des Verwaltungsrats im Allgemeinen verpflichtet ist, eine solche Geschäftsmöglichkeit für die Gesellschaft wahrzunehmen bzw. diese nicht für sich auszunutzen.[802] Wo genau die Grenzen sind, ist jedoch vom Einzelfall abhängig.

Die Loyalitätspflicht geht jedoch nicht so weit, dass das Geschäftsführungsorgan lediglich den Interessen der Gesellschafter entsprechen darf, sondern ist dahingehend einzuschränken, dass unter anderem auch die Interessen der Arbeitnehmer Berücksichtigung finden müssen.[803] Eine besondere Ausgestaltung erfährt die Treuepflicht daraus, dass die Geschäftsführung zwischen Verwaltungsrat und Geschäftsleiter aufgeteilt ist, so dass den Geschäftsleiter auch eine Treuepflicht hinsichtlich der vom Verwaltungsrat eingeschlagenen Unternehmensstrategie bzw. Unternehmensführung trifft, selbst wenn dieser mit der Art und Weise der Unternehmensführung nicht einverstanden ist.[804]

Die Treuepflicht der Geschäftsführungsorgane steht stets im Zusammenspiel mit dem strafrechtlichen Untreuetatbestand mit der Folge, dass ein Verstoß gegen die Loyalitätspflicht nicht nur gesellschaftsrechtliche sondern auch strafrechtliche Konsequenzen nach sich ziehen kann. Ferner ist die Loyalitätspflicht eng mit der in § 6-27 Abs. 1 Asl festgelegten Inhabilität bei Beschlussfassungen verbunden, auch wenn dieses Verbot der Teilnahme an der Beschlussfassung grundsätzlich eher einen präventiven Charakter besitzt.[805] Nach § 6-27 Abs. 1 Asl liegt Inhabilität in der Form von Befangenheit dann vor, wenn die Abstimmung eigene persönliche oder wirtschaftliche Interessen betrifft oder wenn persönliche oder wirtschaftliche Interessen von nahestehenden Dritten, wie zum Beispiel der Ehepartner, Kinder und Geschwister, betroffen sein können.[806] Das Ausnutzen seiner Organstellung zum eigenen Vorteil, sei es persönlicher oder auch wirtschaftlicher Natur, ist somit ein Verstoß gegen die Treuepflicht und zieht in der Regel auch einen Verstoß gegen§ 6-27 Abs. 1 Asl nach sich.[807]

801 *Andenæs*, Aksjeselskaper & Allmennaksjeselskaper, Kap. 27, Rn. 27.2.3.
802 Rt 1932 951.
803 Ot.prp. nr. 36 (1996–1997), S. 71f.
804 *Smith Ulseth*, S. 148.
805 *Haagensen/Lie*, S. 12.
806 *Andenæs*, Aksjeselskaper & Allmennaksjeselskaper, Kap. 27, Rn. 27.1.3.
807 *Andenæs*, Aksjeselskaper & Allmennaksjeselskaper, Kap. 27, Rn. 27.2.3; *Haagensen/Lie*, S. 12.

IV. *Wettbewerbsverbot*

Das Aksjeloven normiert kein ausdrückliches Wettbewerbsverbot für die Mitglieder der geschäftsführenden Organe. Jedoch unterliegen die Verwaltungsratsmitglieder sowie die Geschäftsleiter als Folge der Treuepflicht während der Dauer ihres Amtes aufgrund ihrer Organstellung und der hieraus abzuleitenden Treuepflichten einem allgemeingültigen Wettbewerbsverbot.[808] Dieses findet seinen Ausdruck in einem Zusammenspiel der § 6-17 Asl und 6-27 Asl sowie § 6-28 Asl. Gemäß § 6-17 Abs. 1 Asl dürfen die Mitglieder der Geschäftsführung grundsätzlich von Dritten keine Vergütung bzw. Begünstigung für ihr Tätigwerden beim Abschluss von Rechtsgeschäften zwischen der Gesellschaft und dem Dritten beziehen.[809] Dies soll verhindern, dass sich eventuell im Einzelfall widerstreitende Interessen zu Ungunsten der Gesellschaft niederschlagen. Die widerstreitenden Interessen sind auf der einen Seite die Verpflichtung der Mitglieder der Geschäftsführungsorgane auf das Gesellschaftsinteresse und auf der anderen das Interesse des Dritten, ein möglichst gutes Geschäft, eventuell zu Lasten des Vertragspartners, abzuschließen.[810] Denselben Schutzzweck verfolgt auch § 6-28 Asl, indem die Norm grundsätzlich verbietet, dass der Verwaltungsrat oder der Geschäftsleiter zu Lasten der Gesellschaft oder der Gesellschafter eine Handlung vornimmt, die geeignet ist, Dritten einen wirtschaftlichen oder persönlichen Vorteil zu verschaffen.[811] Zum Schutzzweck des § 6-27 Asl siehe bereits die Ausführungen zuvor bei der Treuepflicht.[812]

Zusammenfasend lässt sich daher feststellen, dass das Wettbewerbsverbot dann gilt, wenn durch das Verhalten der Mitglieder des Verwaltungsrats oder des Geschäftsleiters schutzwürdige Interessen der Gesellschaft konkret beeinträchtigt werden.[813] In zeitlicher Hinsicht gilt das aus der Treuepflicht resultierende Wettbewerbsverbot grundsätzlich nur für die Dauer der Organstellung.

Problematisch kann dagegen die Vereinbarung eines nachträglichen vertraglichen Wettbewerbsverbots sein. Bei der Bestimmung der Wirksamkeit eines solchen nachträglichen Wettbewerbsverbots für Mitglieder des Verwaltungsrats bedarf es eines Rückgriffs auf die Generalklausel des § 36 Avtl, die die Wirksamkeit einer Vereinbarung davon abhängig macht, ob sie den Vertragspartner unangemessen

808 *Mathisen*, TFF 2003, 316, 317.
809 *Aarbakke*, Aksjeloven & allmenaksjeloven, § 6-17 Rn. 1.1; *Andenæs*, Aksjeselskaper & Allmennaksjeselskaper, Kap. 27, Rn. 27.4.2.
810 *Mathisen*, TFF 2003, 316, 316; *Pettersen*, TfF 2001, 33, 35 f.
811 *Aarbakke*, Aksjeloven & allmenaksjeloven, § 6-28 Rn. 1.1 f.
812 Siehe S. 142.
813 *Mathisen*, TFF 2003, 316, 317; *Pettersen*, TfF 2001, 33, 36.

benachteiligt. Ein derartiges nachträgliches Wettbewerbsverbot muss sowohl in zeitlicher, räumlicher und gegenständlicher Hinsicht auf das notwendige Maß beschränkt bleiben als auch dem Schutz eines berechtigten geschäftlichen Interesses der Gesellschaft dienen.[814]

Eine Besonderheit ergibt sich für das Wettbewerbsverbot, dem der Geschäftsleiter unterliegt. Aufgrund der Tatsache, dass das norwegische Recht den Geschäftsleiter auch als Arbeitnehmer ansieht, finden auf diesen die arbeitsrechtlichen bzw. die allgemeinen zivilrechtlichen Regelungen auch hinsichtlich des Wettbewerbsverbots Anwendung.[815] Während seiner Zeit als Organmitglied und Arbeitnehmer in der Gesellschaft wird das Wettbewerbsverbot aus der ungeschriebenen Treue- und Loyalitätspflicht des Arbeitnehmers gegenüber seinem Arbeitgeber abgeleitet.[816] Es verbietet dem Geschäftsleiter während der Dauer seines Anstellungsverhältnisses, im Handelszweig der Gesellschaft auf eigene Rechnung Geschäfte zu machen oder sich an einer Gesellschaft im selben Tätigkeitsbereich zu beteiligen, sofern durch sein Verhalten schutzwürdige Interessen der Gesellschaft konkret beeinträchtigt werden.[817] Daneben unterliegt der Geschäftsleiter wie bereits eingangs gezeigt auch dem organschaftlichen Wettbewerbsverbot.

Ein nachträgliches Wettbewerbsverbot kann unter den Voraussetzungen von § 36 Avtl und § 38 Avtl vereinbart werden, wobei bei der Auslegung des Umfangs auch auf § 34 Agenturloven (Agl)[818] zurückgegriffen werden kann.[819] Hat sich ein Arbeitnehmer verpflichtet, ein nachvertragliches Wettbewerbsverbot einzugehen, bindet dieses ihn nur, wenn die nachträgliche Wettbewerbsverbotsklausel ihn nicht unangemessen stark im Sinne des § 38 Abs. 1 Avtl hinsichtlich der zukünftigen Erwerbsausübung einschränkt und dies im Sinne des Schutzes des ehemaligen Arbeitgebers vor Wettbewerbsnachteilen angebracht ist.[820] Für die Beurteilung, ob eine unangemessene Benachteiligung vorliegt, kann auch auf § 34 Agl zurückgegriffen werden, der die Voraussetzungen für die wirksame Vereinbarung eines Wettbewerbsverbots zwischen einem Handelsvertreter und einem Unternehmer regelt. Nach § 34 Abs. 2 Agl muss das Wettbewerbsverbot schriftlich eingegangen

---

814 NOU 2012: 12, S. 49; *Hov*, in Norsk Lovkommentar, Avtaleloven, § 36 Rn. 139 f.

815 *Hov*, in Norsk Lovkommentar, Avtaleloven, § 38 Rn. 159; *Monsen*, TfF 2006, 157, 157; siehe hierzu auch bereits die Ausführung bei S. 68.

816 Rt 1990, S. 607 (Viking); *Monsen*, TfF 2006, 157, 157.

817 Rt 1990, S. 607 (Viking).

818 Lov om handelsagenter og handelsreisende (agenturloven) vom 01.01.1993 (Das Gesetz regelt das Recht der Handelsvertreter).

819 *Monsen*, TfF 2006, 157, 157.

820 *Hov*, in Norsk Lovkommentar, Avtaleloven, § 38 Rn. 159.

werden, darf maximal für zwei Jahre für das vormalige Vertriebsgebiet bzw. den ehemaligen Kundenkreis vereinbart werden und muss sich auf dieselbe Vertriebssparte beziehen. Aus den Wertungen der § 36 Avtl und § 38 Avtl sowie § 34 Abs. 2 Agl wird daher gefolgert, dass ein Wettbewerbsverbot eines Geschäftsleiters zwischen einem und zwei Jahren wirksam vereinbart werden kann, wobei es aber stets auf den Einzelfall ankommt.[821]

Gemäß § 38 Abs. 3 Avtl ist eine nachträgliche Wettbewerbsklausel – auch wenn sie ansonsten alle Wirksamkeitsvoraussetzungen erfüllt – unwirksam und bindet den Arbeitnehmer nicht, wenn der Arbeitgeber dem Arbeitnehmer ohne Vorliegen eines sachlichen Grundes kündigt oder es zu einer Vertragsbeendigung durch den Arbeitnehmer aufgrund eines durch den Arbeitgeber verschuldeten Verhaltens kommt.[822]

V. Verschwiegenheitspflicht

Die organschaftliche Verschwiegenheitspflicht, die sowohl das einzelne Mitglied des Verwaltungsrats als auch den Geschäftsleiter trifft, ist nicht explizit im Aksjeloven geregelt.[823] Sofern die Verschwiegenheitspflicht nicht besonders in der Satzung der Gesellschaft oder in der Geschäftsordnung ausgestaltet bzw. geregelt ist, stellt sich daher die Frage, ob und inwieweit eine allgemeine, umfassende Verschwiegenheitspflicht der Verwaltungsratsmitglieder in allen die Gesellschaft betreffende Angelegenheiten angenommen werden kann.[824]

Es ist herrschende Meinung, dass eine allgemeine Verschwiegenheitspflicht dahingehend besteht, dass die einzelnen Mitglieder der Geschäftsführung zuverlässig und loyal die Interessen der Gesellschaft vertreten und Informationen oder Geschäftsgeheimnisse, die sie in ihrer Funktion als Organ der Geschäftsführung erhalten haben, nicht weitergeben dürfen. Zweck dieser allgemeinen Verschwiegenheitspflicht ist es zu verhindern, dass der Gesellschaft durch die Weitergabe von Informationen ein Schaden entsteht.[825] Die Verschwiegenheitspflicht erstreckt sich unter anderem auf Vertragsverhältnisse mit Dritten, die wirtschaftlichen Verhältnisse der Gesellschaft, Produktionsmethoden und technische Erfindungen,

---

821 *Ven*, in Norsk Lovkommentar, Agenturloven, § 34 Rn. 136.

822 *Hov*, in Norsk Lovkommentar, Avtaleloven, § 38 Rn. 159.

823 Ot.prp. Nr. 7 (1971–72), S. 44; *Aarbakke*, Aksjeloven & allmenaksjeloven, § 6-19 Rn. 2.5; *Andenæs*, Aksjeselskaper & Allmennaksjeselskaper, Kap. 27, Rn. 27.2.4.

824 *Aarbakke*, Aksjeloven & allmenaksjeloven, § 6-19 Rn. 2.5; *Andenæs*, Aksjeselskaper & Allmennaksjeselskaper, Kap. 27, Rn. 27.2.4.

825 *Aarbakke*, Aksjeloven & allmenaksjeloven, § 6-19 Rn. 2.5; *Andenæs*, Aksjeselskaper & Allmennaksjeselskaper, Kap. 27, Rn. 27.2.4; *Granden*, S. 112.

sofern diese geeignet sind, dass ein außenstehender Dritter diese Informationen bzw. dieses Wissen dazu benutzen kann, der Gesellschaft zu schaden und sich selbst einen Vorteil zu verschaffen.[826] Zur Bestimmung des Umfangs der Verschwiegenheitspflicht kann zudem unter anderem auf § 28 Abs. 1 Markedføringsloven (Mfl)[827] zurückgegriffen werden, der sich auch an Verwaltungsratsmitglieder sowie Geschäftsleiter wendet.[828] § 28 Abs. 1 Mfl bestimmt, dass derjenige, der im Rahmen seiner Tätigkeit mit Betriebsgeheimnissen vertraut gemacht wird oder von diesen Kenntnis erlangt, diese nicht im Geschäftsverkehr zu Lasten der Gesellschaft ausnutzen darf.[829] Ein Betriebsgeheimnis im Sinne von § 28 Mfl kann sich zum einen auf Produktionsmethoden sowie technische Erfindungen und zum anderen auf unternehmensspezifische Informationen, wie etwa Verkaufszahlen, Kundenlisten oder Businesspläne, erstrecken.[830] Voraussetzung hierbei ist es jedoch, dass die Information nicht allgemein zugänglich ist, ein schutzwürdiges Interesse der Gesellschaft an der Geheimhaltung besteht und durch die Gesellschafter bzw. die Geschäftsleitung besondere Vorkehrungen zum Schutz der Informationen getroffen worden sind.[831]

Daneben gibt es in einer Reihe von Spezialgesetzen Regelungen zur Verschwiegenheitspflicht, die auch auf die AS und ihre Organe Anwendung finden, so etwa im Wertpapierhandelsgesetz.[832]

C. Rechtsvergleichende Analyse

Zentraler Anknüpfungspunkt ist hinsichtlich der weiteren Pflichten in beiden Gesellschaftsformen die aus der Organstellung erwachsende Treuepflicht der jeweiligen Geschäftsführungsorgane. Sowohl das GmbH-Gesetz als auch das Aksjeloven sehen für die geschäftsführenden Organe einen weitgehend übereinstimmenden Pflichtenkanon vor und stellen dem Grunde nach dieselben Anforderungen an diese. Hier ist insbesondere die aus der Treuepflicht abgeleitete Geschäftschancenlehre hervorzuheben, die in beiden Gesellschaftsformen es den

---

826 *Aarbakke*, Aksjeloven & allmenaksjeloven, § 6-19, Rn. 2.5; *Granden*, S. 112.

827 Lov om kontroll med markedsføring og avtalevilkår mv. (markedføringsloven) vom 01.06.2009 (Das Gesetz beinhaltet Regelungen zum Verbraucherschutzrecht und Wettbewerbsrecht).

828 *Lund*, Norsk Lovkommentar, Markedføringsloven, § 28 Rn. 111.

829 *Lund*, Norsk Lovkommentar, Markedføringsloven, § 28 Rn. 112.

830 *Lund*, Norsk Lovkommentar, Markedføringsloven, § 28 Rn. 110.

831 *Lund*, Norsk Lovkommentar, Markedføringsloven, § 28 Rn. 110.

832 Siehe etwa § 2-2 Wertpapierhandelsgesetz; weitere Nachweise finden sich auch bei *Andenæs*, Aksjeselskaper & Allmennaksjeselskaper, Kap. 27, Rn. 27.2.4.

geschäftsführenden Organen verbietet, eine sich der jeweiligen Gesellschaft konkret bietende Geschäftschance zu Lasten der Gesellschaft zum eigenen Vorteil zu nutzen. Daneben besteht auch bei dem aus der Treuepflicht resultierenden Wettbewerbsverbot eine gravierende Übereinstimmung hinsichtlich der Voraussetzungen und Rechtsfolgen. Sowohl in der GmbH als auch in der AS wird das Wettbewerbsverbot, dem die Mitglieder der geschäftsführenden Organe während ihrer Organstellung unterliegen, aus der organschaftlichen Treuepflicht abgeleitet und untersagt jeweils eine wirtschaftliche Betätigung auf eigene Rechnung im Handelszweig der Gesellschaft sowie die Beteiligung an einer dritten Gesellschaft in eben diesem Handelszweig. Auch hinsichtlich des nachträglichen Wettbewerbsverbots herrscht bei der Rechtsanwendung dahingehend Einigkeit, dass in beiden Fällen das Recht sich an allgemeinen zivilrechtlichen Grundsätzen messen lassen muss. Demnach muss es in zeitlicher, örtlicher sowie gegenständlicher Hinsicht auf das notwendige Maß beschränkt sein, um nicht das vormalige Mitglied eines Geschäftsorgans von seiner Erwerbsmöglichkeit vollständig auszuschließen.

Kapitel 6 Ergebnis

§ 1 Thesenartige Zusammenfassung

Nachfolgend werden die wesentlichen Ergebnisse der einzelnen Untersuchungsgegenstände thesenartig zusammengefasst, um so einen Überblick über die in den jeweiligen Kapiteln vorgenommenen Rechtsvergleiche zu gewähren.

A. Überblick über die norwegische AS

1) Das Aksjeloven in seiner heutigen Form ist wesentlich jünger als das GmbH-Gesetz. Die AS und das Aksjeloven in ihrer jetzigen Form gibt es erst seit dem Jahr 1997. Vor der im Jahr 1996 durchgeführten Reform des norwegischen Kapitalgesellschaftsrechts gab es lediglich ein Gesetz, in dem sowohl die AS als auch die ASA geregelt waren. Ebenso wie das GmbH-Gesetz wurde auch das Aksjeloven jüngst durch die Umsetzung entsprechender Reformen wettbewerbsfähiger gestaltet, um so auf den Wettbewerb der Rechtsordnungen im europäischen Binnenmarkt reagieren zu können.[833]
2) Entsprechend den Regelungen im GmbH-Gesetz ist auch in der norwegischen AS die Gesellschafterversammlung das oberste Organ der Gesellschaft und dient der Wahrnehmung der Interessen der Gesellschafter. Daneben sieht das Aksjeloven als weitere Organe der AS den Verwaltungsrat, den Geschäftsleiter, den Aufsichtsrat und den Abschlussprüfer vor.[834]
3) Im Gegensatz zur GmbH wird die Verwaltung der AS in der Regel durch zwei Organe, namentlich den Verwaltungsrat und den Geschäftsleiter, ausgeübt. Das Aksjeloven entspricht somit hinsichtlich des Verwaltungsaufbaus weder dem im angloamerikanischen Recht bekannten monistischen noch dem kontinentaleuropäischen dualistischen System, sondern folgt einem eigenen Organisationsmodell. Ein entsprechendes System findet sich auch in weiten Teilen im schwedischen und dänischen Kapitalgesellschaftsrecht wieder.[835]

833 Siehe S. 9.

834 Siehe S. 12 ff.

835 Siehe S. 12 ff.

B. Die Organstellung der geschäftsführenden Organe

1) Die Untersuchung hat gezeigt, dass sowohl in der GmbH als auch der AS die Mitglieder der geschäftsführenden Organe durch andere Organe der Gesellschaft bestellt werden. Das Aksjeloven geht noch einen Schritt weiter und erlaubt bei der Bestellung der Mitglieder des Verwaltungsrats die teilweise Übertragung der Bestellungskompetenz auf außerhalb der Gesellschaft stehende Dritte. Ob dies auch in der GmbH möglich ist, ist in der deutschen Literatur umstritten, wird aber aufgrund eines Verstoßes gegen die Verbandssouveränität überwiegend abgelehnt. Ob eine Begrenzung des Fremdeinflusses auf ein bestimmtes Quorum der zu bestellenden Geschäftsführer oder Beiratsmitglieder – ähnlich der Regelungen zur Bestellung der Verwaltungsratsmitglieder in der AS – gegen das Prinzip der Verbandssouveränität verstößt, ist fraglich und könnte somit einen in der Praxis gangbaren Weg zur Sicherung von Drittinteressen bei der Bestellung von Mitgliedern der geschäftsführenden Organe in der GmbH darstellen.[836]
2) Anders als in Deutschland ist die Bestellung von Mitgliedern der geschäftsführenden Organe durch Kooptation in der AS gesetzlich verboten. Grund hierfür ist die Befürchtung des norwegischen Gesetzgebers, dass hierdurch eine zu starke Machtkonzentration jenseits der Gesellschafterversammlung entstünde, die dieser die Einflussnahmemöglichkeit auf die Gesellschaft nähme. Für die Bestellung der Geschäftsführer sowie der Beiratsmitglieder ist die Möglichkeit der Kooptation zwar umstritten, jedoch im Ergebnis zu bejahen, da der Gesellschafterversammlung als *ultima ratio* auch in diesem Fall das Abberufungsrecht zusteht. Hierdurch kann einer ungewollten Machtkonzentration bzw. einer unkontrollierten Selbstverwaltung durch die geschäftsführenden Organe vorgebeugt werden.[837]
3) Sowohl in der GmbH als auch in der AS können nur natürliche, unbeschränkt geschäftsfähige Personen Mitglied in einem der geschäftsführenden Organe werden. Beide Gesetze sehen vor, dass *qua* Gesetz oder durch Satzung weitere Anforderungen an die Person in fachlicher, persönlicher oder sachlicher Hinsicht gestellt werden können.[838]
4) Zur Sicherstellung einer ordnungsgemäßen Geschäftsleitung durch die Mitglieder der geschäftsführenden Organe sowie zur Vermeidung von Missbrauchsfällen in Krisenzeiten durch die Bestellung eines Nicht-EU-Ausländers als Mitglied

836 Siehe S. 36 ff.
837 Siehe S. 36 ff.
838 Siehe S. 49.

der Geschäftsführung verlangt das Aksjeloven, dass mindestens die Hälfte der Verwaltungsratsmitglieder sowie der Geschäftsleiter seinen Wohnsitz in Norwegen oder in einem EU- oder EWR-Mitgliedstaat haben muss. In Deutschland wird versucht, dem durch die Forderung nach einer jederzeit möglichen Einreise der Mitglieder der geschäftsführenden Organe zu begegnen. Ob an diesem Erfordernis in Zukunft in Deutschland festgehalten wird, kann derzeit nicht abschließend beurteilt werden, wobei die Entscheidungen einiger Oberlandesgerichte auf dieses Erfordernis verzichten. Solange der Gesetzgeber in diesem Bereich nicht tätig wird, kommt es insofern auf die Entscheidung im Einzelfall an.[839]

5) Die Abberufung des Geschäftsleiters ist nur bei Vorliegen eines wichtigen Grundes möglich. Dies ist dem Umstand geschuldet, dass dieser nach norwegischem Recht neben seiner Organstellung auch als Arbeitnehmer der Gesellschaft angesehen wird. Dies hat zur Folge, dass die arbeitsrechtlichen Kündigungsregelungen des Arbeidsmiljøloven Anwendung finden. In Deutschland wird das Anstellungsverhältnis des Geschäftsführers nach ständiger Rechtsprechung des BGH derzeit noch nicht als Arbeitsverhältnis i. S. d. Arbeitsrechts angesehen. Durch die „Danosa-" Entscheidung des EuGH ist fraglich, ob in Zukunft weiterhin die Arbeitnehmereigenschaft des Geschäftsführers durch den BGH verneint werden kann oder ob auch diesbezüglich in Zukunft arbeitsrechtliche Regelungen bei der Abberufung des Geschäftsführers respektive der Beiratsmitglieder zu beachten sein werden.[840]
6) Das Aksjeloven sieht für die Mitglieder des Verwaltungsrats eine Höchstdauer der Bestellung von vier Jahren vor, wobei durch Wiederwahl auch eine darüber hinausreichende Amtsperiode erreicht werden kann. Die Festsetzung einer Höchstdauer der Amtszeit soll zu einer effektiven Unternehmensleitung beitragen, da dadurch sowohl durch die Gesellschafter als auch durch das Mitglied des Verwaltungsrats turnusmäßig das in der Vergangenheit für die Gesellschaft Geleistete beurteilt bzw. über es geurteilt wird. Das GmbH-Recht sieht eine solche zeitliche Begrenzung nicht vor, wobei im Hinblick auf einen geschäftsführenden Beirat diskutiert wird, ob eine Beschränkung der Amtszeit zu einer effektiveren Unternehmensführung Anreize setzen kann.[841]
7) Die Amtsniederlegung eines Verwaltungsratsmitglieds erfordert das Vorliegen eines wichtigen Grundes. In der GmbH ist die Amtsniederlegung hingegen

839 Siehe S. 49 f.
840 Siehe S. 58.
841 Siehe S. 58 f.

ohne das Vorliegen eines solchen Grundes jederzeit – mit Ausnahme der Amtsniederlegung zur Unzeit – möglich. An die Amtsniederlegung des Geschäftsleiters der AS werden derartige Anforderungen nicht gestellt, da diese sich nicht nach gesellschaftsrechtlichen, sondern arbeitsrechtlichen Regelungen richtet.[842]

8) Im Aksjeloven wird nicht zwischen dem Organ- und dem Anstellungsverhältnis der Mitglieder der geschäftsführenden Organe unterschieden. Anders als in Deutschland wird in Norwegen die Einheits- und nicht die Trennungstheorie vertreten. Dies hat zur Folge, dass der Beginn sowie die Beendigung der Organstellung auch automatisch auf das Anstellungsverhältnis durchschlagen, so dass es etwa keiner separaten Kündigung des Anstellungsverhältnisses bei Beendigung des Organverhältnisses wie in der GmbH bedarf.[843]

C. Die Geschäftsführungs- und Vertretungsbefugnis

1) In der AS ist die Geschäftsführung auf den Verwaltungsrat und den Geschäftsleiter aufgeteilt, wohingegen im GmbH-Recht die Geschäftsführungskompetenz von der Konzeption des Gesetzes allein dem Geschäftsführer zusteht. Daneben kann in der GmbH ein Beirat bestellt werden, dem ebenso Aufgaben der Geschäftsführung übertragen werden können.[844]
2) Sowohl in der GmbH als auch in der AS ist die Geschäftsführungsbefugnis der geschäftsführenden Organe – mithin die des Geschäftsführers und des Beirats sowie des Verwaltungsrats und Geschäftsleiters – durch die Kompetenzen und den Zuständigkeitsbereich der jeweiligen Gesellschafterversammlung begrenzt. Insbesondere kann in beiden Gesellschaften lediglich die Gesellschafterversammlung über die Grundsätze der Unternehmenspolitik sowie über Grundlagenentscheidungen, wie etwa Satzungsänderungen oder Kapitalmaßnahmen, entscheiden.[845]
3) Kennzeichnend für die Organisationsstruktur der GmbH und der AS ist zudem das der jeweiligen Gesellschafterversammlung zustehende Weisungsrecht und die daraus für die geschäftsführenden Organe erwachsende Folgepflicht. Sowohl in der GmbH als auch der AS steht den geschäftsführenden Organen

842 Siehe S. 63.
843 Siehe S. 69.
844 Siehe S. 84 f.
845 Siehe S. 84 f.

ein weisungsfreier Zuständigkeitsbereich zu, wobei der genaue Umfang in beiden Gesellschaften nicht eindeutig feststeht.[846]

4) Der Verwaltungsrat hat gegenüber dem Geschäftsführer eine weitreichendere Geschäftsführungsbefugnis. Insbesondere steht ihm das Recht zu, Geschäftsführungsmaßnahmen von großer Bedeutung, wie etwa Vorhaben mit hohem finanziellem Risiko oder den Erwerb bzw. die Veräußerung von Unternehmensbeteiligungen, ohne Beteiligung der Gesellschafterversammlung durchzuführen. Das GmbH-Recht ist in diesem Punkt weitaus strenger, entzieht dem Geschäftsführer für derartige Entscheidungen die Entscheidungskompetenz und überträgt sie in den Verantwortungsbereich der Gesellschafterversammlung.[847]
5) Es kann eine Einzel- sowie eine Gesamtgeschäftsführung in der jeweiligen Gesellschaft durch die Satzung vereinbart werden. Zudem ist eine Aufgabendelegation auf einzelne Geschäftsführungsressorts sowohl nach dem GmbH-Recht als auch nach dem Aksjeloven möglich.[848]
6) Sowohl in der GmbH als auch in der AS gilt die organschaftliche Vertretungsbefugnis uneingeschränkt und ist uneinschränkbar. Sie ist somit zwingendes Element der jeweiligen Organisationsverfassung. Sofern neben einem Geschäftsführer ein geschäftsführungsbefugter Beirat bestellt wird, kann diesem lediglich eine rechtsgeschäftliche Vertretungsbefugnis eingeräumt werden. In der AS hingegen steht sowohl dem Verwaltungsrat als auch dem Geschäftsleiter die organschaftliche Vertretungsbefugnis zu, wobei die des Geschäftsleiters sich auf den ihm durch Gesetz zugewiesenen Bereich der laufenden Geschäftsführung bezieht.[849]
7) In der GmbH ist es nicht möglich, einem Beirat eine rechtsgeschäftliche Vollmacht zu erteilen, dessen Umfang der des Geschäftsführers entspricht. Die Vollmacht darf nicht so weit gehen, dass diejenigen Aufgaben, die in den unentziehbaren Kompetenz- und Verantwortungsbereich des Geschäftsführers fallen, hiervon erfasst sind. Das Aksjeloven ist in diesem Punkt deutlich freigiebiger und regelt ausdrücklich in § 6-31 Abs. 1 Asl, dass dem Geschäftsleiter, namentlich benannten Angestellten sowie einzelnen Verwaltungsratsmitgliedern eine der organschaftlichen Vertretungsbefugnis des Verwaltungsrats gleichwertige rechtsgeschäftliche Vertretungsbefugnis eingeräumt werden kann.[850]

---

846 Siehe S. 99 f.
847 Siehe S. 84.
848 Siehe S. 111 f.
849 Siehe S. 125 ff.
850 Siehe S. 125 ff.

8) Nicht nur in der GmbH kann die Vertretungsbefugnis bei einer Mehrzahl von vertretungsberechtigten Personen als Gesamtvertretungs- oder als Einzelvertretungsbefugnis ausgestaltet werden, sondern auch in der AS. Insoweit stimmen beide Gesetze überein.[851]
9) Das Verbot des Selbstkontrahierens und der Mehrfachvertretung gilt sowohl in der GmbH als auch in der AS. Im norwegischen Recht ist dieses anders als in § 181 BGB nicht ausdrücklich gesetzlich geregelt, wird jedoch aus der dem Verwaltungsrat sowie dem Geschäftsleiter gegenüber der Gesellschaft obliegenden Loyalitäts- und Treuepflicht abgeleitet.[852]
10) Bei der Fallgruppe des Missbrauchs der Vertretungsmacht geht das norwegische Aksjeloven grundsätzlich von einer Bindung der Gesellschaft an das abgeschlossene Rechtsgeschäft aus, sofern es der Gesellschaft nicht gelingt darzulegen, dass der Dritte die Überschreitung des Vertretungsberechtigten kannte oder hätte kennen müssen und ein Festhalten am Rechtsgeschäft gegen Treu und Glauben verstoßen würde. Dagegen hängt die Wirksamkeit des Rechtsgeschäfts in Deutschland von der Genehmigung des Vertretenen ab und ist bis zu dieser schwebend unwirksam.[853]

D. Weitere Pflichten der Geschäftsführungsorgane

1) Die Grundpflichten der geschäftsführenden Organe, die aus ihrer Organstellung resultieren, stimmen in der GmbH mit denen der AS in hohem Maße überein. So unterliegen diese jeweils der Pflicht zur ordnungsgemäßen Unternehmensleitung, der Legalitätspflicht sowie der Treuepflicht gegenüber der Gesellschaft. Aus der Treuepflicht gegenüber der Gesellschaft wird zudem ein Wettbewerbsverbot für die Dauer des Organverhältnisses sowie eine Verschwiegenheitspflicht abgeleitet.[854]
2) Ein nachvertragliches Wettbewerbsverbot kann ebenfalls in beiden Gesellschaften vereinbart werden, wobei es sowohl in der GmbH als auch in der AS zeitlich, örtlich und gegenständlich auf das notwendige Maß begrenzt sein muss und das ausgeschiedene Organmitglied nicht über Gebühr beschränken darf.[855]

---

851 Siehe S. 125 ff.
852 Siehe S. 135 f.
853 Siehe S. 135 f.
854 Siehe S. 148.
855 Siehe S. 148.

§ 2 Abschließende Betrachtung

Die Untersuchung hat gezeigt, dass das deutsche GmbH-Recht mit dem norwegischen Aksjeloven in weiten Teilen übereinstimmt, wobei es bei gleichgelagerten Frage- und Problemstellungen teilweise einen anderen rechtlichen Weg der Gestaltung vornimmt und andere Lösungsansätze anbietet. In der GmbH gibt es wie in der AS dieselben Problempunkte und überwiegend gleichartige Lösungsansätze; dabei sind insbesondere das Weisungsrecht der Gesellschafterversammlung gegenüber den geschäftsführenden Organen in der jeweiligen Gesellschaft und die Reichweite der organschaftlichen Vertretungsbefugnis hervorzuheben.

Auf der anderen Seite sind jedoch auch wesentliche Unterschiede festzustellen. Den größten organisationsrechtlichen Unterschied bildet die Tatsache, dass das Aksjeloven zwei Organe mit der Geschäftsführung betraut, während das GmbH-Recht die Aufgabe der Geschäftsleitung in die Hände des Geschäftsführers legt. Auch wenn dies einen strukturellen Unterschied darstellt, sind die Aufgaben der Geschäftsführung größtenteils identisch. Einzig und allein der Umfang der Geschäftsführungskompetenz weicht voneinander ab. So ist der Verwaltungsrat etwa auch für Geschäftsführungsmaßnahmen von großer Bedeutung zuständig, während dies in der GmbH in den Kompetenzbereich der Gesellschafterversammlung und nicht in den des Geschäftsführers fällt.

Die Untersuchung hat ferner gezeigt, dass bei zwei Leitungsorganen, wie sie in der AS bestehen, mehr Kontrollmöglichkeiten bestehen, da das System der gegenseitigen Checks and Balances stärker ausgeprägt ist. Dies wird insbesondere dadurch erreicht, dass der Verwaltungsrat dem Geschäftsleiter übergeordnet ist und dadurch intern in den Aufgabenbereich des Geschäftsleiters durch die Ausführung der Geschäftsführungsmaßnahme selbst oder durch Weisung eingreifen kann. Daneben treffen den Geschäftsleiter umfassende Auskunfts- und Informationspflichten gegenüber dem Verwaltungsrat sowie jedem Verwaltungsratsmitglieds einzeln.

Ein derartig ausgeprägtes System der gegenseitigen Checks and Balances lässt sich aber auch in der GmbH durch die Bestellung eines Beirats erreichen. Hierdurch kann je nach Ausgestaltung der Rechte und Pflichten des Beirats zum einen den Gesellschaftern ein Teil ihrer Verantwortung hinsichtlich der Überwachung der ordnungsgemäßen Geschäftsführung durch die Geschäftsführer abgenommen werden, zum anderen kann durch die Mitglieder des Beirats für weitere Kompetenz bei der Verwaltung der Gesellschaft gesorgt werden. Ein nicht zu unterschätzender Vorteil der Bestellung eines derartigen Kollegialorgans ist, dass bei der Beschlussfassung über Geschäftsführungsmaßnahmen mehrere Personen in den Entscheidungsprozess eingebunden sind und dadurch widerstreitende

Interessen von Gläubigern, Angestellten und Gesellschaftern eher zu Gunsten des Gesellschaftsinteresses gelöst werden können. Die Bestellung eines Beirats kann jedoch auch im Hinblick auf die wirtschaftliche Betätigung ausländischer und im vorliegenden Zusammenhang insbesondere norwegischer Investoren bzw. Unternehmer positive Auswirkungen haben. So kann der Investor aufgrund der grundsätzlichen Dispositivität des GmbH-Rechts eine GmbH als Tochtergesellschaft gründen oder sich an einer solchen beteiligen, ohne vollends auf die aus dem norwegischen Aksjeloven bekannte Struktur mit zwei Leitungsorganen zu verzichten.

Zusammenfassend lässt sich festhalten, dass das GmbH-Recht und das Aksjeloven nicht so weit auseinanderliegen, wie der erste Blick es vermuten lässt. Beide Gesetze haben unterschiedliche rechtliche Lösungsansätze, die bei der Organisationsstruktur der Geschäftsführungsorgane am offensichtlichsten sind. Dies bringt jedoch in der Sache keine derart gravierenden Unterschiede hinsichtlich der Kompetenzen und Zuständigkeiten in Geschäftsführungsangelegenheiten mit sich, dass sie eine vergleichende Betrachtung unmöglich gemacht hätten.

Synoptische Darstellung der norwegischen Rechtsvorschriften

Synoptische Darstellung der in der vorliegenden Arbeit verwendeten Rechtsvorschriften[856]

1. Lov om aksjeselkaper (aksjeloven) vom 01.01.1999

§ 2-1	(1) For å stifte et aksjeselskap skal den eller de som skal tegne aksjer i selskapet (stifterne), opprette et stiftelsesdokument. Stiftelsesdokumentet skal inneholde selskapets vedtekter (§ 2-2) og de bestemmelser som er nevnt i § 2-3.	(1) Die Gründungsgesellschafter müssen zur Gründung einer Gesellschaft eine Gründungsurkunde erstellen. Diese soll den Gesellschaftsvertrag (§ 2-2) und die Angaben gemäß § 2-3 enthalten.
§ 2-2	(1) Vedtektene skal minst angi: 1. Selskapets foretaksnavn, 2. Den kommune i riket hvor selskapet skal ha sitt forettningskontor, 3. Selskapets virksomhet, 4. Aksjekapitalens størrelse, jf § 3-1, 5. Aksjenes pålydende (nominelle beløp), jf. § 3-1.	(1) Der Gesellschaftsvertrag muss mindestens enthalten: 1. die Firma der Gesellschaft, 2. die Gemeinde, in der die Gesellschaft ihren Sitz hat, 3. den Gegenstand des Unternehmens, 4. den Betrag des Stammkapitals, vgl. § 3-1, 5. die Nennbeträge der Geschäftsanteile, vgl. § 3-1.

856 Bei der Übersetzung der Vorschriften des Aksjeloven wurde die synoptische Darstellung in Aarbakke/Steiniger, Das norwegische Aktienrecht, berücksichtigt. Die übrigen Rechtsvorschriften sind, mangels amtlicher Übersetzung, frei von dem Autor dieser Arbeit übersetzt worden und stellen daher keine amtliche Übersetzung der norwegischen Rechtsvorschriften dar. Die Übersetzung soll dem Verständnis des Lesers beim Lesen der vorliegenden Arbeit behilflich sein. Die Gesetze sind im Original sowie teilweise in englischer Sprache auf der Internetseite der norwegischen Regierung (www.regjeringen.no) abrufbar.

§ 2-3	Stiftelsesdokumentet skal dessuten angi: 1. stifternes navn eller foretaksnavn, adresse og fødselsnummer eller organisasjonsnummer; 2. antallet aksjer som skal tegnes av hver av stifterne; 3. det beløpet som skal betales for hver aksje (aksjeinnskudd); 4. tidspunktet for oppgjør av aksjeinnskudd, jf § 2-11; 5. hvem som skal være medlemmer av selskapets styre; 6. hvem som skal være selskapets revisor dersom selskapets årsregnskap skal revideres, jf. § 7-6 femte ledd.	Die Gründungsurkunde muss zudem enthalten: 1. die Namen der Gründungsgesellschafter oder deren Firma, eine Adresse und eine Geburts- oder Handelsregisternummer, 2. die Zahl der Geschäftsanteile, die jeder Gesellschafter übernimmt, 3. den Nennbetrag jedes Geschäftsanteils, 4. den Zeitpunkt, bis zu dem die Einlagen geleistet werden müssen, vgl. § 2-11, 5. die Namen der Verwaltungsratsmitglieder, 6. den Abschlussprüfer der Gesellschaft, sofern der Jahresabschlussbericht nach § 7-6 Abs. 5 überprüft werden muss.
§ 2-18	(1) Selskapet skal meldes til Foretaksregisteret innen tre måneder etter at stiftelsesdokumentet er undertegnet.	(1) Die Gesellschaft ist beim Handelsregister innerhalb von drei Monaten nach Unterzeichnung der Gründungsurkunde anzumelden.
§ 2-20	(1) Før aksjeselskapet er registrert, kan selskapet som sådant ikke erverve andre rettigheter og pådra seg andre forpliktelser overfor tredjepersoner, enn dem som følger av stiftelsesdokumentet eller av lov.	(1) Vor der Eintragung in das Handelsregister kann die Gesellschaft gegenüber Dritten keine Rechte erwerben oder Pflichten eingehen, welche nicht aus dem Gesetz oder der Gründungsurkunde hervorgehen.
§ 3-1	(1) Et aksjeselskap skal ha en aksjekapital på minst 30.000 norske kroner.	(1) Eine AS muss ein Stammkapital von mindestens NOK 30.000 haben.

§ 4-18	(1) Er det fastsatt i vedtektene at aksjeerververe eller aksjeeiere skal ha visse egenskaper, skal styret nekte aksjeerverver som ikke tilfredsstiller kravene, innført i aksjeeierboken.	(1) Stellt der Gesellschaftsvertrag Anforderungen an die Eigenschaft eines Gesellschafters gleich welcher Art, so hat der Verwaltungsrat die Beteiligung oder den Erwerb eines Dritten an der Gesellschaft zu versagen, sofern der Dritte die erforderlichen Eigenschaften nicht besitzt.
§ 5-1	(1) Gjennom generalforsamlingen utøver aksjeeierne den øverste myndighet i selskapet.	(1) Durch die Gesellschafterversammlung als oberstes Organ der Gesellschaft üben die Gesellschafter ihren Einfluss aus.
§ 5-7	Dersom samtlige aksjeeiere samtykker til at en sak skal behandles på denne måten, kan selskapet holde generalforsamling etter følgende regler: 1. Samtlige aksjeeiere skal gis mulighet til å delta i behandlingen av saken på en egnet måte. Styremedlemmene og eventuelt daglig leder og revisor skal gis mulighet til å uttale seg om saken og kan kreve at saken behandles av generalforsamlingen i møte.	Stimmen alle Gesellschafter überein, dass eine Angelegenheit auf diese Weise behandelt werden kann, hält die Gesellschaft die Gesellschafterversammlung nach folgender Maßgabe ab: 1. Allen Gesellschaftern muss die Gelegenheit gegeben werden, an der Beschlussfassung mitzuwirken. Verwaltungsratsmitgliedern sowie unter Umständen dem Geschäftsleiter und dem Abschlussprüfer muss das Recht eingeräumt werden, sich zu Einzelfragen zu äußern. Zudem muss ihnen die Möglichkeit eingeräumt werden zu verlangen, dass bestimmte, den jeweiligen Beschlussgegenstand betreffende Einzelheiten in der Gesellschafterversammlung behandelt werden.

	2. Generalforsamlingens beslutning skal inntas i generalforsamlingsprotokollen. Protokollen skal angi antallet avgitte stemmer og hvor mange aksjer som har stemt for og imot beslutningen. I den utstrekning dette er relevant, skal det også angis hvilken andel av aksjekapitalen de avgitte stemmer representerer. Protokollen skal angi at saken er behandlet etter § 5-7. En fortegnelse over hvilke aksjeeiere som har deltatt i behandlingen av saken, skal inntas i eller vedlegges protokollen. Protokollen skal dateres, underskrives av styrets leder og sendes samtlige aksjeeiere. Protokollen skal holdes tilgjengelig for aksjeeierne hos selskapet og oppbevares på en betryggende måte. 3. Generalforsamlingen kan holdes uten å følge kravene i §§ 5-8 til 5-16.	2. Der Beschluss der Gesellschafterversammlung wird in das Versammlungsprotokoll aufgenommen. Das Protokoll hat die Anzahl der abgegeben Stimmen anzugeben sowie die Anzahl der Geschäftsanteile, die für oder gegen den Beschluss gestimmt haben. Sofern dies von Relevanz ist, hat das Protokoll auch den Anteil der abgegebenen Stimmen am Stammkapital darzustellen. Das Protokoll hat anzugeben, dass der Beschluss nach § 5-7 gefasst wurde. Ein Verzeichnis der teilnehmenden Gesellschafter ist dem Protokoll beizufügen oder in dieses aufzunehmen. Das Protokoll ist datiert und mit der Unterschrift des Verwaltungsvorsitzenden versehen an alle Gesellschafter zu verschicken. Das Protokoll ist ordnungsgemäß aufzubewahren und den Gesellschaftern zugänglich zu machen. 3. Die Gesellschafterversammlung kann ohne Berücksichtigung der §§ 5-8 bis 5-16 abgehalten werden.
§ 6-1	(1) Selskapet skal ha et styre med ett eller flere medlemmer. (2) Styret velger sin leder når denne ikke er valgt av generalforsamlingen. Har stryret ett medlem, anses han eller hun som styreleder.	(1) Die Gesellschaft muss einen Verwaltungsrat mit einem oder mehreren Mitgliedern haben. (2) Der Verwaltungsrat wählt seinen Vorsitzenden selbst, es sei denn, er ist durch die Gesellschafterversammlung gewählt worden. Besteht der Verwaltungsrat aus einem Mitglied, handelt dieses als Vorsitzender.

	(3) Har selskapet bedriftsforsamling, skal styret ha minst fem medlemmer. Styrets leder velges da av bedriftsforsamlingen. Er det avtalt at selskapet ikke skal ha bedriftsforsamling, jf § 6-35 annet ledd, skal styret alltid velge sin leder.	(3) Hat die Gesellschaft einen Aufsichtsrat, hat der Verwaltungsrat aus mindestens fünf Mitgliedern zu bestehen. Der Verwaltungsratsvorsitzende wird durch den Aufsichtsrat gewählt. Ist vereinbart, dass die Gesellschaft keinen Aufsichtsrat haben soll, § 6-35 Abs. 2, ist der Verwaltungsratsvorsitzende durch den Verwaltungsrat selbst zu wählen.
§ 6-2	(1) Selskapet kan ha en daglig leder. Skal selskapet ha flere daglige ledere, eller skal styret eller bedriftsforsamlingen kunne bestemme at selskapet skal ha flere daglige ledere, skal dette angis i vedtektene. Det skal i så fall angis om flere daglige ledere skal fungere som kollektivt organ. (2) Daglig leder tilsettes av styret hvis ikke det er bestemt i vedtektene at dette skal gjøres av generalforsamlingen. (3) Har selskapet bedriftsforsamling, kan vedtektene bestemme at daglig leder skal tilsettes av bedriftsforsamlingen. Er det avtalt at selskapet ikke skal ha bedriftsforsamling, jf § 6-35 annet ledd, skal daglig leder alltid tilsettes av styret.	(1) Die Gesellschaft kann einen Geschäftsleiter haben. Soll die Gesellschaft mehrere Geschäftsleiter haben, oder soll dem Verwaltungsrat oder dem Aufsichtsrat das Recht eingeräumt werden zu bestimmen, dass die Gesellschaft mehrere Geschäftsleiter haben soll, ist dies im Gesellschaftsvertrag anzugeben. Für diesen Fall soll der Gesellschaftsvertrag angeben, ob die Geschäftsleiter gemeinschaftlich zur Geschäftsführung befugt sind. (2) Der Geschäftsleiter wird durch den Verwaltungsrat eingestellt, sofern der Gesellschaftsvertrag nicht die Zuständigkeit der Gesellschafterversammlung vorsieht. (3) Hat die Gesellschaft einen Aufsichtsrat, kann der Gesellschaftsvertrag vorsehen, dass der Geschäftsleiter durch diesen bestellt wird. Ist vereinbart, dass die Gesellschaft keinen Aufsichtsrat haben soll, § 6-35 Abs. 2, ist der Geschäftsleiter durch den Verwaltungsrat zu bestellen.

§ 6-3	(1) Medlemmene av styret velges av generalforsamlingen, som også bestemmer om det skal velges varamedlemmer. (2) [...] (3) Det kan fastsettes i vedtektene at generalforsamlingens valgrett etter første ledd skal overføres til andre. Mer enn halvdelen av styrets medlemmer skal likevel velges av generalforsamlingen, hvis ikke valgretten overføres til et vedtektsfestet selskapsorgan. Valgrett kan ikke overføres til styret eller til et medlem av styret.	(1) Die Verwaltungsratsmitglieder werden durch die Gesellschafterversammlung bestellt, die auch entscheidet, ob für diese Stellvertreter bestellt werden sollen. (2) [...] (3) Der Gesellschaftervertrag kann vorsehen, dass das Bestellungsrecht der Gesellschafterversammlung nach Abs. 1 auf andere übertragen wird. Mehr als die Hälfte der Verwaltungsratsmitglieder müssen dennoch durch die Gesellschafterversammlung bestellt werden, sofern das Bestellungsrecht nicht auf ein in der Satzung verankertes Gesellschaftsorgan übertragen wird. Das Bestellungsrecht kann nicht an den Verwaltungsrat oder an die Verwaltungsratsmitglieder übertragen werden.
§ 6-4	(1) Når et selskap med flere enn 30 ansatte ikke har bedriftsforsamling (jf § 6-35), kan et flertall av de ansatte kreve at ett styremedlem og en observatør med varamedlemmer velges av og blant de ansatte. (2) Når et selskap med flere enn 50 ansatte ikke har bedriftsforsamling (jf § 6-35), kan et flertall av de ansatte kreve at inntil en tredel og minst to av styrets medlemmer med varamedlemmer velges av og blant de ansatte.	(1) Sofern eine Gesellschaft mit mehr als 30 Arbeitnehmern keinen Aufsichtsrat hat (§ 6-35), kann die Mehrheit der Angestellten verlangen, dass ein Verwaltungsratsmitglied und ein Beobachter mit einem Stellvertreter durch die Angestellten aus ihrer Mitte gewählt werden. (2) Sofern eine Gesellschaft mit mehr als 50 Arbeitnehmern keinen Aufsichtsrat hat (§ 6-35), kann die Mehrheit der Angestellten verlangen, dass bis zu einem Drittel und mindestens zwei der Verwaltungsratsmitglieder mit Stellvertretern durch die Angestellten aus ihrer Mitte gewählt werden.

§ 6-6	(1) Styremedlemmer tjenestegjør i to år. I vedtektene kan tjenestetiden settes kortere eller lengre, men ikke til mer enn fire år. Ved suppleringsvalg kan kortere tjenestetid fastsettes.	(1) Ein Verwaltungsratsmitglied erfüllt seine Aufgaben für die Dauer von zwei Jahren. In der Satzung kann eine kürzere oder eine längere Amtsperiode festgelegt sein, jedoch darf die Amtsperiode nicht länger als vier Jahre sein. Eine kürzere Amtszeit kann durch eine Ergänzungswahl festgesetzt werden.
§ 6-7	(1) Et styremedlem har rett til å tre tilbake før tjenestetiden er ute dersom særlig grunn foreligger. Styret og den som har valgt styremedlemmet, skal gis rimelig forhåndsvarsel.	(1) Sofern ein besonderer Grund vorliegt, hat ein Verwaltungsratsmitglied das Recht, vor dem Ende seiner Amtszeit zurückzutreten. Vor einem Rücktritt soll eine Ankündigung in angemessener Zeit zuvor gegenüber dem Verwaltungsrat und ebenso gegenüber denjenigen erfolgen, die den Betreffenden gewählt haben.
	(2) Et styremedlem kan avsettes av den som har valgt styremedlemmet. Dette gjelder ikke et styremedlem som er valgt etter § 6-4, jf § 6-5.	(2) Ein Verwaltungsratsmitglied kann auch von denjenigen, die es gewählt haben, abberufen werden. Dies gilt nicht für Verwaltungsratsmitglieder, die nach § 6-4, 6-5 gewählt worden sind.
§ 6-11	(1) Daglig leder og minst halvdelen av styrets medlemmer skal være bosatt her i riket, med mindre Kongen gjør unntak i det enkelte tilfellet. Første punktum gjelder ikke statsborgere i stater som er part i EØS-avtalen, når de er bosatt i en slik stat.	(1) Der Geschäftsleiter und mindestens die Hälfte der Verwaltungsratsmitglieder müssen im Reich ihren Wohnsitz haben, es sei denn, der König lässt eine Ausnahme im Einzelfall zu. Satz 1 gilt nicht für Staatsbürger aus EU/EWR-Mitgliedstaaten, sofern sie in einem solchen Staat ihren Wohnsitz haben.
	(2) Bare myndige personer kan være styremedlemmer.	(2) Nur geschäftsfähige Personen können Verwaltungsratsmitglied werden.

§ 6-12	(1) Forvaltningen av selskapet hører under styret. Styret skal sørge for forsvarlig organisering av virksomheten. (2) Styret skal i nødvendig utstrekning fastsette planer og budsjetter for selskapets virksomhet. Styret kan også fastsette retningslinjer for virksomheten. (3) Styret skal holde seg orientert om selskapets økonomiske stilling og plikter å påse at dets virksomhet, regnskap og formuesforvaltning er gjenstand for betryggende kontroll. (4) [...] (5) [...]	(1) Die Verwaltung der Gesellschaft obliegt dem Verwaltungsrat, der für eine ordnungsgemäße Organisation des Unternehmens zu sorgen hat. (2) Der Verwaltungsrat hat in notwendigem Umfang Budgets und Unternehmenspläne für die Gesellschaft aufzustellen. Der Verwaltungsrat kann zudem betriebsbezogene Richtlinien erlassen. (3) Der Verwaltungsrat hat sich über die finanzielle Situation der Gesellschaft informiert zu halten und ist verpflichtet, dafür zu sorgen, dass die Geschäftstätigkeit, die Buchführung und die Vermögensverwaltung der Gesellschaft einer ordnungsgemäßen Kontrolle unterliegen. (4) [...] (5) [...]
§ 6-13	(1) Styret skal føre tilsyn med den daglige ledelse og selskapets virksomhet for øvrig. (2) Styret kan fastsette instruks for den daglige ledelse.	(1) Der Verwaltungsrat hat die laufende Geschäftsführung und den Geschäftsbetrieb im Übrigen zu überwachen. (2) Der Verwaltungsrat kann dem Geschäftsleiter Weisungen im Bereich der laufenden Geschäftsführung erteilen.
§ 6-14	(1) Daglig leder står for den daglige ledelse av selskapets virksomhet og skal følge de retningslinjer og pålegg styret har gitt. (2) Den daglige ledelse omfatter ikke saker som etter selskapets forhold er av uvanlig art eller stor betydning.	(1) Der Geschäftsleiter ist verantwortlich für die laufende Geschäftsführung und hat den Richtlinien und Weisungen des Verwaltungsrats zu folgen. (2) Die laufende Geschäftsführung umfasst nicht Angelegenheiten, die nach den Gesellschaftsverhältnissen von ungewöhnlicher Art oder großer Bedeutung sind.

	(3) Daglig leder kan ellers avgjøre en sak etter fullmakt fra styret i det enkelte tilfellet eller når styrets beslutning ikke kan avventes uten vesentlig ulempe for selskapet. Styret skal snarest underrettes om avgjørelsen. (4) Daglig leder skal sørge for at selskapets regnskap er i samsvar med lov og forskrifter, og at formuesforvaltningen er ordnet på en betryggende måte.	(3) Der Geschäftsleiter kann außerhalb der laufenden Geschäftsführung Geschäftsführungsmaßnahmen dann vornehmen, wenn er dazu durch den Verwaltungsrat ermächtigt wurde oder ein Beschluss des Verwaltungsrats nicht abgewartet werden kann, ohne dass der Gesellschaft ein wesentlicher Schaden entsteht. (4) Der Geschäftsleiter hat dafür Sorge zu tragen, dass die Buchführung der Gesellschaft im Einklang mit dem Gesetz und die Vermögensverwaltung in verantwortungsbewusster Weise erfolgen.
§ 6-15	(1) Daglig leder skal minst hver fjerde måned, i møte eller skriftlig, gi styret underretning om selskapets virksomhet, stilling og resultatutvikling. (2) Styret kan til enhver tid kreve at daglig leder gir styret en nærmere redegjørelse om bestemte saker. Slik redegjørelse kan også kreves av det enkelte styremedlem.	(1) Der Geschäftsleiter hat spätestens jeden vierten Monat, in einer Sitzung oder schriftlich, dem Verwaltungsrat über die Geschäftstätigkeit, die Lage und die Ergebnisentwicklung der Gesellschaft zu berichten. (2) Der Verwaltungsrat kann jederzeit verlangen, dass der Geschäftsleiter diesen Bericht zu erstatten hat. Ein solcher Bericht kann auch von jedem einzelnen Verwaltungsratsmitglied verlangt werden.
§ 6-17	(1) Et styremedlem, daglig leder eller noen ansatt i selskapet må ikke i anledning av rettshandel for selskapet ta imot godtgjørelse fra andre enn selskapet. Dette gjelder også godtgjørelse som en medkontrahent eller hans eller hennes representant har betinget seg hos selskapet.	(1) Ein Verwaltungsratsmitglied, ein Geschäftsleiter oder ein Angestellter der Gesellschaft darf bei Abschluss eines Rechtsgeschäfts für die Gesellschaft keine Vergütung von einem Dritten entgegennehmen. Dies gilt auch für eine Vergütung, die ein Konkurrent oder sein Vertreter gegenüber der Gesellschaft zugesichert hat.

§ 6-21	(1) Daglig leder forbereder saker som skal behandles av styret i samråd med styrets leder.	(1) Der Geschäftsleiter bereitet Geschäftsführungsmaßnahmen, die durch den Verwaltungsrat verabschiedet werden, gemeinsam mit dem Vorsitzenden des Verwaltungsrats vor.
§ 6-27	(1) Et styremedlem må ikke delta i behandlingen eller avgjørelsen av spørsmål som har slik særlig betydning for egen del eller for noen nærstående at medlemmet må anses for å ha fremtredende personlig eller økonomisk særinteresse i saken. Det samme gjelder for daglig leder. (2) Et styremedlem eller daglig leder må heller ikke delta i en sak om lån eller annen kreditt til seg selv eller om sikkerhetsstillelse for egen gjeld.	(1) Ein Verwaltungsratsmitglied darf nicht an einer Beratung oder der Entscheidung über solche Gegenstände teilnehmen, die für den Betreffenden selbst oder für eine ihm nahestehenden Person von einer solchen Bedeutung sind, dass davon ausgegangen werden muss, dass derjenige ein übermäßiges persönliches oder finanzielles Interesse an der Angelegenheit hat. Das Gleiche gilt für den Geschäftsleiter. (2) Ein Verwaltungsratsmitglied oder der Geschäftsleiter dürfen ebenso wenig an einem Beschluss mitwirken, bei dem über ein Darlehen oder eine andere Form des Kredits oder eine Bürgschaft zu seinen Gunsten entschieden wird.
§ 6-28	(1) Styret og andre som etter §§ 6-30 til 6-32 representerer selskapet, må ikke foreta noe som er egnet til å gi visse aksjeeiere eller andre en urimelig fordel på andre aksjeeieres eller selskapets bekostning. (2) Styret og daglig leder må ikke etterkomme noen beslutning av generalforsamlingen eller et annet selskapsorgan hvis beslutningen strider mot lov eller mot selskapets vedtekter.	(1) Der Verwaltungsrat und andere, die gemäß §§ 6-30 bis 6-32 die Gesellschaft repräsentieren, dürfen keine Handlungen vornehmen, die geeignet sind, Gesellschaftern oder Dritten einen Vorteil zu Lasten der übrigen Gesellschafter oder der Gesellschaft zu verschaffen. (2) Der Verwaltungsrat und der Geschäftsleiter dürfen keine Beschlüsse der Gesellschafterversammlung oder eines anderen Gesellschaftsorgans ausführen, wenn diese gegen das Gesetz oder den Gesellschaftervertrag verstößt.

§ 6-30	Styret representerer selskapet utad og tegner dets firma.	Der Verwaltungsrat vertritt die Gesellschaft nach außen und unterzeichnet in deren Namen.
§ 6-31	(1) Styret kan gi styremedlemmer, daglig leder eller navngitte ansatte rett til å tegne selskapets firma. Slik fullmakt kan fastsettes i vedtektene, som også kan begrense styrets myndighet til å gi rett til å tegne selskapets firma.	(1) Der Verwaltungsrat kann einzelnen Verwaltungsratsmitgliedern, dem Geschäftsleiter oder namentlich benannten Angestellten das Recht einräumen, die Gesellschaft zu vertreten. Eine solche Vollmacht kann bereits in den Gesellschaftsvertrag aufgenommen werden. Zudem kann das Recht zur Erteilung einer solchen Vollmacht durch den Gesellschaftsvertrag eingeschränkt werden.
	(2) Retten til å tegne selskapets firma kan når som helst tilbakekalles. Vedtektsfestet fullmakt kan tilbakekalles av styret når generalforsamlingens beslutning ikke kan avventes uten skade for selskapet.	(2) Die nach Abs. 1 erteilte Vollmacht kann jederzeit zurückgenommen werden. Eine durch Regelung im Gesellschaftsvertrag erteilte Vollmacht kann durch den Verwaltungsrat nur dann zurückgenommen werden, wenn der Beschluss der Gesellschafterversammlung nicht abgewartet werden kann, ohne dass der Gesellschaft dadurch ein Schaden entsteht.
§ 6-32	Daglig leder representerer selskapet utad i saker som inngår i den daglige ledelse.	Der Geschäftsleiter vertritt die Gesellschaft in Angelegenheiten der laufenden Geschäftsführung nach außen.

§ 6-33	Har noen som representerer selskapet utad etter reglene i §§ 6-30 til 6-32 ved disposisjon på selskapets vegne gått ut over sin myndighet, er disposisjonen ikke bindende for selskapet når selskapet godtgjør at medkontrahenten forsto eller burde ha forstått at myndigheten ble overskredet, og det ville stride mot redelighet å gjøre disposisjonen gjeldende.	Wer als Vertreter der Gesellschaft gemäß §§ 6-30 bis 6-33 eine Verpflichtung unter Überschreitung seiner Vertretungsmacht im Namen der Gesellschaft eingeht, bindet die Gesellschaft nicht, wenn die Gesellschaft darlegen kann, dass der Dritte den Mangel der Vertretungsmacht kannte oder hätte kennen müssen und es treuwidrig wäre, sich auf die Wirksamkeit der Verpflichtung zu berufen.
§ 6-35	(1) I selskaper med flere enn 200 ansatte skal det velges en bedriftsforsamling på 12 medlemmer eller et høyere antall, delelig med tre, som fastsettes av generalforsamlingen. Bestemmelsene om bedriftsforsamling i lov om allmennaksjeselskaper gjelder tilsvarende.	(1) In Gesellschaften mit mehr als 200 Angestellten ist ein Aufsichtsrat mit zwölf oder mehr Mitgliedern zu wählen, wobei die Anzahl durch drei teilbar sein muss, was durch die Gesellschafterversammlung festgesetzt wird. Die Bestimmungen zum Aufsichtsrat im Allmenaksjeloven gelten entsprechend.
§ 7-6	(1) Generalforsamlingen kan med flertall som for vedtektsendring gi styret fullmakt til å treffe beslutning om at selskapets årsregnskaper ikke skal revideres etter revisorloven dersom 1. driftsinntektene av den samlede virksomheten er mindre enn fem millioner kroner, 2. selskapets balansesum er mindre enn 20 millioner kroner, og 3. gjennomsnittlig antall ansatte ikke overstiger ti årsverk. Beslutning om fullmakt som nevnt i første punktum kan ikke treffes i selskap som nevnt i revisorloven § 2-1 femte ledd.	(1) Die Gesellschafterversammlung kann mit satzungsändernder Mehrheit dem Verwaltungsrat Vollmacht erteilen, einen Beschluss darüber zu fassen, dass der Jahresabschluss nicht nach dem Revisorloven erstellt wird, wenn 1. der Umsatz weniger als NOK fünf Millionen, 2. die Bilanzsumme weniger als NOK 20 Millionen, und 3. der Durchschnitt der Arbeitnehmer nicht zehn Mannjahre überschreitet. Der Beschluss gemäß Satz 1 kann nicht in Gesellschaften, die in § 2-1 Abs. 5 Revisorloven genannt sind, getroffen werden.

	(2) […]. (3) Viser et årsregnskap driftsinntekter, balansesum eller årsverk som overstiger terskelverdiene i første ledd, skal selskapets årsregnskap for påfølgende regnskapsår revideres.	(2) […]. (3) Zeigt der Jahresabschluss, dass die in Abs. 1 festgelegten Werte überstiegen werden, muss der folgende Jahresabschluss der Gesellschaft geprüft werden.
§ 7-11	(1) Generalforsamlingen skal velge en eller flere revisorer, og kan velge en eller flere vararevisorer.	(1) Die Gesellschafterversammlung hat einen oder mehrere Abschlussprüfer zu bestellen. Sie kann zudem einen oder mehrere stellvertretende Abschlussprüfer bestellen.
§ 8-2	(1) Beslutning om utdeling av utbytte treffes av generalforsamlingen etter at styret har lagt frem forslag om utdeling eller annen anvendelse av overskudd. Det kan ikke besluttes utdelt høyere utbytte enn styret har foreslått eller godtar.	(1) Der Beschluss über die Ergebnisverwendung wird von der Gesellschafterversammlung getroffen, nachdem der Verwaltungsrat einen Vorschlag über die Ergebnisverwendung vorgelegt hat. Die Gesellschafterversammlung kann keine Ergebnisverwendung über einen höheren Betrag als den durch den Verwaltungsrat vorgeschlagenen beschließen.
§ 8-6	(1) Generalforsamlingen kan beslutte å gi leilighetsgaver, og dessuten gaver til allmennyttig eller liknende formål som må anses rimelige ut fra gavens formål, selskapets stilling og omstendighetene for øvrig. (2) Styret kan til samme formål gi gaver som i forhold til selskapets stilling er av liten betydning.	(1) Die Gesellschafterversammlung kann darüber beschließen, gemeinnützige oder einem vergleichbaren Zweck entsprechende, zweckgerichtete Spenden vorzunehmen, die den wirtschaftlichen Umständen der Gesellschaft entsprechend sein müssen. (2) Der Verwaltungsrat ist berechtigt ebenfalls Spenden im Sinne des Abs. 1 vorzunehmen, dies jedoch nur in einem Umfang, dass sie die Gesellschaft nicht wesentlich belasten.

	(3) Andre gaver kan bare gis med tilslutning fra samtlige aksjeeiere og bare dersom gaven ligger innenfor rammen av de midler som kan benyttes til utdeling av utbytte.	(3) Andere Spenden dürfen nur dann vorgenommen werden, wenn alle Gesellschafter zustimmen und der Betrag der Spende sich im Rahmen des bei der Ergebnisverwendung festgestellten Ergebnisses bewegt.
§ 8-7	(1) Selskapet kan bare gi kreditt til eller stille sikkerhet til fordel for en aksjeeier eller noen av aksjeeierens nærstående innenfor rammen av de midler som selskapet kan benytte til utdeling av utbytte etter § 8-1. § 8-2 a første og annet ledd gjelder tilsvarende. Det skal stilles betryggende sikkerhet for kravet på tilbakebetaling eller tilbakesøkning.	(1) Die Gesellschaft darf einem Gesellschafter oder einem diesem nahestehenden Dritten ein Darlehen oder ein vergleichbares Kreditgeschäft lediglich dann gewähren, wenn dieses sich im Rahmen des bei der Ergebnisverwendung festgestellten Ergebnisses gemäß § 8-1 bewegt. § 8-2 a Abs. 1 und Abs. 2 gelten entsprechend. Das Kreditgeschäft ist durch eine entsprechend belastbare Kreditsicherheit abzusichern.
§ 9-7	(1) Har selskapet inngått en avtale om erverv av en aksje eller avtalepant i strid med reglene i §§ 9-2 til 9-5, er avtalen ugyldig dersom den andre avtaleparten innså eller burde ha innsett at selskapet handlet i strid med reglene. [...].	(1) Hat die Gesellschaft einen Vertrag über den Erwerb eines Geschäftsanteils oder die Verpfändung eines solchen entgegen der §§ 9-2 bis 9-5 abgeschlossen, ist das Rechtsgeschäft unwirksam, wenn der Vertragspartner diesen Verstoß kannte oder hätte kennen müssen. [...].
§ 10-1	(1) Beslutning om å forhøye aksjekapitalen ved nytegning av aksjer treffes av generalforsamlingen hvis ikke noe annet er bestemt i denne loven. Slik beslutning kan ikke treffes før selskapet er registrert. Bare aksjeeierne eller bestemte navngitte personer kan innbys til å tegne nye aksjer.	(1) Eine Kapitalerhöhung wird durch die Gesellschafterversammlung beschlossen, es sei denn, es ist gesetzlich etwas anderes festgelegt. Ein derartiger Beschluss kann nicht vor der Eintragung im Handelsregister erfolgen. Nur Gesellschafter und bestimmte, namentlich genannte Personen können zur Übernahme eines neuen Gesellschaftsteils zugelassen werden.

§ 10-17	(1) For styrets beslutning om å forhøye aksjekapitalen gjelder § 10-1 tilsvarende.	(1) Für den Kapitalerhöhungsbeschluss durch die Gesellschafterversammlung gilt § 10-1 entsprechend.
§ 12-1	(1) […]. (2) Beslutningen skal angi nedsettingsbeløpet og hva det skal brukes til. Det skal også angis om kapitalnedsettingen skal gjennomføres ved innløsning av aksjer eller ved nedsetting av aksjenes pålydende. Beslutning som nevnt i første ledd nr 2 eller 3 kan bare treffes etter forslag fra styret eller med styrets samtykke.	(1) […]. (2) Der Beschluss hat die Höhe des Herabsetzungsbetrags und den Zweck der Herabsetzung des Stammkapitals anzugeben. Ferner ist anzugeben, ob die Kapitalherabsetzung durch Einziehung von Gesellschaftsanteilen oder die Herabsetzung der Stammkapitalziffer erfolgen soll. Ein Beschluss nach Abs. 1 Nr. 2 oder Nr. 3 kann nur aufgrund eines Vorschlags des Verwaltungsrats oder mit dessen Zustimmung getroffen werden.
§ 12-3	(1) Styret skal utarbeide forslag til generalforsamlingens beslutning om å nedsette aksjekapitalen, samt forslag til de vedtektsendringer som er nødvendige. Forslagene skal inntas i eller vedlegges innkallingen til generalforsamlingen.	(1) Der Verwaltungsrat soll den Beschluss der Gesellschafterversammlung zur Kapitalherabsetzung sowie die damit einhergehenden Satzungsänderungen vorbereiten und Vorschläge ausarbeiten. Die Vorschläge sind der Einladung zur Gesellschafterversammlung beizufügen oder in diese aufzunehmen.
§ 13-3	(1) Styrene i de selskapene som skal fusjonere, skal utarbeide en felles fusjonsplan. Planen skal utarbeides etter reglene i §§ 13-6 til 13-8 og undertegnes av styrene	(1) Die Verwaltungsräte der zu verschmelzenden Gesellschaften müssen einen Verschmelzungsplan ausarbeiten. Der Verschmelzungsplan ist gemäß §§ 13-6 bis 13-8 auszuarbeiten und durch den jeweiligen Verwaltungsrat zu unterzeichnen.

§ 15-1	(1) […]. (2) […]. (3) Styret skal utarbeide forslaget til omdanningsvedtak og vedtektsendring. Forslaget skal begrunnes og inneholde oversikt over virkningene av omdanningen.	(1) […]. (2) […]. (3) Der Verwaltungsrat hat den Formwechselbeschluss sowie die damit einhergehenden Änderungen der Satzung vorzubereiten. Hierbei hat der Verwaltungsrat die Entscheidung für den Formwechsel zu begründen und eine Übersicht über die Rechtsfolgen des Formwechsels zu erstellen.
§ 16-1	(1) Beslutning om å oppløse selskapet treffes av generalforsamlingen med flertall som for vedtektsendring når ikke noe annet er bestemt i lov.	(1) Der Auflösungsbeschluss wird durch die Gesellschafterversammlung mit satzungsändernder Mehrheit beschlossen, sofern das Gesetz dies nicht anders regelt.
§ 16-5	(1) Når oppløsning er besluttet, skal selskapet ved sitt foretaksnavn på brev, kunngjøringer og andre dokumenter tilføye ordene «under avvikling».	(1) Wenn die Auflösung der Gesellschaft beschlossen ist, muss die Gesellschaft den Zusatz „in Liquidation" auf ihren Geschäftsbriefen, Bekanntmachungen sowie auf weiteren unternehmensbezogenen Dokumenten führen.
§ 16-15	(1) Hvis ikke generalforsamlingen treffer beslutning om oppløsning, skal tingretten ved kjennelse beslutte selskapet oppløst i følgende tilfeller: 1. når selskapet skal oppløses som følge av bestemmelse i lov eller vedtekter; 2. 2. når selskapet ikke har meldt til Foretaksregisteret et styre som fyller de vilkår som følger av bestemmelsene gitt i eller i medhold av lov;	(1) Sofern die Gesellschafterversammlung nicht den Beschluss zur Auflösung der Gesellschaft getroffen hat, soll das zuständige Amtsgericht die Gesellschaft durch Beschluss auflösen: 1. wenn satzungsmäßige oder gesetzliche Auflösungsgründe vorliegen; 2. wenn die Gesellschaft beim Handelsregister keinen Verwaltungsrat angemeldet hat, der den gesetzlichen Anforderungen entspricht;

	3. når selskapet etter loven eller etter vedtak fra skatte- og avgiftsmyndighetene i medhold av lov skal ha revisor, og selskapet ikke har meldt til Foretaksregisteret en revisor som fyller de vilkår som er fastsatt i lov; 4. når årsregnskap, årsberetning og revisjonsberetningen som selskapet skal sende til Regnskapsregisteret etter regnskapsloven § 8-2, ikke er innsendt innen seks måneder etter fristen for slik innsendelse, eller når Regnskapsregisteret ved fristens utløp ikke kan godkjenne innsendt materiale som årsregnskap, årsberetning og revisjonsberetning.	3. wenn die Gesellschaft nach dem Gesetz, der Satzung oder einem Beschluss der Finanzbehörden verpflichtet ist, einen Abschlussprüfer zu bestellen, und beim Handelsregister kein Abschlussprüfer angemeldet wurde, der den gesetzlichen Anforderungen entspricht; 4. wenn der Jahresabschluss, der Jahresbericht und der Revisionsbericht, welche die Gesellschaft gemäß § 8-2 Regnskapsloven an das Rechnungslegungsregister zu übermitteln haben, nicht innerhalb von sechs Monaten nach Ablauf der Einsendungsfrist zugegangen sind oder die übermittelten Daten nicht mit Ablauf der vorgenannten Frist überprüft werden können.
§ 20-1	(1) Kan selskapet utelukkende drive skipsfart og virksomhet med boreplattformer eller liknende flyttbare innretninger, gjelder følgende særregler: 1. Et ansvarlig selskap kan velges til styremedlem eller tilsettes som daglig leder.	(1) Darf eine Gesellschaft ausschließlich Geschäfte bezogen auf die Schifffahrt sowie Ölbohrplattformen oder vergleichbare bewegliche Sachen betreiben, gelten folgende Besonderheiten: 1. Eine Personengesellschaft kann zum Verwaltungsratsmitglied oder als Geschäftsleiter bestellt werden.

	2. I vedtektene kan det bestemmes at én eller flere bestemte personer eller et ansvarlig selskap på ubestemt tid skal være medlem av styret eller daglig leder, enten alene eller sammen med andre. I så fall kan vedkommende sies opp av generalforsamlingen med minst to tredeler av de avgitte stemmer, dersom det ikke er tatt forbehold om oppsigelse med mindre stemmetall.	2. In der Satzung kann vereinbart werden, dass die dort genannten Personen oder eine Personengesellschaft auf unbeschränkte Zeit Verwaltungsratsmitglied oder Geschäftsleiter sein können, wobei sie die jeweilige Stellung alleine oder mit anderen ausüben können. Die Gesellschafterversammlung kann in diesem Fall mit einer Zweidrittelmehrheit der abgegebenen Stimmen die zuvor genannten Personen oder Personengesellschaften abberufen, es sei denn, es ist eine andere Mehrheit vereinbart.

2. Lov om aksjeselskaper (aksjeloven) a. F.[857]

§ 6-1	(1) Selskapet skal ha et styre med minst tre medlemmer. I selskaper med aksjekapital på mindre enn tre millioner kroner kann styret likevel ha færre enn tre medlemmer.	(1) Die Gesellschaft muss einen Verwaltungsrat mit mindestens drei Mitgliedern haben. In Gesellschaften mit einem Stammkapital von weniger als NOK 3 Millionen kann der Verwaltungsrat auch aus weniger Mitgliedern als drei bestehen.

857 Das Aksjeloven vom 01.01.1999 in seiner Fassung vor dem Inkraftreten der Änderungen vom 01.07.2013.

3. Lov om allmennaksjeselskaper (allmennaksjeloven) vom 01.01.1999

§ 6-35	(1) To tredeler av bedriftsforsamlingens medlemmer med varamedlemmer velges av generalforsamlingen. I vedtektene kan valgretten overføres til andre, også til de ansatte i selskapet eller i et konsern eller en gruppe som selskapet tilhører. Valgrett etter annet punktum kan ikke overføres til bedriftsforsamlingen selv eller styret, eller til medlemmer av disse organene. Mer enn halvdelen av bedriftsforsamlingens medlemmer skal velges av generalforsamlingen.	(1) Zwei Drittel der Mitglieder des Aufsichtsrats nebst Vertretern werden durch die Gesellschafterversammlung gewählt. Die Satzung kann das Recht zur Bestellung auf andere übertragen, insbesondere auch auf die Arbeitnehmer der Gesellschaft, des Konzerns oder einer Unternehmensgruppe, die der Gesellschaft zugehört. Das Bestellungsrecht nach Satz 2 kann nicht auf den Aufsichtsrat, den Verwaltungsrat oder an Mitglieder dieser Organe übertragen werden. Mehr als die Hälfte der Aufsichtsratsmitglieder müssen durch die Gesellschafterversammlung bestellt werden.
	(2) […].	(2) […].
	(3) […].	(3) […].
	(4) En tredel av bedriftsforsamlingens medlemmer med varamedlemmer velges av og blant de ansatte. Et flertall av de ansatte eller fagforeninger som omfatter to tredeler av de ansatte, kan beslutte at det i tillegg skal velges observatører og varamedlemmer. Antallet observatører kan utgjøre inntil en halvdel av de ansattes medlemmer.	(4) Ein Drittel der Aufsichtsratsmitglieder nebst Vertretern werden durch und unter den Arbeitnehmern bestellt. Eine Mehrheit von Arbeitnehmern oder Gewerkschaften, die zwei Drittel der Arbeitnehmer in einer Gesellschaft stellen, können beschließen, dass zusätzlich Beobachter und stellvertretende Mitglieder bestellt werden sollen. Die Anzahl der Beobachter kann bis zur Hälfte der durch die Arbeitnehmer bestellten Aufsichtsratsmitglieder betragen.

§ 6-36	(2) Medlemmer av og observatører i styret og daglig leder kan ikke være medlem av eller observatør i bedriftsforsamlingen. Om ikke Kongen gjør unntak i det enkelte tilfellet, skal minst halvdelen av bedriftsforsamlingens medlemmer være bosatt i riket. Dette gjelder likevel ikke for statsborgere i stater som er part i EØS-avtalen når de er bosatt i en slik stat. Lovens bestemmelser om bedriftsforsamlingens medlemmer gjelder for observatører og varamedlemmer så langt de passer.	(2) Mitglieder und beobachtende Mitglieder des Verwaltungsrats und der Geschäftsleiter können nicht Mitglied oder beobachtendes Mitglied des Aufsichtsrats sein. Sofern der König nicht eine Ausnahme im Einzelfall zulässt, muss mindestens die Hälfte der Aufsichtsratsmitglieder ihren Wohnsitz im Reich haben. Dies gilt nicht für Staatsbürger aus EU/EWR-Mitgliedstaaten, sofern sie in einem solchen Staat ihren Wohnsitz haben. Die Regelungen für Aufsichtsratsmitglieder gelten entsprechend für beobachtende Mitglieder und Vertreter, soweit sie auf diese anwendbar sind.

§ 6-37	(1) Det hører under bedriftsforsamlingen å velge medlemmer til styret og styrets leder. En tredel av bedriftsforsamlingens medlemmer kan kreve nyvalg av medlemmer til styret og at valg til styret skal skje som forholdstallsvalg. Inntil en tredel, likevel minst to av styrets medlemmer med varamedlemmer, skal velges blant selskapets ansatte dersom en tredel av bedriftsforsamlingens medlemmer krever det. Halvdelen av de medlemmene som er valgt av og blant de ansatte, kan kreve at styrets medlemmer velges av de aksjonærvalgte og de ansattevalgte gruppevis. Dersom særlige grunner tilsier det, kan Kongen i det enkelte tilfellet gjøre unntak fra bestemmelsene i dette leddet. Kongen kan også gi utfyllende regler om styrevalget.	(1) Der Aufsichtsrat bestellt die Mitglieder des Verwaltungsrats und den Vorsitzenden des Verwaltungsrats. Ein Drittel der Aufsichtsratsmitglieder kann eine Neuwahl der Verwaltungsratsmitglieder veranlassen und verlangen, dass die Mitglieder des Verwaltungsrats mit der Mehrheit der abgegebenen Stimmen gewählt werden. Bis zu einem Drittel, mindestens jedoch zwei der Verwaltungsratsmitglieder mit Vertretern werden aus den Reihen der Angestellten der Gesellschaft gewählt, sofern dies von einem Drittel der Aufsichtsratsmitglieder verlangt wird. Die Hälfte der Mitglieder, die von den und aus den Reihen der Angestellten gewählt worden sind, kann verlangen, dass die Verwaltungsratsmitglieder gruppenweise von den durch die Gesellschafter sowie durch die Angestellten in den Aufsichtsrat entsandten Mitgliedern gewählt werden. Sofern im Einzelfall Umstände vorliegen, von diesen Regelungen abzuweichen, steht dem König das Recht zu, diese Regelungen außer Kraft zu setzen. Der König kann auch ergänzende Regelungen zur Wahl der Verwaltungsratsmitglieder erlassen.
	(2) […]	(2) […]
	(3) […]	(3) […]
	(4) Etter forslag fra styret treffer bedriftsforsamlingen avgjørelse i saker som gjelder:	(4) Auf Vorschlag des Verwaltungsrats entscheidet der Verwaltungsrat in folgenden Angelegenheiten:
	1. Investeringer av betydelig omfang i forhold til selskapets ressurser.	1. Investitionen von bedeutendem Umfang für die Gesellschaft
	2. […]	2. […]

4. Lov om arbeidsmiljø, arbeidstid og stilingsvern mv (arbeidsmiljøloven) vom 01.01.2006

§ 1-8	(1) Med arbeidstaker menes i denne lov enhver som utfører arbeid i annens tjeneste.	(1) Arbeitnehmer im Sinne dieses Gesetzes ist derjenige, der seine Arbeitskraft weisungsgebunden zu Gunsten eines Dritten ausübt.
§ 15-7	(1) Arbeidstaker kan ikke sies opp uten at det er saklig begrunnet i virksomhetens, arbeidsgivers eller arbeidstakers forhold.	(1) Dem Arbeitnehmer kann nicht gekündigt werden, ohne dass die Grundlage der Kündigung im Zusammenhang mit dem Betrieb, dem Arbeitnehmer oder dem Arbeitgeber steht.
§ 15-14	(1) Arbeidsgiver kan avskjedige en arbeidstaker med påbud om øyeblikkelig fratreden dersom denne har gjort seg skyldig i grovt pliktbrudd eller annet vesentlig mislighold av arbeidsavtalen.	(1) Der Arbeitgeber kann gegenüber dem Arbeitnehmer eine außerordentliche fristlose Kündigung aussprechen, wenn dieser eine grobe Pflichtverletzung begangen oder wesentliche Pflichten nicht erfüllt hat.
§ 15-16	(1) [...]. (2) Reglene om oppsigelse i dette kapittel gjelder ikke for virksomhetens øverste leder dersom vedkommende i forhåndsavtale har sagt fra seg slike rettigheter mot etterlønn ved fratreden.	(1) [...]. (2) Die Kündigungsschutzregelungen dieses Kapitels finden keine Anwendung auf den Unternehmensleiter, wenn dieser sich vertraglich gegen Zahlung einer Abfindung seiner Rechte begeben hat.

5. Lov om revisjon og revisorer (revisorloven) vom 01.08.1999

§ 2-1	(1) Regnskapspliktige etter regnskapsloven § 1-2 første ledd skal påse at årsregnskapet revideres av en registrert revisor eller statsautorisert revisor i samsvar med § 2-2 (revisjonsplikt) når ikke annet er bestemt i eller i medhold av lov.	(1) Buchführungspflichtige nach § 1-2 Abs. 1 Regnskapsloven müssen den Jahresabschluss von einem registrierten oder staatlich geprüften Abschlussprüfer in Einklang mit § 2-2 (Revisionspflicht) prüfen lassen, sofern das Gesetz nicht etwas anderes bestimmt.

6. Lov om verdipapirhandel (verdipapirhandelloven) vom 01.11.2007, 01.01.2008, 16.03.2009

§ 9-9	(1) Styremedlemmer, daglig leder og andre som faktisk deltar i ledelsen av verdipapirforetak, skal ha relevante kvalifikasjoner og yrkeserfaring, ha ført en hederlig vandel, og for øvrig ikke ha utvist utilbørlig atferd som gir grunn til å anta at stillingen eller vervet ikke vil kunne ivaretas på forsvarlig måte.	(1) Verwaltungsratsmitglieder, Geschäftsleiter sowie andere Personen, die faktisch an der Verwaltung eines finanzdienstleistenden Unternehmens teilhaben, müssen entsprechende fachliche Qualifikationen und Berufserfahrung haben, einen redlichen Lebenswandel geführt und sich im Übrigen nicht in einer Weise ungebührlich verhalten haben, dass die Annahme gerechtfertigt wäre, dass das Amt oder die Aufgabe nicht in verantwortungsbewusster Weise ausgeführt wird.

7. Lov om eiendomsmegling (eiendomsmeglingsloven) vom 01.01.2008, 01.07.2011

§ 2-9	(1) Styremedlemmer og daglig leder i eiendomsmeglingsforetak, jf. § 2-1, skal ha relevante kvalifikasjoner og yrkeserfaring, ha ført en hederlig vandel, jf. tredje ledd, og for øvrig ikke ha utvist utilbørlig atferd som gir grunn til å anta at stillingen eller vervet ikke vil kunne ivaretas på forsvarlig måte.	(1) Verwaltungsratsmitglieder und Geschäftsleiter in Maklerdienstleistungsunternehmen, vgl. § 2-1, sollen eine entsprechende fachliche Qualifikationen und Berufserfahrung haben, einen redlichen Lebenswandel, vgl. Abs. 3, geführt und sich im Übrigen nicht in einer Weise ungebührlich verhalten haben, dass die Annahme gerechtfertigt wäre, dass das Amt oder die Aufgabe nicht in verantwortungsbewusster Weise ausgeführt wird.

8. Lov om gjeldsforhandling og konkurs (konkursloven) vom 01.01.1986

§ 142	(1) […].	(1) […].
	(2) […].	(2) […].
	(3) Konkurskarantenen innebærer at skyldneren i et tidsrom av to år regnet fra konkursåpningen ikke kan stifte selskap som nevnt i femte ledd eller påta seg eller reelt utøve nye verv som medlem eller varamedlem av styret eller som daglig leder (administrerende direktør) i slikt selskap. Retten kan bestemme at to års fristen først skal regnes fra det tidspunkt da retten treffer sin avgjørelse.	(3) Das Verbot, ein Gewerbe zu betreiben, beinhaltet, dass der Schuldner für einen Zeitraum von zwei Jahren weder eine Gesellschaft gemäß Abs. 5 gründen darf noch sich an einer solchen beteiligen darf. Zudem darf er weder als Verwaltungsratsmitglied noch als stellvertretendes Mitglied in einem Verwaltungsrat oder als Geschäftsleiter in einer solchen Gesellschaft bestellt werden. Das Gericht kann bestimmen, dass die Zweijahresfrist erst mit der Verkündung des Urteils zu laufen beginnt.
	(4) I tilfelle som nevnt i første ledd punkt 1 kan retten bestemme at konkurskarantenen også skal innebære at skyldneren for det nevnte tidsrom skal fjernes fra verv som nevnt i tredje ledd i selskaper som nevnt i femte ledd.	(4) Liegen die Voraussetzungen des Abs. 1 vor, kann das Gericht bestimmen, dass sich das Verbot auch dahingehend erstreckt, dass der Schuldner aus allen in Abs. 3 genannten Ämtern in Gesellschaften gemäß Abs. 5 entfernt werden soll.
	(5) […].	(5) […].

9. Lov om prokura (prokuraloven) vom 01.01.1988

§ 1	(1) Har en næringsdrivende gitt noen en fullmakt som uttrykkelig er kalt prokura, eller på annen måte betegnet noen som sin prokurist, er denne bemyndiget til å opptre på vegne av foretaket i alt som hører til driften av dette. Prokuristen kan likevel ikke uten uttrykkelig fullmakt overdra eller behefte foretakets faste eiendom eller løsøre som kan registreres i skipsregisteret eller luftfartøyregisteret, eller opptre på dets vegne i søksmål.	(1) Hat ein Gewerbetreibender einem Dritten ausdrücklich Prokura erteilt oder diesen auf andere Weise als Prokuristen benannt, so kann dieser im Namen des Gewerbetreibenden alle Arten von Geschäften und Rechtshandlungen, die zum Betrieb des Gewerbes gehören, vornehmen. Zur Veräußerung und Belastung von Grundstücken, die zum Betrieb des Gewerbes gehören, und von beweglichen Sachen, die im Schifffahrtsregister oder im Luftfahrtregister registriert werden können, sowie zur Erhebung der Klage im Namen des Gewerbetreibenden, ist der Prokurist nur ermächtigt, wenn ihm diese Befugnis besonders erteilt ist.

10. Lov om avslutning av avtaler, om fullmagt og om viljeserklæringer (avtaleloven) vom 31.05.1918

§ 10	(1) Foretar fuldmægtigen en retshandel i fuldmagtsgiverens navn og indenfor fuldmagtens grænse, stifter retshandelen ret og pligt umiddelbart for fuldmagtsgiveren. (2) Indtar nogen ifølge avtale med en anden en stilling, som efter lov eller sedvane medfører beføielse for ham til indenfor visse grænser at handle paa den andens vegne, ansees han at ha fuldmagt til at foreta retshandler, som falder indenfor disse grænser.	(1) Nimmt der Vertreter ein Rechtsgeschäft im Namen des Vertretenen und innerhalb seiner Vertretungsbefugnis vor, bindet das Rechtsgeschäft den Vertretenen. (2) Übt jemand aufgrund einer Vereinbarung mit einem Dritten eine Position aus, die ihn gesetzlich oder aus einem Handelsbrauch heraus dazu berechtigt, innerhalb bestimmter Grenzen in dessen Namen zu handeln, wird vermutet, dass er zur Vornahme von Rechtsgeschäften innerhalb dieses Rahmens berechtigt ist.

§ 20	Er fuldmagten ikke kaldt tilbake eller erklært magtesløs, men har fuldmagtsgiveren forbudt fuldmægtigen at bruke den, eller har han paa anden maate git tilkjende, at han ikke længer vil, at den skal gjælde, blir en retshandel, som fuldmægtigen foretar, ikke bindende for fuldmagtsgiveren, hvis tredjemand kjendte forholdet eller burde ha kjendt det.	Hat der Vollmachtgeber die Vollmacht nicht widerrufen oder für wirkungslos erklärt, aber dem Bevollmächtigten verboten oder auf anderem Wege deutlich gemacht, dass der Bevollmächtigte keinen Gebrauch mehr davon machen soll, bindet ein Rechtsgeschäft, das der Bevollmächtigte vornimmt, den Vollmachtgeber nicht, wenn der Dritte dies wusste oder hätte wissen müssen.
§ 33	Selv om en viljeserklæring ellers maatte ansees for gyldig, binder den ikke den, som har avgit den, hvis det paa grund av omstændigheter, som forelaa, da den anden part fik kundskap om erklæringen, og som det maa antages, at han kjendte til, vilde stride mot redelighet eller god tro, om han gjorde erklæringen gjældende	Eine an sich wirksam abgegebene Willenserklärung bindet den Erklärenden dann nicht, wenn aus den Umständen hervorgeht, dass der Erklärungsempfänger im Zeitpunkt des Zugangs der Erklärung von Umständen dergestalt Kenntnis hatte, dass die Geltendmachung gegen die guten Sitten oder Treu und Glauben verstoßen würde.
§ 36	(1) En avtale kan helt eller delvis settes til side eller endres for så vidt det ville virke urimelig eller være i strid med god forretningsskikk å gjøre den gjeldende. Det samme gjelder ensidig bindende disposisjoner. (2) Ved avgjørelsen tas hensyn ikke bare til avtalens innhold, partenes stilling og forholdene ved avtalens inngåelse, men også til senere inntrådte forhold og omstendighetene for øvrig. (3) Reglene i første og annet ledd gjelder tilsvarende når det ville virke urimelig å gjøre gjeldende handelsbruk eller annen kontraktrettslig sedvane.	(1) Ein Vertrag kann aufgehoben oder geändert werden, sofern die Geltendmachung unbillig wäre oder gegen einen Handelsbrauch verstoßen würde. Dies gilt auch für einseitig bindende Erklärungen. (2) Bei der Entscheidung finden nicht nur der Inhalt des Vertrages, die Stellung der Parteien sowie die Verhältnisse bei Vertragsschluss Berücksichtigung, sondern auch darüber hinaus danach eingetretene Umstände. (3) Die Regelungen in Abs. 1 und Abs. 2 gelten entsprechend, wenn es unbillig wäre, sich auf einen Handelsbrauch oder eine vertragliche Verkehrssitte zu berufen.

§ 38	(1) Har nogen gaat ind paa, at han av konkurransehensyn ikke skal ta plads i eller drive forretning eller virksomhet av en viss art, binder vedtagelsen ham ikke, forsaavidt den urimelig indskrænker hans adgang til erhverv eller maa anses for at strække sig længer end paakrævet for at verne mot konkurranse. Ved avgjørelsen av, om vedtagelsen urimelig indskrænker den forpligtedes adgang til erhverv, skal hensyn tages ogsaa til den betydning, det har for den anden part, at avtalen opretholdes; (2) […]. (3) Har nogen, som er ansat i anden stilling i en bedrift, paatat sig slik forpligtelse, gjælder den ikke, hvis indehaveren siger ham op, uten at han har git rimelig grund til det, eller hvis han selv fratræder, og indehaveren har git ham rimelig grund til det ved at undlate at opfylde sine forpligtelser.	(1) Verpflichtet sich eine Person, aus Wettbewerbsgründen eine bestimmte Stellung in einem Unternehmen nicht einzunehmen oder ein bestimmtes Unternehmen nicht zu betreiben, ist die Vereinbarung nicht bindend, sofern die Vereinbarung geeignet ist, seine Erwerbsmöglichkeiten unangemessen zu beschränken, oder sich das Verbot zeitlich über das aus Wettbewerbsgründen erforderliche Maß erstreckt. (2) […]. (3) Geht ein Angestellter eine solche Vereinbarung ein, gilt diese nicht, wenn er durch den Inhaber des Unternehmens gekündigt wird, ohne dass ein wichtiger Grund vorlag. Dasselbe gilt für den Fall, dass der Angestellte von sich aus kündigt und der Inhaber hierzu Anlass gegeben hat, indem er seinen Pflichten nicht nachgekommen ist.

11. Lov om handelsagenter og handelsreisende (agenturloven) vom 01.01.1993

§ 34	(1) En avtale mellom handelsagenten og hovedmannen som går ut på å begrense agentens adgang til å drive virksomhet etter at agenturavtalen er opphørt (konkurranseklausul) binder bare agenten hvis og i den utstrekning den: 1) er inngått skriftlig, 2) gjelder det geografiske område eller den kundekrets som agenten har fått tildelt, og 3) gjelder de samme varetyper som agenturavtalen;	(1) Eine Vereinbarung zwischen einem Handelsvertreter und seinem Prinzipal, die den Handelsvertreter nach Beendigung des Vertragsverhältnisses in seiner gewerblichen Tätigkeit beschränkt (Wettbewerbsabrede), ist lediglich dann bindend, wenn 1) diese schriftlich eingegangen worden ist, 2) sie sich nur auf den dem Handelsvertreter zugewiesenen Bezirk oder Kundenkreis erstreckt und 3) sich nur auf die Gegenstände bezieht, die Gegenstand der vertraglichen Vereinbarung waren.
	(2) Konkurranseklausulen kan høyst gjelde i to år etter at agenturavtalen er opphørt;	(2) Die Wettbewerbsabrede kann längstens für die Dauer von zwei Jahren nach Beendigung des Vertragsverhältnisses abgeschlossen werden.
	(3) En konkurranseklausul kan settes til side etter avtaleloven.	(3) Die Wettbewerbsabrede kann aufgrund des Avtaleloven aufgehoben werden.

12. Lov om kontroll med markedsføring og avtalevilkår mv. (markedføringsloven) vom 01.06.2009

§ 28	(1) Den som har fått kunnskap om eller rådighet over en bedriftshemmelighet i anledning av et tjeneste-, tillitsvervs- eller forretningsforhold, må ikke rettsstridig utnytte hemmeligheten i næringsvirksomhet.	(1) Derjenige, der Kenntnis oder die Verfügungsbefugnis über ein Geschäftsgeheimnis bei der Ausübung eines Dienstverhältnisses, eines Ehrenamts oder einer Geschäftsbeziehung erhält, darf dieses nicht widerrechtlich im Geschäftsverkehr ausnutzen.